世界军事百科系列

世界军事名著速读

SHIJIE JUNSHI MINGZHUSUDU

《世界军事百科系列》编委会　编著

时代出版传媒股份有限公司
安 徽 教 育 出 版 社

图书在版编目(CIP)数据

世界军事名著速读/《世界军事百科系列》编委会编著.
—合肥:安徽教育出版社,2015(2021.1重印)
(世界军事百科系列)
ISBN 978-7-5336-8224-8

Ⅰ.①世… Ⅱ.①世… Ⅲ.①军事-名著-世界-通俗读物
Ⅳ.①E-49

中国版本图书馆CIP数据核字(2015)第320791号

世界军事名著速读

出 版 人:郑 可
质量总监:张丹飞
特约编辑:陈 飞
责任编辑:鲁金良
装帧设计:王议田

出 版:时代出版传媒股份有限公司 安徽教育出版社
地 址:合肥市经开区繁华大道西路398号 邮编:230601
网 址:http://www.ahep.com.cn
排 版:王议田
印 刷:三河市南阳印刷有限公司

开 本:710mm×1010mm 1/16
印 张:17
字 数:233千字
版 次:2015年12月第1版 2021年1月第2次印刷
定 价:40.80元

《世界军事百科系列》

编委会

前 言

军事是政治的延续。自从人类社会诞生以来，军事就伴随着政治而存在。

作为人类社会的伴生物，军事给人类社会的发展造成了巨大破坏，给人类带来巨大灾难，但同时它对人类社会的发展也起着某种促进作用，尤其是对科学技术发展的促进作用、对不同文明间交流的促进作用。鉴于此，我们跳出战争的视角看军事，站在历史的高度，从客观的立场来看战争，来研究世界军事，并编成了这套丛书。

丛书从广大军事迷最渴望了解的军事制度、武器装备、军事理论、军事秘闻、军事奇才、军事间谍、空战、海战、陆战等方面介绍了数千年来世界上主要大国的军事情况，系统地介绍了世界军事发展的基本脉络。

丛书共分为12册，每册各有侧重，集中突出一个主题，单独成书又不游离于整个体系之外。

军事制度是军队存在的最基本要素。《世界军事制度》系统介绍了军事组织体制、军队组织体制、军种、兵种、特种部队等内容。

武器装备是影响军事斗争结果的重要因素。《世界武器装备·1》《世界武器装备·2》和《世界武器装备·3》全面系统地介绍自古至今世界主要国家以及特色民族国家的武器装备，是广大军事爱好者了解世界武器装备发展史和当今世界主要大国武器装备概况不可多得的图书。

军事理论是军事发展的智慧结晶和行动指南。世界重大军事变革背后总少不了军事理论的影子。《世界军事名著速读》向广大读者介绍了世界上具有重大影响的军事名著的精华，让广大读者能较快了解世界军事理论的发展脉络、掌握世界著名军事理论的精要。

因军事行动有保密的需要，军事领域的秘闻也随之而生。《世界军事秘闻》向广大读者介绍军事界那些扑朔迷离的事件，告诉大家一些秘闻的真相或者和大家一起分析秘闻，展现军事领域活泼有趣的一面。

在任何时代，人才都是最为核心的财富和竞争力。在军事斗争中，军事人才的较量对斗争结果起着巨大的作用。《世界名将传奇》向广大读者介绍世界上那些顶级军事将才的智慧和军事艺术，让广大读者在了解他们军事才能的同时学习他们的聪明才智。

陆战是人类战争最古老的战争状态之一，人类社会发生过的大大小小的陆地战争不计其数。《世界经典陆战·1》和《世界经典陆战·2》精选出对人类历史发展影响深远的、具有代表性的战争，让广大读者不仅能了解这些战争，还能从这一连串的战争中看出历史发展的脉络和战争对人类社会发展的影响。

情报自古以来都是军事斗争的核心要素之一，因而在军事斗争中，“用间”变成一种常用且充满智慧的较量。《现代世界谍战》向广大读者介绍现代世界在情报战线上那些令人叫绝的充满传奇的战斗。

海战也是人类战争中古老的战争状态之一，但近现代海战发生了翻天覆地的变化，以致“谁控制了海洋谁就控制了世界”。《现代世界海战》精选第二次世界大战以来爆发的经典大海战，让广大读者能充分认识现代海战。

空战是出现比较晚的一种战争状态。但是，制空权决定着制胜权已经成为无法回避的现实。《现代世界空战》精选空战诞生以来世界上爆发的经典空战，让广大读者能充分认识现代空战。

诚然，世界军事领域内值得记载的有很多，我们在编撰这套丛书时不可能面面俱到，但我们邀请军事专家做顾问，读者系统地了解以上几个方面就可以提纲挈领，对世界军事有一个整体的了解和把握。

最后，我们诚挚地感谢为编撰此套丛书提供悉心指导的中国人民解放军装备学院教研室主任汤家玉教授，还感谢所有支持我们的人！

丛书编委会

2015年3月1日

目 录

CONTENTS

以史为鉴，堪称典范

——《谋略》

《谋略》，古罗马军事名著，一译《谋略例说》，成书于公元1世纪下半叶。作者弗龙蒂努斯（约公元35年—公元103年），古罗马军事著作家。他先后任罗马执政官、不列颠行省总督、亚细亚行省总督等职，写过一些军事理论著作，大部分已散失。该书除拉丁文本外，还有多种文字译本。中译本由袁坚翻译，解放军出版社1991年出版。全书共4卷，前3卷为弗龙蒂努斯所撰，后1卷由后人补写。

第1卷主要论述进入交战前使用谋略的各种实例，共计12类，依次为：隐蔽己方计划，刺探敌方计划，选定作战方式，率领军队通过受敌威胁地方，摆脱困境，行军途中设伏和遭埋伏，如何掩饰物资匮乏或怎样补足，分散敌人精力，平息兵变，遏制不合时宜的求战欲望，激励军队的作战热情，消弭因不利的先兆而在士兵中产生的恐惧心理。

第2卷列举了与交战本身有关以及对制伏敌人有影响的实例，共计13类，依次为：选择交战时机，选择交战地点，交战之兵力部署，在敌人队伍中制造混乱，设伏，欲擒故纵、力避出现困兽犹斗之势，不露败绩，倾全力、振士气，若战斗顺利结局、如何了结未竟之战，见兔顾犬、亡羊补牢，坚定动摇分子的信心，为将者对自己的部队失去信心时为稳住阵脚应做些什么，退却。

第3卷的内容涉及围困和解除围困的谋略，共计18类，依次为：出敌不意，示假隐真，策反用间，饥敌，因势制宜、因情措法，声东击西、调动敌人，断河毁水，惊敌，攻其无备，诱敌入瓮，佯撤，提高警觉，传送情报，调用增援和供应粮秣，明示充裕之形、暗隐短缺之实，反问，出击，临危镇定、以虚充实。

第 4 卷属于补遗性质，其中有些实例已不在谋略之列，但却有一定军事价值，共计 7 类，依次为：纪律，纪律的作用，自制，正义性，坚定性，善意与机巧，其他。书中用以说明各类谋略的实例，多少不一，多者四十多例，少者仅三五例。

《谋略》通过引证史例着意阐明以下思想：

（1）注重战前周密的战争准备

作者在第 1 卷中所叙述的是交战方在战前使用谋略的各种实例，共计有 12 类，其内容涉及交战方战前在物质、精神方面所应做的各种准备，从而构成了作者较为周密完备的战争准备思想体系。具体而言，战前准备又可细化为作战计划、作战方式的选择、安全行军和战前士气激励 4 个方面：

一是隐蔽自己的作战计划和刺探敌方的作战计划。作战计划是战前敌对双方根据情况所制订的克敌制胜的军事行动指南，事关战争的成败得失。所以，每一方都力争在战前能够保住已作战计划的秘密而想尽一切办法刺探对方的作战计划。比如弗龙蒂努斯在《谋略》中所列举的成功隐蔽自己作战计划的战例：公元前 195 年，罗马将领马尔斯·波尔奇乌斯·加图在平定西班牙各城邦后，认为臣服于他的西班牙各城邦总有一天会依托各自的工事重新操起武器来抗争的。因此，他给每个城邦单独下了一表，让他们拆掉工事。如若命令不迅速予以执行，就将有战祸临头。他下令此表须同一天下发所有城邦。如此，每个城邦都会以为此表是专门下达给他的；要是得知所有城邦都接到同样的命令，难免发生串通起来实行抵制的情形。依靠这隐蔽了自己作战计划的方式，他达到了消除一定会发生的战争隐患的目的。此外，恺撒·多米蒂阿努斯·奥古斯都·日耳曼尼库斯皇帝镇压已经武装起来的日耳曼人，也是借出巡的名义作掩饰，突然挑起战火，镇压了剽悍的野蛮部落。

在刺探敌方的作战计划的谋略方面，弗龙蒂努斯也列举了许多战例，如西庇阿·阿非利加努斯在刺探西法克斯的兵力和军情时，曾派人故意放了一匹骏马，他们借助去追赶那匹骏马的机会，跑遍了对方的大部分筑垒营地。当他们把侦察结果回报之后，战争也就以火烧军营的方式而很快结束了。

二是正确选择作战方式。弗龙蒂努斯认为，战前作战方式的选择，不仅能够扬长避短，夺取作战的主动权，往往也是决定战役甚至整个战争胜负的重要因素。如他在《谋略》中列举到："拜占庭人在与腓力争战时力避决战之险，甚至放弃领土防御，只退守城堡；终因腓力失去持久围困的耐心而撤走。"这是一个根据己方作战条件的限制扬长避短，力避决战，采取依靠坚固城堡顽强固守的作战方式终于成功退敌的战例。

在罗马与迦太基之间爆发的第 2 次布匿战争中，弗龙蒂努斯列举了罗马杰出的军事将领西庇阿在国内战争极为严峻的条件下，利用作战方式的转变夺取战略主动权的例子："当汉尼拔还逗留在意大利时，西庇阿就把军队运到了阿非利加。这就迫使迦太基人把汉尼拔召回。如是，西庇阿就把战争从自己的领土上转到了敌方的领土上。"西庇阿这一作战方式收到了两个功效：一是为罗马长期遭受汉尼拔蹂躏的国土解除了痛苦；二是迫使汉尼拔被迫撤回迦太基找着自己交战。从而，西庇阿使汉尼拔完全陷入了被动作战局势之中，为最终战胜汉尼拔打下了基础。

三是行军中灵活克服不利因素和对敌设置不利因素。在行军中最重要的是能够保证自己的行军安全，进一步讲就是如何使自己的军队避免安全隐患以及敌方所制造的危险，同时注意给敌人设置重重障碍和陷阱。在克服对己不利因素时，弗龙蒂努斯在《谋略》中列举了几种情况：军事统帅如何率军通过受敌威胁的地区，作者列举了军队将领用俘虏来掩护行进中的队伍，结果导致了已设伏的敌人为了不伤害俘虏而停止射击的事例；亚历山大在印度利用夜暗、雨大的天气状况作为掩护，绕开正面敌人，巧渡敌人重兵严阵以待的河障，等等。

在遇到困境时，如何设计摆脱，正如作者所叙述的事例，“克罗埃苏斯无法渡过哈利斯河，他既无船只，也无钱财营造一座桥梁。他逆流而上，在他们的军营后侧开挖一条水渠，这样一来河床就跑到他的部队的背后去了。”

在掩饰物质匮乏时，作者列举了亚历山大从印度沿阿非利加沙漠行军的例子。当时，他们都为极度的干渴所折磨。这时一个士兵弄了一点儿用头盔盛着的水，而亚历山大当着大家的面把水洒在了地上，从而以同甘共苦的精神激励大家走下去。

以上是作者所列举的在不利因素条件下，如何克服困难顺利行军的众多事例。

在行军过程中如何给敌人设置危险情况，弗龙蒂努斯也辩证地列举了设伏和使敌人遭埋伏的事例。如有一次福尔维乌斯·诺比利奥正率领他的队伍行军，突然从逃兵口中得知敌人准备袭击他的后卫。于是，他立即设计故意把辎重队留在后面，把精锐部队埋伏在大路两侧以待敌。结果，在敌人以为有机可乘而抢辎重时，伏兵四起对追击之敌围而歼之。

四是注重激发军队的作战热情。弗龙蒂努斯很重视部队在战前的作战热情、士气的高低。他认为，激励军队的作战热情是保持部队高昂的士气得以战胜敌人的重要因素，并在卷一第 11 章中列举了大量成功激励士气而提高战斗力得以战胜敌人的事例。

如作者在书中所列举的事例：公元前 371 年，底比斯的将军埃帕米农达斯同斯巴达人交战，为了激励士气和提高部队战斗力，充分发挥部队的作战实力，他的激励措施是：“把他的部下召集在一起，当众宣布，斯巴达人决意在获胜后就杀尽所有的男人，把他们的妻子和孩子掳去充当奴隶，还要把整个底比斯夷为平地。底比斯人听到这个消息后群情激奋，首战就击败了斯巴达人。”

罗马内战期间，马略在作战时随身带着一个叙利亚女巫，他在战前常常

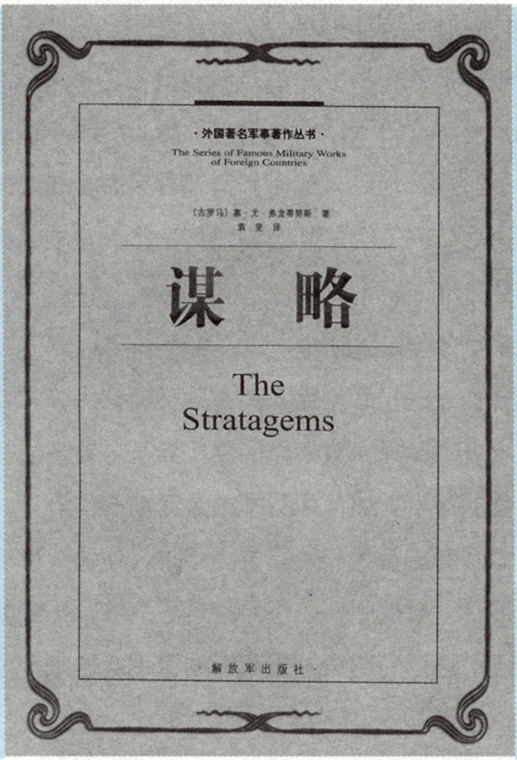

▲《谋略》

该书为一本与战争有关的各种军事活动特别是谋略实例的分类集。书中概括出的大量用兵法则如出敌不意、示假隐真、声东击西、策反用间、攻其不备、诱敌入瓮等，与中国古代的军事谋略思想不谋而合。

借助女巫之口来预卜战斗的结局。

而他所列举的在公元前 558 年波斯国王居鲁士攻打米底人时激励部下的措施更为独特：居鲁士派将士从早到晚干一整天砍伐树木的劳累活儿，然后在第 2 天摆盛宴宴请他们，问他们喜欢过哪种日子。然后，他说："只有经过了前一天的苦，才会有后一天的甜；这就是说，要是你们不能征服米底人，你们就谈不上自由和幸福。这样，居鲁士就极大地激起了部队的求战欲望，达到了提高了士气的目的。

（2）建立系统科学的作战指导

弗龙蒂努斯在第 2 卷中所列举的是与作战密切相关，关于如何完胜敌人的作战指导方面有影响的事例，共计有 13 类。在这一部分，弗龙蒂努斯就战前如何选择交战时机、地点，战时如何部署兵力，战中如何镇静自己而扰乱敌人，战争结束后如何安全退却等问题列举了大量的事例，较为系统地阐述了他的作战指导思想。

具体而言，又可分为以下几个方面：

一是正确选择作战时机和地点。弗龙蒂努斯认为，在作战过程中战前对作战时机和作战地点的选择，对战争的胜负具有重要意义，它在特定的条件下往往成为决定性的因素。如他所列举的公元前 58 年，恺撒在高卢作战时，针对强壮剽悍的日耳曼人曾经一筹莫展。但是，他偶然得知日耳曼人的国王阿谬维斯图斯定下了一条规则——月亏时节不开战，于是就专门找这样的时候出战，最终打败了这位受迷信思想束缚的对手。这是一个典型的因作战时机的选择而获胜的事例。

在作战地点的选择上，利用地形的优势而取胜的事例也有很多。如他所列举的发生在公元前 281 年至前 275 年古罗马共和国战争时期，马尼乌斯·库留斯打败皮洛斯的方阵，就是尽力设法在狭窄的地形上作战，使皮洛斯的方阵无法展开而最终击败了它。

二是避实击虚的兵力部署。弗龙蒂努斯认为，在作战过程中，根据敌人的兵力配置调整自己的兵力部署，注意做到避实击虚，往往能够取得意外的胜利。如他所列举的发生在公元前 359 年马其顿国王腓力和伊利里亚人的战争，战前腓力“发现正面的敌人全是从全军中挑选出来的，而敌人的两翼却弱多了。因此，他把部下最强壮的士兵部署在右翼，去攻击敌人的右翼。如是，他使敌人的整个战线陷于一片混乱，从而大获全胜”。此外，像这样因情措兵、避实击虚而取胜的例子举不胜举。

三是战中控制自己和扰乱敌人。弗龙蒂努斯认为，在作战中有效地做到控制自己和扰乱敌人，把握住战争的进程和节奏，也是战争获得最后胜利的重要因素。其中，控制自己是一项更为机智和困难的事情，所遇到的情况也更多。如他所列举的事例中有根据作战情况需要适当设伏以打击敌人；在战争开始前和进程中，对已经战败的敌人欲擒故纵、力避出现困兽犹斗使敌人反败为胜的局势，同时对自己所出现的不利局面甚至是败绩做到不动声色等，这些都对军队统帅有很强的要求。弗龙蒂努斯所列举的一个不露败绩的例子：在罗马共和国后期，苏拉在指挥作战时，战斗刚一开始，他的部下就有一支人数相当多的骑兵队伍跑到敌人那里去了。

苏拉即时宣布，这是按照他的命令干的。如是，他不仅使他的部下避免了惊慌失措，而且还使大家对这一安排会产生何等结果寄予某种期望而受到鼓舞。”在扰乱敌人方面，将帅往往采用欺骗的手段使敌人产生混乱。如他列举的公元前 280 年罗马的皮洛斯在作战中，皮洛斯的对手借助杀了一个普通的士兵而扬言杀了他，结果造成了他的队伍的混乱而自溃。

四是重视战后的决策与军事行动。弗龙蒂努斯认为，在战斗结束后如何处理，也要分为几种不同的情况。这对于指挥作战的将帅也是一个很严峻的考验。因为这也常常决定了胜利的一方是否能够全胜，不利的一方如何避免完败和顺利地撤离自己的部队。他在书中列举了几种情况：在作战中，如果己方的部队打败了敌人但是没有完全击溃对方，如何结束这种未竟之战；在双方的损失相当时，如何亡羊补牢式地欺骗敌人来占据再战的优势；在作战失败后如何安全地撤退而不会导致全军覆灭的危险，等等。如发生在公元前 134 年叙利亚国王特赖丰战败后安全撤离的史例：他“在他撤退的一路上撒满了钱物。安条克的骑兵因忙于抢夺这些钱财而迟误了战机，他也就成功地退走了”。从而成功地避免了因敌人骑兵快速追击而导致自己军队完败的结局。

（3）注重城堡的攻守谋略

第3卷的内容涉及城堡的围困和解除围困的谋略，共计18类。这是《谋略》中所占比例最重的部分。从某种意义上讲，《谋略》的书名也正源于此。

在古代，除了大规模的野战决胜负之外，因为科学技术发展的限制，城堡的攻守战是最难的，是将帅们所最愿意或最不愿意做的事。但是，城堡攻守战也是在古代一场战役或战争取得完胜的最后环节，一般是不可或缺的。弗龙蒂努斯在这部分列举了非常精彩而又富于辩证意义的使用谋略的事例，具有重要的启示意义。

具体而言，可以分为以下两个方面：

一是围城破城的谋略。弗龙蒂努斯在这部分列举了大量的事例，因为这也是在战争中最难和军事思想表现最丰富、最精彩的部分，富有深刻的辩证法思想。由于古代大多数攻城器械并没有摧毁坚固城堡的能力，所以运用谋略常成了攻破城堡的主要手段。如弗龙蒂努斯所列举的围城破城的事例中，在谋略思想的运用方面就展现了“出敌不意，攻其不备；策反用间；饥敌、惊敌；因势制宜，因情措法；声东击西，调动敌人；断河毁水；诱敌人瓮”等颇具高超智慧的奇谋妙策。这些攻城策略的实施曾使那些高大坚固，甚至是储粮充足的敌人很快地丧失抵抗意志而束手就擒。如公元前195年罗马将领马尔库斯·加图在西班牙作战时，他发现只要“出敌不意”就能攻克一座城池。所以，“他在冈峦起伏和荒芜人迹的地方以两天时间穿行了一般需要四天走完的路程，终于歼灭了对此毫无戒备的敌人。”

在因势制宜、因情措法的事例中，弗龙蒂努斯列举了公元前178年罗马的蒂贝留斯·格拉古在围攻卢西塔尼亚人时，针对卢西塔尼亚人声称他们的粮食能够吃10年，他说：“好呀，那我就等到第11个年头再收拾你们。”结果，卢西塔尼亚人慑于他这样的说法，虽然还有充裕的粮食，还是很快就投降了。

▲ 马尔库斯·波尔基乌斯·加图

马尔库斯·波尔基乌斯·加图（公元前234年—公元前149年）通称为老加图或监察官加图以与其曾孙小加图区别，罗马共和国时期的政治家、国务活动家、演说家，公元前195年的执政官。他也是罗马历史上第一个重要的拉丁语散文作家。他在执政官任上的最大功绩是镇压了西班牙各部落的反叛。

二是被围和解围的谋略。弗龙蒂努斯认为，在城堡被围的情况下如何解围是一种比攻城破城更为困难的局势，因为它是一种被动的局面，如果没有及时的外援，或充足的粮食供应，或突围战略战术等，绝大多数都是以城破而告终。

关于如何在被动的围困中突围或解围，弗龙蒂努斯也通过一些事例来阐释解围之策，如：“明示充裕之形，暗隐短缺之实；利用反间计；适时出击等。”如公元前390年，罗马人所驻地卡皮托遭高卢人围困时，他们就采取了

“明示充裕之形，暗隐短缺之实”的计策：当时，“罗马人陷于极端的饥饿之中，但还是往敌人堆里扔食物。这就造成一种假象：似乎他们的粮食供应还相当充实，从而顶住了围困，直到卡米卢斯前来解围。”此外，反间、出击等事例中所采用的措施，也有效地解决了被围者的被动局面。

（4）将帅素质及其治军统军观念

第 4 卷在作者看来属于补遗的性质，因为其中有些实例已不在谋略之列，共计 7 类。但是，这一部分可以归结为对将帅的治军与统军观念、将帅的个人修养和素质方面的要求，也是关乎一个国家的军队是否具有战斗力，在战争能否取得胜利的基本因素，具有重要的军事价值和指导意义。

一是严格的军纪事关战争胜负。关于将帅的治军与统军思想，弗龙蒂努斯有充分的认识，并归结为纪律和战争的关系。他在书中列举了许多著名将帅从严治军的方法。同时他指出，使军队具有严厉的纪律，并通过艰苦的训练培养将士具备吃苦耐劳的精神，是诸多将领治军的普遍法则，也是战争中克敌制胜的一个基本保证。如斯巴达在治军的纪律方面提出在战斗中怕死未必会死，可是临阵脱逃的违纪者则必遭死刑。对于纪律的作用，弗龙蒂努斯强调指出，一支纪律严明的军队，可以“在总的作战方面比敌人占上风”，可以以少胜多，甚至像亚历山大那样，依靠那支“久惯于恪守纪律的四万队伍”征服世界。他还列举了在危机时刻，人数很少，但是仅仅因为整顿了军纪而击败敌人进犯的事例，等等。

二是将帅的优秀品德也是制胜的重要因素。弗龙蒂努斯认为，一个领兵的杰出将帅，同时也必会是一位高尚的人，在战争中依靠着这点也能帮助他们赢得战争。如发生在公元前 394 年卡米卢斯围困法利希人，作者通过叙述“以仁义赢得战争”的事例，说明“通过欺诈手段取得胜利”为高尚的人所瞧不起，而卡米卢斯的仁义和正义之举也使法利希人自愿归顺于他。接着，他又列举了以“高尚的行为”获得“友谊”的例子：伊庇鲁斯国王皮洛斯的医生来找罗马统帅，表示如果罗马人能给相当丰厚的报酬的话，他可以给皮洛斯服毒药。罗马统帅“不想用此等罪恶的手段攫取胜利”，向国王揭发了这个阴谋，“这一高尚的行为终使皮洛斯得到了罗马的友谊”。在将帅的自制方面，他还列举了一些将领对自身严格要求，洁身自好，身先士卒，生活清苦，克己奉公等，所以他们所带领的队伍秋毫无犯，士气高昂，从而使许多城邦愿意归顺，不战而胜。

《谋略》是较早运用史例阐发军事理论的代表作之一，是研究古代罗马军事思想的重要文献，颇受欧美军事学术界重视。由于时代的局限性，该书也带有宿命论和弱肉强食的思想烙印。

古典世界，享有盛誉

——《论军事》

《论军事》，古罗马军事名著，一译《军事原理简述》，旧译《罗马军制》，中文本译为《兵法简述》。作者韦格蒂乌斯（公元4世纪末—5世纪），古罗马军事著作家，贵族出身，因著有《论军事》这一文艺复兴前探讨军事问题的重要理论专著，在欧洲军事学术界享有一定声誉。本书仅10世纪至15世纪就有150多种不同的抄本，在印刷术传入欧洲之前便被翻译成英国、法国、保加利亚等国文字，在几个世纪内曾被欧洲军界奉为经典。他本人也被后人誉为"古典世界最伟大的军事理论家"。

全书共4卷，118章，是作者根据罗马作家大加图及皇帝奥古斯都、图拉真等留存的资料，在认真研究古希腊特别是古罗马丰富军事历史经验基础上写成的。书中着重探讨兵员的征召、训练、军队的编成、战斗队形、作战基本原则、防守和围攻要塞的方法，以及海战的基本原则等问题。

其基本思想体现在以下几个方面：

（1）强调"只有武艺精湛，熟谙兵法，训练有素，才能确保胜利"

韦格蒂乌斯认为，一支武艺精湛、熟谙兵法、训练有素的军队，往往是战争取胜的基础。他在正文第一句话就精辟地指出："战争的胜利并不完全取决于人多势众，或者说作战凶猛；只有武艺精湛，熟谙兵法，训练有素，才能确保胜利。"他接着强调："熟悉整军经武之道使人在战斗中勇气倍增。一个人要坚信对自己的事业完全在行，他就会无所畏惧。实际上，一个人数

▲《兵法简述》

《兵法简述》，又名《论军事》。作者韦格蒂乌斯为古罗马人，他依据历史史料论述了古罗马和古希腊军事学术的理论；论述了军队设备、编制和训练问题，进行战争和战斗的重要原则、战斗队形、冲击和防御要塞的方法，进行海战的原则和攻城等技术。全书言简意赅，是一部记叙古罗马兵法的最著名著作。

较少，但训练有素的队伍在作战时往往更易于夺取胜利，而庞大臃肿、缺乏训练的乌合之众是注定会大败的。”为此，他系统阐述了如何造就一支武艺精湛、熟谙兵法、训练有素的军队。

首先，总结战争史阐明军事训练的重要性。思想上的认识是付诸行动的先决条件，韦格蒂乌斯通过总结战争史上的经验教训，深刻地阐释了军事训练的重要性。如他在总结罗马与迦太基布匿战争第 2 阶段因忽视军事训练而带来屡战屡败的恶果时，指出：“第一次布匿战争之前，罗马人曾一路风光，无往而不胜。其后，和平年景延续达 20 年之久，由于贪图安逸自在，疏怠军事训练，使当时罗马人的国力受到很大削弱。到第 2 次布匿战争时，他们却无论怎样也无法同汉尼拔相匹敌。在他们丧失了很多执政官、军事将领及其军队之后，才悟清要学习军事实践和操练使用武器，并在重新学会这一切之后才又开始打胜仗。所以说，必须重视募选和训练新兵的工作。”他还生动地阐述说：“一个国家是否强大、是否幸福、是否光荣，要看它有没有足够数量的经过训练的军人。”

其次，精心募选军队成员。在选兵的问题上，韦格蒂乌斯主张应招募那些精力充沛，不怕负伤，甚至视死如归而又有理智的人来当兵。在选择农村兵还是城市兵的问题上，韦格蒂乌斯认为：一般说来，农村出来的人对于搞武事要合适得多。因为“他们头顶辽阔的蓝天，是在劳动中成长起来的；他们能忍受阳光曝晒，对于夜间的湿度也不在意……他们心地纯良，有一副能承受各种劳动的身躯，并养成了操持铁器、挖壕掘沟、肩挑背扛的习惯”。与此同时，仍有必要吸收一些城里人参军，但首先要让他们学习干活，跑步，负重，经受阳光曝晒，风尘吹打，能习惯于粗茶淡饭，能在露天或简易帐篷里留宿；还要教他们使用兵器，在远距离行军时，要让他们到边缘的兵营，多派他们去巡逻放哨，以此加强并发展他们的体力和精神力量。同时，韦格蒂乌斯认为，募选的新兵应在身体方面和精神方面都是最优秀的，在出身门第和个人德行方面都必须是无可挑剔的，荣誉感使军人成为优秀分子，责任感使他们知难而进成为胜利者。招募新兵时，应将不合格的人淘汰掉，并挑选强有力的人替代他们。因为一旦发生冲突，真正起作用的并不是军人的数量，而是他们的勇敢精神。

最后，对新兵进行系统的军事训练。韦格蒂乌斯认为，良好素质的新兵必须经过系统、完备的军事训练，才能打造出在战争中无往而不胜的军队。系统军事训练的第一堂课应是走步伐，以便于无论是行军还是在兵阵中，全体军士能够在运动时保持正确的队形。其次是勤练跑步，并通过坚持不懈地训练学会跳跃，学会跃壕沟，翻越任何足以成为障碍的高地等，便于战士在战斗进程中能以跑步、跃进的运动方式杀伤敌人，并在其还没做好准备进行自卫之前，即对其进行沉重打击。新兵还应学会游泳，以便于在没有桥、突然下雨、遇上积雪融化或暴发山洪时，部队不会因此而陷入险境。新兵还应深入而认真地做好战术演练，这要由专家传授。因为在所有交战中，那些长于部署兵阵的人总要比不会的人更善战，懂战术的人在作战方面总要超过其同伴。新兵还应不断加强马术训练。开始可徒手练骑术，力求先掌握技巧。随后再持械操练，即训练手持马刀或矛从左右两侧上下马，便于使受训者在一旦战斗突发时能毫不迟误地跃身上马。新兵还应进行在负重 27 公斤的情况下健步行军，学会构筑营地。因为在战争中，负重行军是常有的事，而构筑营地则是比这种本事更加重要和不可或缺的。在构筑营地时，应注意将营地建在安全地带，包括注意附近能否充分保障柴薪、草料和水的供应；避开周围的山冈或高地，否则这些制高点一旦被敌人控制，后患无穷；营地规模应与部队人数、辎重的多少相适应，防止大量部队拥挤在较小的空间里，或少量部队展开在面积过大的土地上。

（2）注重创建组织精良、克敌制胜的军团

首先，建立健全的兵种。在韦格蒂乌斯看来，组织精良的军团通常能够战胜任何兵力的敌人，是战争取胜的根本保证。而“军团自身则有若干个重装的全建制大队，也就是主力兵、剑矛兵、后备兵以及类似于轻步兵的先头部队，即投标枪手、弓箭手、投石手、弩炮手的队伍；还有属于自己编制的军团骑兵。他们执行同样的命令，团结友爱，协调一致地构筑营地，操练兵阵，实施交战，在各方面都是完整一体的，不需要任何外部的支援——这样的军团通常能够战胜任何兵力的敌人”。当时的军队分为 3 大部分：骑兵、步兵和海军，兵团是 3 个军种全备，在战时彼此相互协同作战。骑兵分为两类：一类称作侧翼，从左右两面掩护着步兵和兵阵；另一类骑兵因隶属军团

▲ 骑 兵

骑兵是陆军中乘马执行任务的部队、分队。既能乘马作战，又能徒步作战。通常担负正面突击、迂回包围、追击、奔袭等任务。其行动轻捷，受地形、气象影响较小。历史上，骑兵曾经是陆军的主要作战兵种。罗马骑兵主要由高卢人和西班牙人组成，他们穿鳞甲或者链甲，带着大型的护肩。他们的头盔分成好几种款式。骑兵武器是传统的罗马短剑或者凯尔特式的长剑，挂在身体右侧。他们还备有一支轻质长矛，可投掷，可捅捌。战马也比较低矮，150厘米左右高，与同时代的坐骑一样，背上铺块毯子，绑上皮质的马鞍，但没有马蹬。

编制而叫军团骑兵。海军也由两部分组成：一部分是按省份舰船模型取名的利尔布纳舰船；另一部分是武装帆船。骑兵守卫平原，海军保卫海洋和江河，步兵则坚守高地、城市、平坦地和悬崖峭壁。韦格蒂乌斯认为，3个兵种要在各自的范围内有效地协同作战，从而组成能战胜任何敌人的精良兵团。

其次，合理的编制体制。韦格蒂乌斯认为，一个军团应该有10个大队。第1大队在人员数额和素质上都优于其他大队。这个大队有1150名步兵，

32 名穿铠甲的骑兵，素有“千人大队”之称，它是军团的主体。第 2 大队由 555 名步兵和 66 名骑兵组成，称作“五百人大队”。第 3 至第 8 大队，也均由 555 名步兵和 66 名骑兵组成。第 9 至第 10 大队，则分别由 555 名步兵和 62 名骑兵组成。整个军团就由这样 10 个大队合成，总人数为步兵 6100 名和骑兵 730 名。同时，作为编制体制内的军团人员素质也有具体的要求。作为“千人大队”的第 1 大队应由出身门第、教育程度、外表仪容、勇敢无畏诸方面均无可挑剔的成员组成。其首领必须是具备精通军事、有强健的体魄、英勇无比、道德品质高尚等条件的保民官。其余大队的首领或由军事保民官，或由别的高级将领担任。这些保民官和高级将领对军事训练应该抓紧，不仅强制他们的部下天天坚持操练，而且要通过亲身示范，以此激励将士仿效。

再次，战前的攻防兵阵部署。韦格蒂乌斯认为，精良军团在战前的兵阵部署应是：骑兵配置在两翼；整个兵阵应从右翼的第 1 大队开始部署，继而是第 2 大队，第 3 大队居中央位置，它旁边是第 4 大队，第 5 大队在左翼。在兵阵前和各方旗帜周围作战的称主力兵，即重装兵。韦格蒂乌斯基于此指出：“组织精良的军团宛若一座真正的城池，固若金汤。它随时随地具备着为交战所不可或缺的一切条件，对敌人的突然出现毫不畏惧；即使在旷野里也能迅捷地挖沟掘壕，为自己设防；在其编成中有操持各种行当和使用各种武器的人才。”此外，他还指出，军团夺取胜利还与装备有关。军团中的矛和标枪是非常重要的。它们应该是任何铠甲盾牌都无法抵御的。此外，军团、大队还应该有弩炮、舟船、扒城钩等，总之，军团应该携带在任何形式战争中所不可缺少的一切装备。

最后，“要训练有素的精兵”。韦格蒂乌斯认为，军队是军团、辅助部队以及骑兵的集合体，它是为实施战争而建立的，其规模不宜过大。“实际上过于庞大的军队之所以溃败与其说是由于敌人的英勇，倒不如说是出于自身的臃肿。”有时，人数越多出现偶然的机会就越多。比如，在转移时因军队人多，行动就比较缓慢；因为队伍距离拉得过长，通常易遭敌军袭击；在穿越复杂地形或涉水渡河时，往往会因辎重转移迟缓而引起混乱。此外，在任何一次征战中，备足粮草决非轻而易举，且又必须先行，否则势必会拖住庞大军队的后腿。人员过多又往往会造成缺水现象等。“古人宁愿不要庞大的军队，而要训练有素的精兵，其道理就在于此。”

（3）认为优秀的将帅是保家卫国的关键

韦格蒂乌斯在书中曾对将帅在战争中的作用予以较大的关注。他说：“兵经之艺对于准备争战的人（将帅）来说至关重要，它能帮助你保全生命，赢得胜利。”“既然将帅被授予如此巨大的权力和高位，那么国人的命运、捍卫城邦的责任、军士的生命、国家的荣誉等都维系于他的忠诚和勇敢；他就不仅应当关注整个军队，而且应当关注到每一个具体的士兵。因为一旦士兵们真的在战争中发生什么不幸，那便是他作为将帅的过失，也是国家的损失。”所以，他认为，优秀的统帅要善于知己知彼，事先对一切都考虑周全，而且应在战争开始前就把一切都安排妥当。他的作战计划及指挥关系到作战中能否克敌制胜和保家卫国。

首先，知己知彼，把握主动。韦格蒂乌斯在论述知己知彼时说：“他（将帅）应当尽可能地熟知他的助手、保民官，他的随从，以至普通士兵，要叫出他们的姓名，摸透他们的脾性，了解他们，在战争中能发挥怎样的作用。”同时，他又指出，“对于统帅来说，最有效、最高明的招数是从全军中挑选懂得兵法而又是大智大勇的人；一定要革除一切阿谀奉承之风，在战时此风危害至极。”还应了解我方辅助部队的实力如何，敌军的士兵怎样，我军的士兵又怎样，哪一方在期待胜利方面更具信心等。其中，还应注意了解敌军的统帅是怎样的人，了解其身边的随从和高级指挥人员的情况。他们的特点是轻率冒进还是谨慎稳重，是英勇无畏还是贪生怕死，是精于武事还是只凭狭隘的经验进行厮杀，等等。他还提出，优秀的统帅为提高部队的作战能力应委派经过精选的富有经验的保民官，让他们去训练部队使用武器的各种方法，并亲自对之实施教练，就如同他们已面临实战那样，还应不断使他们感受到自己掌握兵事技艺的程度，体力是否增强，能否按命令以及口头指令等去行动。这样就能在了解敌我一切情况的基础上把握主动权，制订出有的放矢的作战计划以克敌制胜。

其次，当机立断和激励士气。针对作战指挥和如何激励士气，韦格蒂乌斯指出："一个警觉的、镇定自若的、聪明的将帅由于能密切注意自己部队和对方部队的一切情况，他就会像法官处理发生民事案件的双方之间的矛盾那样做出判断。假若他能够断定，在许多方面他确已超过敌人，那就应立即投入于他有利的交战。一旦发现敌人强于自己，就要力避正面战斗。要知道即使部队人数较少，实力较差，在突然袭击和设伏时，由于统帅指挥得当通常也是能够赢得胜利的。"会战较量的结果维系着全局的胜利。为此，将帅应全神贯注，集中精力，以巨大的荣誉激励勤勉奋进者，以严重的惩罚威胁怠惰懒散者。韦格蒂乌斯认为，在临战之前，将帅应通过激发士兵的信心和激励，大大振奋部队英勇杀敌的精神。要指明敌人的弱点和失误，并讲一些能激起我军官兵对敌人的仇恨心和使大家义愤填膺的故事；还应通过了解敌人的特点及武器等，消除在与敌正面交锋时的恐惧心理，并在自己的计划中考虑好一旦战败的措施。因为，"一个聪明的、洞察力强的将帅，在投入正面会战时，总是应该预见到存在失败的可能，总是应当去考虑怎样才能既不承受巨大的损失，又能使那些败军得到救援的问题。"不管交战结局如何，将帅应聚集自己军队的残部，给他们以鼓舞，设法使他们重新弄到武器装备，激励他们树立起继续作战的决心。同时，将帅可重新积蓄力量，物色新的盟友，还应注意捕捉有利时机，借助隐蔽的伏兵对获胜者一方发起突然袭击，进而恢复军队的斗志。

再次，善于利用战时的地利。韦格蒂乌斯认为："优秀的将帅应知道，胜利在很大程度上取决于战斗所在地的地形条件。"因此，当准备实施白刃格斗时，一定要先争得地利之助。而要取得地利之助，首先又要通过侦察来

▲ 官兵在练习刺杀

白刃格斗是极为残酷战斗，一般来说双方的伤亡率基本是1:1，这就不仅要求士兵有很好的刺杀技术，而且要有极强的心理承受能力，即稳定的心理素质。在利帕里海战中罗马军则比迦太基军更擅长于白刃战，因此他们在战船上装有接舷吊桥，以便同敌人展开白刃格斗，从而战胜了独霸海上的迦太基海军。

弄清地形条件。“最好派出最忠诚、最精灵、最细致的人骑上上等的马匹去察看前方的地形，探明前后左右的整个地势，要躲开敌人可能设伏的地块。”一般说，所占地势越高就越有利，居高一方能更勇猛地击退敌人。但若想用步兵战胜敌人的骑兵，则应选择坑坑洼洼的多山的地形；而若想用骑兵战胜敌人的步兵，则应选择较平坦的、开阔的地形。

（4）主张一切交战、征战都应遵循作战规则

韦格蒂乌斯曾精辟概括了33条被其称为作战共同规则或一切交战和征战的主要规则，这对后世的将帅治军、率军作战具有直接的指导作用：

——于己有利的，于敌应有害；于敌有助的，于己必有害。因之，我们不应当做或者不去做符合敌人意愿的事，而只应当做或者去做于自己有利的事。如果你去效尤敌人为自己的利益而做的事，那你就是反对你自己。反之亦然：如果敌人想效法你那样去行动，结果一样，因为你期盼为自己所做的事恰巧正是反对他们的。

——战时更多地关注夜间巡逻和巡查哨，平时严格要求所属人员加强训练的将领，陷落险境的可能就少。

——决不要让从未实地考察过的人去面对敌阵。

——使对方粮秣不敷，对其实施突然袭击或威吓是克敌制胜的上策，交战则属下策；交战中通常更起作用的与其说是勇气，不如说是运气。

——最好的计划是直到你付诸实施之前敌人对此一无所知。

——在战争中，有利的时机通常较之胆量更值得依凭。

——如果你能激励敌军向你投诚或他们自己投诚过来，而且这样做实出于真心，那就会大大增强我们对成功的信心，敌营中有人逃跑比有人战死，对敌人的打击沉重得多。

——在兵阵后部保持较多的预备队，比之加宽或拉长兵阵更为有利。

——善于正确判断敌我双方实情的将领将立于不败之地。

——多势众不如骁勇善战。

——得地利之便较之勇敢无畏尤益。

——天生的勇士少有，许多人是通过实践，通过良好训练的体验变成无畏者的。

——勤劳刻苦使军队欣欣向荣，懒散怠惰令其颓衰羸弱。

——切莫让一支你认为对胜利缺乏信心的队伍投入交战。

——突然性能使人惊恐，循规蹈矩作用平平。

——轻率追击会混乱自己的队伍，将领如是做无异于将自己到手的胜利拱手奉送敌人。

——对粮草和一切必需品事先未做好充分准备的军队，不用动武便能战而胜之。

——若兵力和士气均胜过敌方，可使用正方形兵阵交战之。此阵法之一。

——若不如敌方，可以右翼攻敌之左翼。此阵法之二。

——若确认敌之左翼实力很强，可攻击敌之右翼。此阵法之三。

——若部队训练有素，应在两翼开启战斗。此阵法之四。

——若轻装部队精锐，可在阵前部署标枪投手和弓箭手，对敌两翼实施攻击。此阵法之五。

——若部队之兵力和士气皆不足信，而又必须投入战斗，可以用我之右翼攻敌之左翼，而将余部犹如铁扦一般拉开距离。此阵法之六。

——若你的部队的兵力不足，士气亦不高，就采用第七种阵法，但一般应由山冈，或城池或海洋或江河或其他无法逾越之障碍依托之。

——若确信自己的骑兵兵力较强，可寻找合宜于骑兵作战之地形，战斗中多多凭借骑兵取胜。

——若你的步兵足以信赖，可选择合宜于步兵作战之地形，以步兵部队作战。

——如有敌奸潜入营地，可于白昼下令所有人员各归营帐，敌奸当即暴露。

——一旦获悉你的计划已由变节者泄露于敌人，自然应当变更你的意图。

——应该怎样做，可以找许多人商议；准备怎样做只能同最可靠的少数人商议，最好还是自己与自己商议。

——在驻地，恐吓和惩罚使士兵守规矩；作战时使他们成为英雄的则是鼓励和奖赏。

——优秀的统帅只有情况有利或十分必要时才下决心投入正面交战。

——兵不血刃而以饥馑屈人之兵者，乃为上。

——要使敌人无法知晓你将用什么方式与之交战，以免他们有的放矢地构思出某种足以对付你的办法。

《论军事》试图通过总结古代军队作战和建军的经验为处于衰落时期的罗马帝国找到恢复军队战斗力的办法，因此较系统地阐发了古希腊、古罗马的战争艺术。但由于时代的局限，作者未能看到奴隶制的解体是当时罗马军事机器急剧衰退的根本原因，因而书中不少议论缺乏应有的深度。尽管如此，该书对中世纪和文艺复兴时期的军事思想有较大影响。

治军作战，多有论述

——《将略》

拜占庭帝国军事名著《将略》，一译《战略法》，公元6世纪至7世纪初，拜占庭帝国一佚名作者假托皇帝莫里斯（约公元539年—公元602年）之名，在总结6世纪拜占庭帝国军队作战经验基础上，吸收韦格蒂乌斯《论军事》一书中所总结的古罗马军作战经验而写成的。除希腊文本外，还有多种文字译本，中译本尚未问世。

全书共12卷，重点论述军队的编制、武器装备、训练、队形编成、作战方法、战斗保障以及其他民族进行战争的特点等问题。

该书的内容较为丰富，其基本思想体现在以下几个方面：

（1）战争胜负关系到国家的存亡，军人是“国家的柱石”

在长期的战争中，拜占庭统治者形成了“战争胜负关系到国家存亡”的战争观，强调军人是“国家的柱石”。

《将略》提醒统治者，为了国家的生存，要重视军事和国防，坚持同国内“叛乱”和外敌入侵做斗争。为了赢得战争，拜占庭统治者强调既要使用武力也要使用外交手段，适时与邻国结盟，以减轻国家安全承受的压力。为了赢得战争，要熟练使用反间计，贿赂敌对部落酋长，颠覆敌国政府，要尽可能不诉诸武力就迫使对方放弃目标。

▲ 拜占庭帝国对外征战

《将略》全书共 12 卷。遵照拜占庭帝国重视骑兵的传统，《将略》首先极力主张建立更为强大的骑兵队伍，并装备精良的防护器具和武器，认为优良的骑兵才是克敌制胜的重要力量。其次，该书强调作战的突然性，认为战争胜败很大程度上取决于对攻击时间和地点的选择。其三，该书特别重视将帅的个人素质和指挥才能，认为将帅应当关心武器，更应当讲求指挥艺术。就像离开舵手不能把船从大海领入海港一样，离开高超的指挥艺术就不能战胜敌人；与其与敌人直接战斗，不如用计谋打败敌人。

（2）要突出重点，有针对性地加强军队建设

《将略》提出军队建设要突出重点，有针对性地进行。针对拜占庭的敌国主要依靠骑兵突袭的特点，作者主张把骑兵尤其是重装骑兵作为军队建设的重点。同时，作者主张骑兵与步兵联合编组，以便协同作战。他特别主张建设庞大舰队，夺取地中海霸权，增强滨海城防，以对付强大的阿拉伯海军。作者重视建立军区制，强调农民和士兵对国家长治久安的重要性。

（3）通过严格训练和激励士气提高战斗力

《将略》主张严格训练，特别指出要讲究训练方法。《将略》认为，任何军队必须重视军事训练，不经过训练的军队是不可能有强大战斗力的。训练包括单兵训练、分队（中队）训练和部队合练。训练的目的是熟悉战斗队形、实施协同进攻和各种地形条件下的战斗机动，同时培养军人精准的战斗技能和顽强的战斗毅力。军队战斗力的提高除了严格的训练外，还要加强对士兵的激励以提高士气。《将略》提出用以激励士兵士气的工具是宗教信仰。《将略》极力把拜占庭士兵塑造成基督教的卫士，使其把维护基督教视为自己的使命，在发动进攻时也总是从宗教和历史上寻找理由。但《将略》也指出用金钱刺激战斗热情的重要性。

（4）重视将帅的个人素质和指挥才能

《将略》十分重视军事将帅的个人素质和指挥才能，认为这是建军的关键，并对将帅提出了较高要求。《将略》指出将帅在统帅军队的日常工作中，首先要关注武器，注重合理的武器配备，并通过训练使每一位士兵熟练地掌握武器的性能。将帅同时能敏感地认识并运用最新武器，并在作战中力争产生强大的杀伤力。其次，将帅要关注军队指挥，一旦宣战，将帅要把军队组织好，以最快的速度进入作战状态。一位优秀的将帅须懂得如何根据不同路线和敌情编组行军队形，保障粮秣供应和军队行动与驻扎的安全。

（5）提倡灵活多变、推崇军事行动的突然性

《将略》大量论述了各种作战方法，集中体现了拜占庭帝国的作战思想。《将略》提出在战略进攻时，应长驱直入夺取敌国首都或战略要地，分割敌军，夺占要道，各个歼敌。《将略》十分推崇突然性的军事行动，认为突然性是军事艺术的要谛，一位优秀的将帅要能利用各种条件对敌发动突然性的进攻，置敌于不备，以获取战斗的胜利。《将略》认为作战要善于用计谋，在战争中不必忌讳使用诡计，要选择有利的时间、地点进行军事行动。《将

略》认为伏击和围困优于白刃格斗。在战略防御时，《将略》强调立足长期分区防御，在每个防区（军区）修筑数个坚固要塞、军用道路和烽火报警系统，集中兵力将敌军压迫至设防坚固的山口或渡口，然后再发起向心攻击将敌击溃。

《将略》重视战前和战中的队形编成，指出战前应做好周密侦察，强调一切行动都要依据正确的情报，以判明敌方的企图；但同时要采取积极行动，隐真示假，隐蔽自己的部署，干扰敌军的判断。在具体的作战中，《将略》主张骑兵战斗队形由两线组成，每线 3 列至 4 列，二线骑兵隐蔽在纵深内，关键时刻才投入战斗。两线骑兵可以变换队形，交替使用。《将略》认为要妥善处理战斗和增援的关系，强调骑兵和步兵联合编组，突击和投射密切配合，以便发挥步兵的作用。《将略》十分重视将帅对预备队的掌握和使用技巧。

《将略》主要概括了拜占庭帝国有关军队建设和作战使用等方面的问题，是一部代表当时欧洲军事学术水平的著作，但书中提出的有些观点带有迷信色彩。

复兴之作，催生变革

——《战争艺术》

欧洲文艺复兴时期意大利军事名著《战争艺术》，一译《论战争艺术》。作者马基雅维利（1469年—1527年），意大利政治思想家、历史学家、军事理论家，生于佛罗伦萨，曾任佛罗伦萨共和国“十人委员会”负责外交和军政事务的秘书。他撰有《君主论》《佛罗伦萨史》等多本政治、历史和军事理论著作。

《战争艺术》一书是对话体裁，写于1519年至1520年，除意大利文本外，还有多种文字译本，中译本尚未问世。

全书共7卷，第1卷、第2卷着重论述军队兵役制度和训练，第3卷集中论述会战，以后各卷探讨宿营、行军、筑城等问题。

其基本思想体现在以下几个方面：

（1）军事是君主的唯一“专业”、立国兴邦的重要支柱

马基雅维利在总结古罗马和中世纪意大利历史经验基础上提出，君主要巩固自己的权势，必须专心致力于战争，切实掌握军事力量。君主的唯一“专业”就是军事，除了战争、军事制度和训练之外，不应该有其他目标和其他考虑。统治者建立新的秩序，如果没有自己的武装作后盾，就难免遭到毁灭。军队和法律是立国的两大支柱，没有良好的军队就不可能有良好的法律；而有了良好的军队就一定有良好的法律。

▲ 在工作室的马基雅维利

尼可罗·马基雅维利，意大利政治思想家和历史学家。在中世纪后期政治思想家中，他是第一个明显地摆脱了神学和伦理学束缚，为政治学和法学开辟了走向独立学科的道路，是意大利文艺复兴时期的重要人物。马基雅维利主张国家至上，将国家权力作为法的基础。他是中世纪晚期意大利新兴资产阶级的代表，主张结束意大利在政治上的分裂状态，建立强大的中央集权国家，他是名符其实的近代政治思想的主要奠基人之一。他的作品有《战争的艺术》《君主论》《论李维》等。

（2）主张由本国国民组成常备国民军，反对雇佣外国军队

马基雅维利认为，军队关系到国家的兴衰存亡。佛罗伦萨多年来之所以难御外侮、长期分裂，原因在于没有自身统一的武装力量。仰仗外国雇佣军或外国援军是一切灾难的根源。这些外国军队尽管领取巨额军饷，却不能做到真心实意为君主效命。相反，他们往往作战不力，甚至叛变。因此，一国君主必须建立由本国国民组成的常备军，以保卫国家的疆土和独立。

（3）建立编制合理、装备精良、严格训练、纪律严明的军队

马基雅维利认为，军队的组织编制必须合理，以适应实战的需要；武器装备应力求精良，以有效地对付强敌。他同时强调，训练和纪律对于提高部队战斗力具有重要意义。他认为，很少有人生性勇敢，良好的秩序和经验能够锻造出勇士。在军队中，秩序和纪律比勇气更可靠。士兵必须按军事要领行动，无条件执行长官命令，以形成统一意志。他主张国民军的军官和骑兵从市民中招募，步兵则由来自农村的志愿者充任。

（4）积极主动寻找战机，与敌实施有利决战

马基雅维利批判外国雇佣军惯于采用的回避战场直接交锋的落后战法，主张积极主动寻找战机，与敌实施有利决战。作战中，军队应分成若干群，呈梯次配置，以便随时机动和增强突击力。他认为，预备队对夺取胜利具有重要意义。他注重初战，强调只有在确有把握的情况下方可开战。因此，战前必须严格保守军事机密，并做好充分的物质储备。将帅作为作战行动的谋划组织者，必须具备坚决果断、精于指挥、善于激励部属以及通晓历史和地理知识等素质。

马基雅维利的军事思想，是欧洲文艺复兴时期社会进步思想在军事上的反映，体现了当时军事变革中的创新精神，受到后世军事理论界的普遍注意，对于欧洲近代军事思想的形成和发展具有重要影响。马基雅维利被恩格斯誉为“第一位值得一提的近代军事著作家”。著名军事战略家钮先钟认为，马基雅维利一生中留下了两本主要著作，即《战争艺术》和《君主论》，前者所代表的是将道（军事战略）的复兴，后者所代表的是君道（国家战略）的开创。但由于时代的局限，马基雅维利对火器和骑兵的作用认识不够。

经久不衰，“永远制胜”

——《制胜的科学》

俄国著名军事著作《制胜的科学》，由苏沃洛夫著。该书写于 1795 年至 1796 年，发表于 1806 年，曾多次再版。作者苏沃洛夫（1730 年—1800 年）出生于俄国的一个军人家庭，从小酷爱军事，在父亲（俄国上将枢密官，曾编纂了第一部俄国军事词典）的指导下研究炮兵学、筑城学和军事史。苏沃洛夫 17 岁就开始了军旅生涯，曾当过参谋、团长、旅长、师长，直至俄军战区司令和远征军总司令。在近 50 年戎马生涯中，他转战疆场，曾亲自指挥过 60 多次战役和战斗，屡战屡胜。因战绩显赫，1799 年苏沃洛夫被提升为大元帅。苏沃洛夫学识渊博，曾编写过《团规》等军事著作。1795 年至 1796 年他指挥驻乌克兰的军队，设行营于图利钦。在此期间，他根据自己雄厚的军事理论和丰富的作战经验，写成这部《制胜的科学》。

为什么《制胜的科学》能得到“永远是‘制胜的科学’”这一美誉？这还得从该书所论述的军事思想和提出的作战原则说起。该书是阐述苏沃洛夫战术原则和军队训练及教育原则的教令，它以创新的理论、结论和原则丰富了整个 18 世纪的军事学术领域，其军事学术内容、治军思想及影响作用远远超出了国家的界限，在俄国和世界军事历史上都占有重要的位置，成为各国军事家关注的世界军事名著。

本书共分两大部分，另加引言和注释。第一部分“分队对抗演习或演习前的训练”，是专供军官使用的，阐述了苏沃洛夫的军队训练方法，这一方法在于实施野外对抗演习时要进行近似于实战的贯穿与冲击，被当作部队指

▲《制胜的科学》

《制胜的科学》由苏沃洛夫著。《制胜的科学》集中反映了苏沃洛夫的战略战术思想和治军之道，包括军事成就、军事思想、指挥风格和指挥艺术等，影响俄国军界好几代人。十月革命后，.列宁审批的第一本红军战士手册中，也引用了它的主要原则。在第二次世界大战期间，各级苏军将领对苏沃洛夫的治军方略和战术原则备加推崇，苏维埃最高主席团还于 1942 年 7 月颁布了制订一、二、三级苏沃洛夫军事勋章的命令。《制胜的科学》对俄国的军事学术起了伟大的奠基作用，对后来苏军的作战训练及军事学术的形成有重要影响。

挥人员的指南；第二部分“向士兵口授必需的知识”(或“用士兵的语言对士兵讲话”)，是供士兵用的手册，内容包括苏沃洛夫关于战术和战斗勤务的基本原则：按实战需要训练军队，培养每个军人履行职责的自觉性、勇敢主动性和服从命令的精神。

《制胜的科学》一书简易明了、目的明确和富有科学性，它给苏沃洛夫军队训练和教育的原则和方法以完整的概念。该书集中阐述了三项最重要的战术原则：观察、快速、猛攻。

“观察”的概念包括计算，要求指挥员要根据亲临实地侦察的结果，冷静考虑所处环境的一切条件，对情况做出准确判断，强调各级指挥员的独立性和主动性；善于利用地形采取行动，明确如何安营，如何行进，向何处冲击、追击和打击敌人。

“快速”的原则是指对运动（机动）的要求，强调快速性应与行动的突然性相结合，要求部队尽最大努力，不惜任何行军损失，哪怕首先让一部分兵力及时赶到并投入战斗也好，以实现快速突然的目的。书中说：“不要停顿，要活动、娱乐、唱歌、击鼓、奏乐，让鼓乐齐鸣！”“照此速度行军，军人不感到疲乏。敌人没有预料到我们，以为我们还在一百俄里以外，如果我们是从远处赶来，则以为我们还在二三百俄里以外，或者更远的地方。突然，我们如神兵天降，敌人就会晕头转向。冲击，各种兵器一齐上！骑兵，开始冲击！劈、刺、追、截，勿使漏网！乌拉！弟兄们创造了奇迹！”

“猛攻”这项原则也是苏沃洛夫指挥战争和训练军队的一句经常使用的格言：猛攻就是力量。他认为，机动性是胜利的准备，战斗则是胜利的保障。他强调部队在交战的决定时刻要最大限度地发挥力量，以突然性的打击，决定战斗的结局。书中强调，“手足相济，同心协办！战斗中会有许多人死亡。敌人也有两只手，但他不知道怎样对付俄国的刺刀。”“展开横队，立即用冷兵器冲击！没有时间展开横队时就从遮蔽狭窄的地方冲出来刺杀，步兵，上刺刀！骑兵亦如此——在一俄里宽内不留空隙，霰弹飞过头顶，大炮就为你所有。”

苏沃洛夫发展了他的前辈彼得一世、鲁缅采夫的先进思想，摒弃了当时被推崇的封锁线式战略和线式战术，创造、发展和运用了新的作战样式和方法。它所体现的战略思想以进取和果敢见长，主张在主要方向集中兵力兵器，在野战中粉碎和歼灭敌人。该书认为，军事行动的主要目标是敌人的军队，而不是补给基地，这就彻底否决了当时欧洲大部分军事统帅及军事理论家们关于军事行动的目标是地理基点的观点。

在作战方法上，《制胜的科学》排除了陈旧、不宜实战的线式作战阵形，完善了同散开队形相结合的纵队战术，并将战术火力与白刃突击进行了恰到好处的结合。它创造的“贯穿冲击”，将士兵置于近战、实战环境中训练，以敢打敢冲、白刃格斗制服敌人的做法，重视发挥刺刀的作用，强调白刃突击的重要性。“射击要少而准；刺刀要刺得狠。子弹会上当，刺刀不会上当。子弹是笨蛋，刺刀是好汉。猛刺一次！把异教徒从刺刀上甩开！”“一有机会就用冷兵器战斗。”

《制胜的科学》还创立了一整套教育和管理部队的先进方法，使战斗的两种基本因素——人与武器的对比关系得到了正确的解决，将人的因素置于首位。它认为人是制胜的决定因素，士兵是胜利的创造者，要爱护士兵。书中强调，“士兵是宝贵的，谁不爱护人，是当官的，要抓起来，是军士和上等兵，要打棍子，谁自己不爱护自己，也要挨军棍。”

他要求军官必须以科学的头脑和科学的方法带兵打仗。苏沃洛夫说：“勇士们，敌人被你们吓得发抖！但是还有比残废收容所更可怕的敌人，就是那些该死的昏庸无知、暗示耍滑、故弄玄虚、撒谎虚伪、滑头滑脑、夸夸其谈、语无伦次、虚情假意、思路不清的人，有这种毛病的人总喜欢说什么‘界限’、‘命令’、‘往前’、‘靠边’、‘命运’、‘地狱’等等。说来真叫人害臊！无知之徒越多，祸患愈大。”“昏庸无知，是军官的要逮捕，是校官的要从上校起关禁闭。”他强调军人要通过努力学习而提高素质。他说：“学则明，不学则愚。事怕行家。农民不会掌犁，庄稼就长不出来。让我们拿三个没有学问的人换一个有学问的人。三个还嫌少，就六个、十个换一个吧！我们能打败一切敌人，将他们摔倒在地，将他们俘虏！”

苏沃洛夫极力主张和倡导要培养自觉执行任务的士兵，而不是把他们当作受操纵的机器，强调依靠士兵的民族感情，教育他们意识到军人的职责，力求在下属士兵和军官中培养诸如主动、机智、灵活、个人首创精神这些品质。他说：“士兵应当身体健康、勇敢、坚定、果决、有正义感，笃信宗教。要向上帝祈祷！上帝给我们胜利。神奇的勇士！上帝指引着我们，上帝就是我们的将军！”这是俄国的进步军事思想的一个特征，它与普鲁士式棍棒秩序毫无共同之处。

《制胜的科学》是苏沃洛夫一生军事理论研究的代表作。它集中反映了苏沃洛夫的治军思想、军事战略和作战原则，该书1806年发表后，在俄国同土耳其及拿破仑法国作战期间先后再版了8次。1870年，德拉戈米罗夫把《制胜的科学》的基本原则引入他的《战术教材》。它对俄国的军事学术，曾经起过奠基作用。1918年，由列宁批准的红军战士手册，曾把《制胜的科学》中的基本原则作为军人须知。后来，该书在苏联又多次再版。在第二次世界大战苏联卫国战争中，《制胜的科学》的思想、原则在苏军中得到充分体现并广为传播。

《制胜的科学》对于苏联军事学术的形成及苏军建设有着重要的影响作用。直到今天，俄罗斯军队仍然把它列为军官的必修教科书之一。苏联和当代俄罗斯所强调的在最大限度接近实战条件下训练部队的方法、原则和口号等，都可以在《制胜的科学》中找到渊源。这本书在世界军事领域中历经几个世纪而不衰，被世界很多国家的军事实践家和理论家们称为“永远是制胜的科学”。因此，认真阅读这部著作，对于了解苏俄军事学术的演变与发展，研究苏俄的军事战略思想和战役战术原则，具有一定的参考价值。

1986年，解放军出版社根据莫斯科军事出版社1980年版翻译的中译本，也深受中国军事界的喜欢。该书的许多军事思想，对于中国军队也具有重要的借鉴作用。当然，现在的时代已经不同于苏沃洛夫的那个时代。不同的技术装备定着不同的作战样式和作战形态，不同的作战形态要求不同的战略战术和不同的技能和精神素质，我们不能死搬教条，我们应从中得到一种更加新鲜的启示，从而为我所用。

传奇人物，传奇思想

——《拿破仑文选》

拿破仑·波拿巴（1769年—1821年）是法国杰出的资产阶级政治家和军事家。一个半世纪以来，这位传奇式的历史人物一直是各国史学家、军事家和政治家们着重研究和论述的历史人物。有关介绍和研究拿破仑的著作，诸如《拿破仑传》《拿破仑一世传》《拿破仑时代》等也层出不穷。《拿破仑文选》就是其中比较重要的一部，它真实地再现了拿破仑这位传奇人物的传奇思想。

拿破仑出生于科西嘉岛一个破落贵族家庭，毕业于布列纳堡预备军校和巴黎高等军事学校。1785年10月，拿破仑任法国陆军炮兵少尉。法国大革命爆发后，他加入雅各宾俱乐部，成为参加资产阶级革命活动的极少数军官之一。1793年，拿破仑在土伦会战中立功，获准将衔。1795年，他在镇压葡月13日王党叛乱时表现果断，晋升少将，并被任命为巴黎卫戍部队司令。1796年，拿破仑统兵到意大利作战，以出色的指挥和依靠反奥、反封建力量，打败皮埃蒙特和奥地利联军。1798年，率军远征埃及。1799年10月，拿破仑返巴黎，发动雾月十八日政变，推翻督政府，组成执政府，任第一执政。1804年，拿破仑建立法兰西第一帝国，称拿破仑一世皇帝。他指挥了一系列对英国、俄国、奥匈帝国等国的战争，沉重打击了欧洲封建制度。但他所发动和进行的战争逐渐丧失其进步性，转化为侵略性，遭到被压迫国家人民的反抗，遭到欧洲反法联军的围攻，加上后期战争指导上的失误，遂由胜利走向挫折和失败。1814年，他被第6次反法联盟的军队击败，被迫退位。

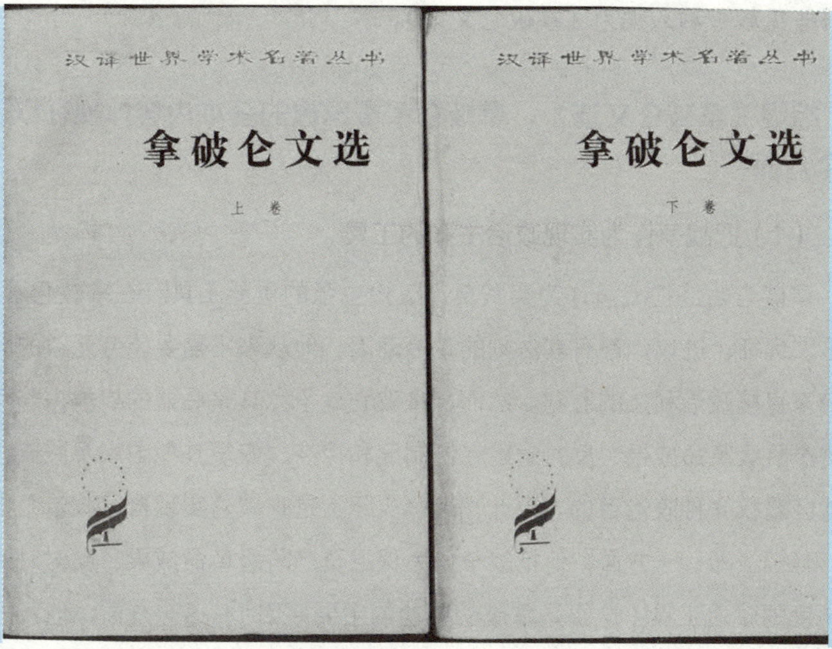

▲《拿破仑文选》

《拿破仑文选》是拿破仑晚年被禁在圣赫勒拿岛时由他口授而由别人笔录的关于几次战争的回忆，以及他某些著作的摘要。本书详细记述了拿破仑所参加和指挥的1793年围攻土伦战争、1796至1797年对意大利的战争和1798至1799年远征埃及和叙利亚的战争，以及他在这些战争中向士兵发表的讲话、命令，他向交战国开展的错综复杂的外交斗争等等。更确切地说，本书是拿破仑的一部军事文选。

1815年，拿破仑重返巴黎，恢复短期统治，同年6月在滑铁卢会战后再次退位。1821年，他死于流放地圣赫勒拿岛。

拿破仑是新兴资产阶级的代表，一生的主要活动是统兵作战和治理国家，曾亲自指挥大小50多次会战。他以卓越的军事才能，往往以少胜多，赢得了大约35次会战的胜利，打败了欧洲前5次反法联盟军队的进攻。在长期的戎马生涯中，拿破仑继承和发展了法国大革命所创立的军事学术和作战原则，对资产阶级军事科学的形成和发展有深远影响。他一生中没有留下什么完整的军事理论著作，只是晚年口述的战争回忆和有关军事学术的一些见解被后人编为《拿破仑文选》。

综观《拿破仑文选》，拿破仑军事思想的基本内容体现在以下几个方面：

（1）把战争作为实现政治主张的工具

拿破仑始终把战争作为实践自己政治主张的重要工具。在拿破仑看来，冲击、远征、进攻，都有其深刻的政治动因。他从来不需要徒劳无益的即不会带来直接政治利益的胜利。然而，拿破仑战争尤其是后期的战争，兼有保卫资产阶级革命成果、反对封建专制制度和掠夺、奴役其他国家及民族、谋求地区霸权4种政治目的。因此，战争实际上是拿破仑实现自己政治主张的“双刃剑”，即：一方面，他把战争作为保卫资产阶级革命成果、反对封建专制制度的政治工具（这正是拿破仑成功的主要原因）；另一方面，他又把战争作为掠夺奴役其他国家及民族、谋求地区霸权的政治工具（这则是拿破仑失败的根本原因）。在这个意义上可以认为，拿破仑并非败于他的军事力量运用，而是败于他的霸权主义政治。

同时，拿破仑又十分注重运用政治手段来实现自己的战略目标。一方面，他十分注重外交手段的运用。他认为，在战争过程中，外交是军事的辅助，可弥补军事力量的不足，隐蔽军事行动的真实意图，避免不利于己的作战时间和地点，巩固和扩大军事上的胜利。另一方面，他还十分注重法律手段的运用。例如，雾月政变之后，拿破仑在彻底粉碎第二次反法联盟的同时，命令和敦促法国政府制订和颁布了一系列的法律。这些立法活动使革命和战争的胜利成果制度化、规范化，以法律的形式固定下来。其中，1804年通过的《法国民法典》(1807年改称《拿破仑法典》)，是在拿破仑亲自主持下制订的。它不仅巩固了拿破仑战争为法国资产阶级所取得的胜利成果，而且巩固了拿破仑战争在国外反对封建专制制度的胜利成果。拿破仑本人也十分欣赏这部法典在巩固胜利成果方面的作用。他说：“我真正的光荣并非打了40次胜仗，滑铁卢之战抹去了这一切的记忆。但是，有一样东西是不会被人忘记的，它将永垂不朽，那就是我的《民法典》。”

（2）战争要靠经济支撑，并能发挥“经济职能”

拿破仑十分注重经济对战争的支撑作用。为支持长期战争和保证战争胜利，一方面，他非常重视国内经济的发展和繁荣，以便为战争活动提供必需的物质力量；另一方面，拿破仑还非常重视“以战养战”问题，以此为其远距离机动作战解决军队给养问题。如在与第一次反法联盟的战争中，拿破仑接管的意大利军团是一支没有军饷、没有军粮、没有饲料、没有被服、没有营帐的部队（人员实数为7万人），而当时国库十分空虚。尽管政府想尽办法，但它发给出征军队的经费仅仅是2000金路易多尔和100万期票，而期票中还有一部分不能兑现。军队中一切都感到缺乏，而想从法国获得任何东西又不可能。鉴于这种情况，拿破仑制订了“以战养战”的战略，即“在意大利平原上组织自己的运输，寻找拖大炮的马匹，使士兵有衣穿，使骑兵有马骑”，从而在蒙特诺特、洛迪、卡斯特莱奥内、巴萨诺—德尔格拉帕、阿科莱、里沃利等会战中接连获胜。

在此后的作战中，拿破仑经常是通过这种“以战养战”的战略为其远距离机动作战提供物质保障。

拿破仑还非常注重战争的“经济职能”。一方面，拿破仑把战争作为维护法国经济利益和增加法国物质财富的重要工具；另一方面，拿破仑又把战争作为破坏对方经济利益和扼杀对方经济发展的重要手段。拿破仑于1806年、1807年多次签署命令，严禁英国及其殖民地的货物进入欧洲大陆法国及其同盟国的领土上，一旦发现英国货物，一概没收。这就是所谓的“大陆封锁令”。而英国立即宣布从海上封锁欧洲大陆，即派其军舰拦截法国及中立国的一切商船，封锁法国港口，同时采取种种办法，把英货偷运到欧洲大陆及法国，破坏拿破仑的“大陆封锁令”。由于英国有强大的海军，易于封锁

▲ 拿破仑战争

以战养战：利用战争中获取来的人力、物力和财力，继续进行战争。拿破仑采用以战养战的战争方针，他对于占领国大肆征发军事税，征用军事物资，加重了被占领国人民的负担。1804 年，他从占领国征集的款项总额竟高达 12300 万法郎，占法国全年总收入的七分之一。在 1807 年至 1809 年期间，拿破仑从普鲁士等国强征了 10 亿法郎。此外，他从罗马教皇和意大利诸国抢劫了许多古典文物和艺术珍品，都源源不断地运回巴黎。

欧洲大陆，而欧洲大陆各国虽被拿破仑征服，但其领土面积大，内部复杂，拿破仑难以控制。因此，“大陆封锁令”虽然在一定程度上打击了英国经济，促进了欧洲大陆各国经济的发展（免除了英国工业品的冲击），但法国及欧洲大陆各国的经济发展也受到一定损失，法国与大陆各国产生了新的矛盾。

（3）从实际出发的战争指导原则

拿破仑深刻地认识到法国大革命对军队性质和军队成分的影响，以及当时生产力的增长对军队武器装备发展的影响，并据此提出了一整套战争指导原则，从而使法国大革命和当时生产力增长所产生的新的作战方法和原则达到了比较完善的程度。

拿破仑从实际出发的战争指导原则主要表现在以下几个方面：

①歼敌比略地更重要。在法国大革命之前的欧洲战场上，攻占敌人的要塞和领土通常是战役战术行动的主要目标。拿破仑则与此相反。他认为，首要和基本的作战指导原则不是力图占领敌人的土地，而应力图歼灭敌人的军队。他说："我只看到一点，那就是敌人的大量军队。我力图消灭它们，因为我相信，只要把军队一消灭，其他一切就会随之而土崩瓦解。"

②军队的力量"等于人数乘速度"。拿破仑认为，消灭敌军兵力所必需的"军队的力量就像力学中运动的数量一样，等于人数乘速度。"其中，人员数量不足可用进军的速度来弥补；炮兵的缺乏应以适当的机动来抵偿。这就是说，"走"是"打"的辅助，能增强"打"的力量。他还认为：行军就是战争，战争的才能就是运动的才能，善于运动的军队必能获得胜利。为了切实发挥运动的功能，拿破仑认为，迅速是一种必要的和基本的因素，在战争中，时间的损失是无可弥补的，对此提出的各种理由都是不妥的，因为拖延只能使行动失败，所以军队的机动必须迅速。同时，因为军事是一门实干的艺术，一切复杂的机动都必须抛弃，简便是良好机动的首要条件。

③强调进攻但不放弃防御。拿破仑十分注重进攻，强调先于敌人进攻。他认为，如果允许别人进攻自己，那是一个极大的错误。但进攻不应该是鲁莽的，而应该是慎重的，应该充分估计到具体情况和敌我双方的兵力兵器，即在一场战役开始时，一个人应该慎重考虑，他是否应该前进。但是，当他决定实行进攻以后，就应该把它推进到最后极限为止。然而，拿破仑并不是唯进攻论者。他认为战争中没有绝对的事情，并非毫无例外，在自己防御壁垒阵里等候敌人，不能认为都是错误的方法。整个战争的艺术，就是先作合理周密的防御，然后再进行快速、大胆的进攻。

不仅如此，拿破仑还坚持把进攻和防御直接而有机地统一起来，即攻中有防，防中有攻，攻防互寓。在拿破仑看来，防御战争不能排斥进攻，就像进攻战争中不能没有防御一样。

④兵力能否集中使用可以改变战场上的优劣态势。拿破仑认为，军队必须集结，而且必须把最大可能的兵力集中在战场之上。战争中的第一原则，就是要求所有部队在战场上集中好了之后才进行会战。与此同时，拿破仑还认为，军事指挥的艺术就在于当自己的兵力数量居于劣势时反而能在战场上化劣势为优势。而一支劣势的部队，如能正确地进行集结，那么，通常都能战胜一支数量虽然居于优势但却不能正确集结的部队。

拿破仑在集中兵力的同时，还十分注意节约兵力。即当看到自己不得不在两个不同的战场上作战时，必须立即把自己的最大部分兵力集中在有决定意义的作战线上，而把较少的兵力留在次要的战场上。有时，为了在主要方向上最大可能地集中兵力，拿破仑会把次要方向上的兵力减到最低限度。

⑤“步兵、骑兵与炮兵三者相倚为用”。拿破仑强调：步兵、骑兵与炮兵，三者相倚为用，均须相互协作。在作战中，骑兵主要用于袭击、扩张战果与阻击溃败敌军的集结，以充分发挥骑兵的长处——冲力；骑兵出击，翼侧暴露，并由于它不能使用枪炮，仅能以刀矛作战而火力不足，所以骑兵需要步兵和炮兵的支援。但是，这些支援必须以保证骑兵发挥特长为前提，决不能以限制骑兵的冲力为条件，不能因步兵牵累骑兵。为此，他主要通过以增强炮兵机动性的方法（建立骑炮兵部队）解决骑兵、炮兵的矛盾。

由上可见，拿破仑把兵种之间的扬长补短和各兵种本身的克短补长辩证统一起来，从而力求兵种之间的最优化协同，避免某兵种之短对他兵种之长的有害制约。

⑥虚实变换与实行奇袭。拿破仑十分重视作战中对敌实行奇袭。他认为，要战胜敌人，就必须出其不意地行动。他还强调，在战争中，有一条最显而易见的原则，就是不要做敌人希望你做的事。理由很简单，就因为敌人

希望你这样做。

⑦关于主要方向与次要方向的区分与转换。在主要方向与次要方向的关系中，拿破仑完全以主要方向上的胜利为根本原则。他相信，即使他的军队在次要战场上打了败仗，他自己在主要作战线上的胜利也能比任何直接的抵抗更可靠地阻挡敌军的前进。

同时，拿破仑也很重视发挥次要方向的作用。他认为，次要方向的正确行动，通常可以牵制敌军，分散其兵力，赢得时间，以保证主要方向上的兵力优势及准备、兵力展开和作战所必需的时间。

拿破仑还认为，主要作战线和次要作战线之间的转换是一种有技巧的运动，在一般情况下不应实施这种转换。但是，只要情况需要，就必须迅速果敢地实施主、次方向变换。其中，军队具有较强的机动性，是实施转换的重要保证。

（4）关于军队建设的辩证观点

拿破仑对于军队建设问题，继承了法国大革命创立的建设新型军队的基本原则，并在长期战争实践中创造性地提出了许多辩证的观点：

①诸兵种应协调发展。拿破仑认为，一支完善的军队必须拥有强大的陆军和海军（当时尚未出现空军等军种）。其中，陆军主要由步兵、骑兵和炮兵等兵种组成，陆军的作战力量是步兵、骑兵和炮兵三种力量的合成。骑兵的长处在其冲击力，炮兵的优势在其火力，步兵则兼而有之，其作战能力更为全面，但分别来看，冲击力不及骑兵，火力不如炮兵。因此，“步兵、骑兵和炮兵在数量上应当成一定的比例关系，这个兵种不能代替另一个兵种。”他甚至认为，“步兵、骑兵、炮兵三个兵种合理的比例关系永远是所有伟大的统帅必须深思熟虑的课题。”而如果兵种之间比例失调，虽然可以通过灵活妥善的兵力运用在战争初期获得若干成就，但必定会在最后决定性关头遭到残酷的惩罚。对于海军建设问题，拿破仑也很重视，但在其军种建设的思

想中，海军建设尚未摆在足够的位置上。

②精神力量比物质力量更重要。拿破仑既重视军队的物质建设，同时更注重军队的精神建设，以及二者的有机结合。他认为，世界上只有两种强大的力量，即刀枪和思想；从长远来看，刀枪总是被思想战胜的。好的将领，好的军官，好的组织，好的训练，可以形成一个好的部队，这与为何而战无关。不过，狂热的信仰，爱国的情绪，民族的兴荣等等，亦能感召青年参加部队，并能增强部队的战斗力。在可能的战斗力（物质形态的）向现实的战斗力（物质和精神相统一的）转化过程中，精神力量的作用具有决定性的意义，“精神与物质的力量是三与一之比。”

在军队的精神建设方面，拿破仑强调：“最为理想的是，一个人的机智和才能能与性格或勇气相互均衡。果能如此，也就与众不同。若勇气过人而才智不足，则易于鲁莽从事而缺乏深谋远虑；反之，若才智虽优而勇气不够，那他又会不敢毅然实行其计划。”

③“每个士兵的背囊里都有一根元帅的指挥杖”。在建军及治军的实践中，拿破仑十分重视士兵的地位与作用，关注军官与士兵的关系。一方面，他要求军官必须了解和关心士兵。在拿破仑看来，与士兵保持良好的关系，是各级军官“成功地进行领导的一个秘密”。为此。他要求初、中级指挥官在指挥作战 6 个月以后，必须了解该部队所有官兵的姓名和能力；同时，他还要求军官们“深切关怀”士兵们的生活及健康状况。

拿破仑宁可打一场流血很多的战斗，也不要把部队安置在不卫生的地方。另一方面，他提出要从士兵中选拔军官，并用这种方式，进一步调整军官与士兵的关系。拿破仑常说的一句话是：每个士兵的背囊里都有一根元帅的指挥杖。

在选拔军官时，他彻底摒弃了讲究门第的陈腐观念，十分重视从士兵中发现英武之才。有许多将帅是拿破仑从士兵或下级军官中逐步提拔起来的。例如，在法军元帅中奈伊和拉纳也都来自于下层。这种从士兵中选拔军官的

▲ 拿破仑战争

拿破仑的作战原则：1. 集中优势兵力，各个击破：集中优势兵力将敌人各个击破，是法国革命军曾用过而未引起注意的众兵战术，拿破仑运用和发展它，形成一条经典性规则：军事艺术的秘密在于，在必要的地方和必要的时间，使自己的军力超过敌人。2. 注重攻防结合：拿破仑一直注重促使步兵、炮兵和骑兵协调发展，以适应当时的作战特点和新的作战方法。

拿破仑的军队建设思想：1. 完善指挥系统：世界上最早专门实施作战指挥的司令部是拿破仑时期建立的参谋处。2. 改革征兵制度：18 至 19 世纪的欧洲兵制改革实质上是武装力量从私人化向国家化的转变。3. 重视选拔和起用优秀军事人才：拿破仑在战争实践中，始终把建设军队的问题摆在重要的位置，并力求建立一支能征善战的强大的资产阶级军队。4. 进行军事立法：拿破仑的军事实践活动中的一个重要特点就是通过立法的形式来规范军队的管理和指挥，把军队建设纳入法制轨道，形成了一定的准则。

方式，大大强化了法军官兵的关系，增强了法军的战斗力。

资产阶级著名军事理论家若米尼和克劳塞维茨在他们的军事理论著作中都大量引用并深入研究过拿破仑的军事言论和战史战例。资产阶级军事科学的形成和发展，在很大程度上是同总结拿破仑战争的经验和探讨拿破仑的统帅艺术分不开的。但由于时代的局限性，拿破仑的军事思想也有不少唯意志论成分。例如，他把战争艺术看成是天才的产物和统帅灵魂的表现，强调统帅要以自己的经验和天才来指导作战等。

西方“兵圣”，传世经典

——《战争论》

19世纪资产阶级经典军事理论著作《战争论》，作者是克劳塞维茨（1780年—1831年），普鲁士将军、军事理论家和军事历史学家。他生前致力于军事理论和战争史研究，著书立说。克劳塞维茨死后，其遗孀玛丽整理出版了《卡尔·冯·克劳塞维茨将军遗著》，共10卷。

《战争论》是其中的前3卷，后7卷为战史著作。此书问世以来，先后再版20多次，并译成多种译本，广为流传，被推崇为资产阶级军事理论的代表作，西方国家奉为军事经典、军事院校的教科书、军人的必读书。

克劳塞维茨被公认为资产阶级军事理论的奠基人，被誉为“兵学大师”、西方“兵圣”。无产阶级革命导师们对《战争论》非常重视，对克劳塞维茨以及其著作都给予了高度的评价。恩格斯认为，克劳塞维茨在军事方面是“世界公认的权威人士”，是普鲁士军事学术界的“第一流人物”，《战争论》的“哲理推究方法很奇特，但书本身是很好的”。列宁在1915年读了《战争论》，并做了长达1万多字的摘录和批注。列宁称赞克劳塞维茨是“造诣极高的军事问题著作家”“熟谙军事问题的作家”“伟大的军事著作家”“非常有名的战争哲学和战争史的著作家”。列宁认为克劳塞维茨“战争无非是政治通过另一种手段（即暴力）的继续”的观点，是将辩证法基本原理运用于战争得出的科学结论，是“至理名言”。列宁在第一次世界大战期间广泛地运用克劳塞维茨的观点分析战争，指导无产阶级革命。

20世纪初，随着西学东渐的浪潮，《战争论》传入中国。1903年，中国开始研究《战争论》，并作为某些学校的军事教材印发。在我国民主革命时期及和平时期，《战争论》被许多著名军事人物作为重要的军事理论书籍进行研究和借鉴。

据初步统计，迄今为止《战争论》的中文译本已有11种之多，对《战争论》的研究著述则不计其数。毛泽东在1938年3月读了《战争论》，还组织过一个“克劳塞维茨《战争论》研究会”。从毛泽东著作中可以看出，毛泽东赞同和肯定了《战争论》的许多观点，并运用其中的一些观点指导中国革命战争。自1984年起，中国人民解放军总参谋部就把《战争论》列入我军高级干部加强军事理论学习的书目。

那么，克劳塞维茨和他的《战争论》为什么能得到如此高的赞誉呢？对这一问题的回答，还得从克劳塞维茨的军事理论造诣和《战争论》所蕴含的军事思想谈起。

克劳塞维茨出生于普鲁士马格德附近布尔格镇一个退役军官的家庭。他从小受到军旅生活的熏陶，12岁就投身军营，接受传统军事教育和严格训练。克劳塞维茨的前期军事生涯。正是在“战神”拿破仑几乎踏平整个欧洲的年月。他以犀利的军事眼光，目睹了这位军事巨人的兴衰。从1793年至1795年间，克劳塞维茨经历了大大小小的几十次战斗，领略了当时战争的各种现象。进攻和防御、胜利和失利的实践和体验，使他认清了老式横队战术落后，炮兵的巨大威力，积极防御的坚强有力以及军队武德在战争中的重大作用等等。这些为这位军事理论大师的成长垫铺了肥壤沃土。

自1795年普鲁士与法国媾和以后，克劳塞维茨和他所在的军队度过了十多年和平生活。在这期间，他如饥似渴地博览群书，读了大量战史和其他军事著作。

他广泛的学识和敏锐的思维，开始引起了有关人士的注意。1801年，团指挥官荐送克劳塞维茨到柏林普通军校深造。他比周围的人都善于利用时间，不仅潜心钻研军事理论，而且孜孜不倦地攻读数学、逻辑学、地理和历

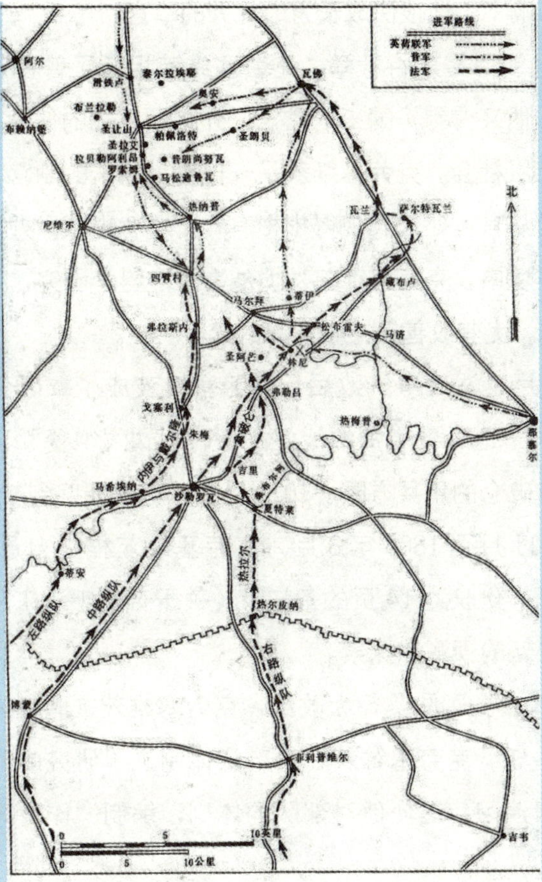

▲ 林尼会战

林尼之战是指于1815年6月14日至1815年6月17日，在比利时边境城市达博蒙以东16公里处发生的英、普、奥等九国联盟组成的第六次反法战役中的一次会战，是滑铁卢会战的序曲。它是在滑铁卢战役的前两天进行的。拿破仑原本想出其不意地在林尼战役中击溃普军，但是由于法军行动迟缓，他歼灭普军的计划失败，林尼战役变成了击溃战。他只好派格鲁希率领一些军队追击普军。这一胜利原本可以使拿破仑赢得整个战争的胜利，然而，由于格鲁希6月16日和17日出现的拖延和偏差，拿破仑功败垂成。

史等学科。

在军校上学的3年，他不仅有了潜心钻研军事理论的良好知识环境，而且结识了当时出色的军事理论家——该校校长沙恩霍斯特。在沙恩霍斯特的帮助、提携和影响下，他很快成长为最优秀的军官。

毕业后，经沙恩霍斯特荐举，克劳塞维茨担任了普鲁士奥古斯特亲王的副官。不久，他又得到了国王的赏识，并给予正式的任命。这样，克劳塞维茨便跻身于上层社会。克劳塞维茨是一位颇为能干的副官，他既充当亲王的总督，又是随从官，处处表现得彬彬有礼，才智出众，办事干练，深得人心。在这样的环境中，克劳塞维茨发愤从事军事科学研究，并进一步丰富了其他方面的知识，尤其改善了文学方面的素养。

1806 年 10 月反法战争失败后，克劳塞维茨成了拿破仑的俘虏。在法国，克劳塞维茨一边过着高贵的战俘生活，一边“饱餐”了巴黎的文化艺术，并研究了拿破仑的用兵方略。10 个月后，他重新回到普鲁士。

从 1807 年 11 月至 1808 年 3 月，克劳塞维茨根据自己的这段实践和所见所闻，写了一份长达 14 页的备忘录《关于普鲁士未来反法战争行动》，对以后战争作了新的预测和探索。

1808 年，普鲁士军队实行大改组，克劳塞维茨被聘任为军事改革委员会主席办公室主任。克劳塞维茨在对部队体制进行研究的同时，也参加了一些重大的军事演习，这使他对部队的体制、编制、作战等一系列问题有了更加深入的认识。

1810 年，克劳塞维茨被晋升为少校，并担任了柏林军官学校的战略学和战术学教官。这样，他又有机会把自己积累的知识和经验做理论上的概括。

1812 年 6 月，拿破仑发动了大规模的侵俄战争。战争前夕，克劳塞维茨因反对普鲁士与拿破仑结成同盟而辞去军职。之后，他投奔俄国，参加反抗拿破仑的战争，在俄军任军参谋长等职，并参加了斯摩棱斯克争夺战和博罗季诺会战等。

1814 年春，随着拿破仑被击败和欧洲军事形势的改变，克劳塞维茨重新回到普鲁士军队。1815 年克劳塞维茨调任为布吕歇尔军团第 3 军参谋长，参加了林尼会战，同年秋升任莱茵军团参谋长，开始总结对拿破仑作战的经验，并着手战争理论的研究。

1815年3月，他被调任有职无权的柏林军官学校校长，9月晋升为将军。从此，在任职的12年当中，他致力于军事理论和军事历史的研究，撰写了许多军事著作。后来，他的夫人整理出版了共10卷的《卡尔·冯·克劳塞维茨将军遗著》，其中1至3卷，就是有名的《战争论》。

克劳塞维茨聪颖过人，经历丰富，善于思考和总结经验教训。他先后经历过两个国家的军队领导工作，既具有最基层的士兵感受，也具有在皇室高官身边工作的经验，他既当过战略战术教员，也当过军事院校校长，这使其看问题既具有宏观的气吞山河之战略气势，也具微观的下层官兵之眼力。这些主客观原因使他能够写出极具科学价值及实用价值的军事巨著。克劳塞维茨的名著《战争论》是世界军事思想发展史上一座光辉的里程碑。

克劳塞维茨的军事思想主要体现在以下几个方面：

（1）“从绝对战争到现实战争”的思维路线

“从绝对战争到现实战争”是克劳塞维茨在《战争论》一书中研究战争的基本路线。他在该书中强调指出：“要使人在全书中到处都能清楚地看到两种不同的战争”。“理论的任务是把战争的绝对形态提到首要地位，并且把它看作是研究问题的基本出发点。”

所谓绝对战争，克劳塞维茨有时也称“抽象战争”“纸上的战争”、战争的“原始概念”。研究《战争论》的人，有时称它为概念战争、理想战争、桌上战争、完美战争等。它没有具体时间、地点和敌对双方，是按其自然属性所表现出的形态，或者说是按其原始概念所固有的形态。

所谓现实战争，克劳塞维茨有时也称“实际的战争”，它是实际存在过的有具体时间、地点和敌对双方的战争，是由于受到自然原始以外因素的影响而表现出来的、区别于其本来面貌的形态，或者说是一种经过了现实生活“修正”的形态。

克劳塞维茨认为，在绝对战争中，由于敌对双方“三种相互作用”的推动，将导致“三种极端”，即“暴力最大限度的使用”“目标是使敌人无力抵抗”和“最大限度地使用力量”。但在现实战争中，这些“极端”现象往往得到了修正。即战争的现实“往往同它的原始概念是相距很远的”“如果要坚持这种追求绝对的态度，不考虑一切困难，并且一定要按严格的逻辑公式，认为无论何时都必须准备应付极端，每一次都必须最大限度地使用力量，那么这种做法无非是纸上谈兵，一点也不适用于现实世界”。因此，研究战争理论的人必须同时考察“绝对战争”和“现实战争”这两种不同形态的战争。“只有这样，一切思想才会获得更精确的含义、更明确的内容和更具体的运用”，才能对战争现象获得全面而深刻的认识。

正是通过对“绝对战争”和“现实战争”的深入考察和分析比较，克劳塞维茨发现了“三种极端”在现实中得以修正的基本因素（或原因），亦即战争领域中的一些基本规律：第一，战争绝不是孤立的行为，它同战前的国家生活密切联系，是由一定时期内各种错综复杂的社会关系引起的；第二，战争绝不是短促的一击，而是一系列连续的军事行动，战争的力量诸如军队、国土（包括土地和居民）和盟国在战争中是逐渐发挥作用的，要同时发挥作用是不可能的，同时使用一切力量也是违背战争性质的；第三，战争的结局也绝不是绝对的，战败国往往把失败只看成是在将来的政治关系中还可以得到补救的暂时不幸。这样，整个战争行为就摆脱了力量的使用总是向极端发展的严格法则，使一直被战争的目标所掩盖着的政治目的得以显露。其中，在决定战争中使用力量的紧张程度的诸因素中，作为战争最初动机的政治目的是最重要的因素。

如何评价克劳塞维茨“从绝对战争到现实战争”这一研究战争的思维路线？在这个问题上，一直存在着两种截然不同的观点。一种观点对此持怀疑、批判的态度。例如，有人说，克劳塞维茨研究战争特性之所以不从历史现实出发，而从战争的概念开始，重要原因之一就在于他的唯心主义世界观；在阶级社会中，不反映阶级关系的抽象战争从来就不存在，而克劳塞维茨却把这种从来不存在的东西视为自己“研究问题的基本出发点”，这除了恰好说明他认识能力的时代局限以外，还能有什么其他解释呢？还有人说，克劳塞维茨的暴力论，就是无限制理论，他不想限制战争而且反对限制战争，这丝毫也不奇怪，因为属于他的那个军事时代并没有提出限制战争的要求，而他所服务的那些帝国无一不希望从强化战争中得到好处。就连有些世界著名军事理论家也作了类似的理解和评价。例如，利德尔·哈特认为，由于克劳塞维茨采取了“从绝对战争到现实战争”的研究方法，《战争论》简直成为一个“充满哲学理论的迷宫”“读者当中很少能够真正把握其逻辑路线，或者深入其理论境界而不致迷失方向”。富勒甚至由此断定，《战争论》是“一种对战争的伪哲学性研究”。他说，克劳塞维茨“把他的绝对战争概念作为一种尺度，用他来衡量所有的军事行动。他不断地运用它，以致使度量标准完全陷于混乱。于是，他又不得不放弃这种尺度而迁就常识。《战争论》的读者一定要特别记住这点，否则，他大概也会像克劳塞维茨本人那样感到迷惑，而且更糟的是，会被引入迷途”。他还说，“虽然克劳塞维茨有二十年参加拿破仑战争的亲身经历，但他对战争的理解仍然是模糊不清的。由于误解了拿破仑的进攻原则，他竟把自己的绝对战争概念强加给了拿破仑，这样，不仅把他许多未来的弟子引入了歧途，而且对于二十世纪无限制战争的广泛扩展，也负有大部分的间接责任。”

另一种观点对此则持肯定、褒奖的态度。他们认为，在自然科学研究中，指称理想客体的概念是十分普遍的，如“绝对刚体”“理想流体”“质点”“点电荷”等等。物理学家就是在自然过程表现得最确实、最少受干扰的地方考察自然过程的。不仅自然科学研究如此，这种研究方法也同样适用于社会科学研究。马克思研究资本主义生产方式就是以“典型地点”英国作为例证的。战争是一种远比机械、物理、化学、生物运动以及其他社会运动更为复杂的社会现象，它涉及政治、经济、军事、自然、心理等诸因素，研

▲ 克劳塞维茨

卡尔·菲利普·戈特弗里德·冯·克劳塞维茨（1780年—1831年），德国军事理论家和军事历史学家，是近代军事战略学的奠基人，普鲁士军队少将。1792年，参加了普鲁士军队。1795年晋升为军官，并自修了战略学、战术学和军事历史学。克劳塞维茨一生参加了四次著名战役：莱茵战役、奥斯塔德会战、法俄战争和滑铁卢战役。他的不朽兵学巨著《战争论》，是所有军人必读的兵学圣经，被称作西方军事思想的代表。他也因此被称作西方兵圣。列宁称他为“一位非常有名的战争哲学和战争史的作家”。

究战争更需要首先创立一个高度抽象的、理想化的标准“模型”即“绝对战争”。曾经专门负责讲授克劳塞维茨著作的辛普森，对于这种理想化研究方法的优越性做过更为具体的评价。他说：“克劳塞维茨的绝对战争的理论是《战争论》一书中的衡量标准。”然而，他又说：“战争是以‘可能性、概然性、幸运和不幸运的赌博为基础的，严格的逻辑推理在这种赌博中常常会完全不起作用’。克劳塞维茨这样说并没有自相矛盾。绝对战争就是纯粹战争，它不会受现实生活中各种因素的影响，在研究具体的战争时，重要的是弄清这些战争与抽象的绝对战争有什么不同之处，和为什么会出现这些不同之处。有了这样一种易懂易记的标准，就能从扑朔迷离、千变万化的种种事件中理出一些头绪。了解了绝对战争，又明确了具体的战争不同于绝对战争的地方和原因，就能懂得这些具体的战争。这样，绝对战争这种理论上的抽象概念，就起到了理论的作用，使人们能够从错综复杂的情况中找出一些规律。”

（2）战争无非是政治通过另一种手段的继续

早在克劳塞维茨之前，就曾有一些军事理论家在不同程度上认识并论述了战争与政治的关系。但他们的认识和论述都还是不自觉的和肤浅的。克劳塞维茨在《战争论》中通过考察战争与政治的内在联系，则明确地提出了“战争无非是政治通过另一种手段的继续”的论断，并对战争与政治的关系作了全面、深刻的阐述。其主要观点是：

①“战争是由政治产生的”。克劳塞维茨认为：“社会共同体（整个民族）的战争，特别是文明民族的战争，总是在某种政治形势下产生的，而且只能是某种政治动机引起的。”也正是由于战争的政治动机不同，战争才会是各不相同的。他还形象地比喻说，政治“是孕育战争的母体，战争的轮廓在政治中就已经隐隐形成，就好像生物的属性在胚胎中就已形成一样”。基于这种认识，克劳塞维茨进一步强调指出：“既然我们认为战争是政治目的引起的，那么很自然，这个引起战争的最初动机在指导战争时应该首先受到极大重视。”

②“政治意图是目的，战争是手段”。从目的和手段的层面来考察战争与政治的关系，克劳塞维茨得出的结论是：政治意图是目的，战争是手段，没有目的的手段永远是不可想象的。为了进一步说明这种关系，克劳塞维茨还从政治支配、使用和操纵战争的角度，把它们比喻为头脑（手）和工具的关系，并多次强调指出：“政治是头脑，战争只不过是工具，不可能是相反

的。”“我们在任何情况下，都不应该把战争看作是独立的东西，而应该把它看作是政治的工具，只有从这种观点出发，才有可能不致和全部战史发生矛盾，才有可能对它有深刻的理解。”他在1827年12月22日给罗德尔的信中又写道：战争“是一种真正的政治工具，工具本身不能活动，要靠手来操纵，而操纵这一工具的手就是政治”，他还说，“政治可以把战争这个摧毁一切的要素变成一种单纯的工具，既可以把它作为一把用双手和全身气力才能举起作致命一击的可怕的战刀，也可以把它变成一把轻巧地进行冲刺、虚刺和防刺的佩剑或比赛用剑。”

鉴于战争与政治的这种关系，克劳塞维茨进一步强调指出，战争必须服从并服务于政治，“军事观点从属于政治观点”。具体说来：第一、政治目的，既应“成为衡量战争行为应达到何种目标的尺度”，又应“成为衡量应使用多少力量的尺度”；第二、在战争中，应“根据政治因素和政治关系产生的战争的特点和主要轮廓的概然性来认识每次战争”；第三、“借以确定战争主要路线和指导战争的最高观点不能是别的，只能是政治观点”。

③“政治贯穿在整个战争行为中”。克劳塞维茨批评了这样一种看法，即认为战争仅仅由政府与政府、人民与人民之间的政治交往引起的，战争一爆发，政治交往即告中断，而出现了一种只受本身规律支配的完全不同的状态。在他看来，“政治交往并不因战争而中断，也不因战争而变成某种完全不同的东西，无论使用怎么样的手段，政治交往实质上总是继续存在的；而且，战争事件所遵循并受其约束的主要路线，只能是贯穿整个战争直到媾和为止的政治交往的轮廓。难道还可以作其他的设想吗？难道随着外交文书的中断，人民之间和政府之间的政治关系也就中断了吗？难道战争是表达它们的思想的另一种文学和语言吗？当然，战争有它自己的语法，但是它并没有自己的逻辑。”之所以说“战争无非是政治通过用另一种手段的继续”，其含义正在于此。总之，“政治贯穿在整个战争行为中，在战争中起作用的各种力量所允许的范围内对战争不断发生影响。”

有鉴于此，克劳塞维茨进一步指出，在任何时候，都决不能离开政治因素去考察、认识和指导战争，否则，“就会割断构成关系的一切线索，而且会得到一种毫无意义和毫无价值的东西。”

④“一切战争都可看作是政治行为”。克劳塞维茨在深入探讨战争对政治的从属性的同时，还进一步指出了战争与政治的高度一致性。他写道：“即使政治真的在某一种战争中好像完全消失了，而在另一种战争中却表现得很明显，我们仍然可以肯定地说，前一种战争和后一种战争都同样是政治的。因为，如果一个国家的政治可以比作一个人的头脑，那么，产生前一种战争的各种条件必然包括在政治要考虑的范围之内。只有不把政治理解为全面的智慧，而是按习惯的概念把它理解为一种避免使用暴力的、谨慎的、狡猾的甚至阴险的计谋，才可以认为后一种战争比前一种战争更是政治的。”“战争就其主要方面来说就是政治本身。”当然，必须把战争“看作是另一个整体的一部分，而这个整体就是政治。”

⑤政治必须适应战争手段的性质。克劳塞维茨认为，尽管战争从属于政治，但战争也有其自身的“语法”；尽管政治决定着战争，但战争手段也影响着政治目的的确定和实现。因此，政治目的不可以“任意地决定一切，它必须适应手段的性质”；“如果政治向战争提出所不能实现的要求，那么政治就违背了政治应该了解它想使用的工具这一前提。”据此，他得出结论说，在从事战争指导活动时，政治家和统帅需要首先做出的最重大的最有决定意义的判断就是，“不应该把那种不符合当时情况的战争看作是他应该从事的战争，也不应该想使他从事的战争成为那样的战争。这是所有战略问题中首要的、涉及面最广的问题。”克劳塞维茨在 1827 年 12 月 12 日写给罗德尔的信中还特别指出：“军事艺术的任务和权利主要在于不使政治提出违背战争性质的要求，在于防止政治使用这一工具时因不了解工具的效能而产生错误。”

克劳塞维茨关于战争与政治的辩证思考，尤其是他提出的“战争无非是政治通过另一种手段的继续”的论断，空前深刻地揭示了战争的本质，使人类对战争的认识大大前进了一步。这些见解，曾得到了众多军事理论家包括马克思主义军事理论家的充分肯定和高度评价。列宁把克劳塞维茨关于“战争无非是政治通过另一种手段的继续”的论断称之为“至理名言”。他说：“马克思主义者始终把这一原理公正地看作考察每一战争的意义的理论基础。马克思和恩格斯一向就是从这个观点出发来考察各种战争的。”

然而，由于时代和阶段的局限，克劳塞维茨关于战争与政治的学说仍有一些不足之处。例如，他把政治理解为超阶段的“整个社会的一切利益的代表”；他只是揭示了战争产生于政治，但对于政治与经济的关系及其战争的根本动因（经济利益矛盾）没有提及；他只是强调了政治目的对于战争方式的影响，但对政治目的与战争性质（正义与非正义）的关系也只字未提。所有这些客观上影响了他对战争与政治相互关系，尤其是战争本质更深刻的揭示。

（3）战争中目的与手段相互关系

战争领域中的一切事物和现象，几乎都和军事目的、军事手段相关，都必须通过军事目的、军事手段及其相互关系才能得到理解和说明。科学地规定军事目的和运用军事手段，是战争指导的核心问题。正是基于这一缘由，克劳塞维茨在《战争论》第1篇第2章及其他篇章的部分内容中，专门论述了战争中的目的和手段问题（这里主要指的是战争的军事目的和基本军事手段）。

其内容概括起来有：

①“使敌人无力抵抗”是战争的最高军事目的。克劳塞维茨认为，“使敌人无力抵抗”（或“打垮敌人”）乃是战争的最高军事目的。为了确有把握地实现“把自己的意志强加于敌人”的战争的政治目的，“必须使敌人无力抵抗”。“使敌人无力抵抗”包括3个要素：敌人的军队必须消灭，敌人的

▲《战争论》

《战争论》是克劳塞维茨在总结以往战争特别是拿破仑战争的基础上写成的，全书共3卷8篇124章。克劳塞维茨的《战争论》被誉为西方近代军事理论的经典之作，对近代西方军事思想的形成和发展起了重大作用，被誉为影响历史进程的100本书之一。克劳塞维茨本人也因此被视为西方近代军事理论的鼻祖。

国土必须占领，敌人的意志必须征服。其中“按自然的顺序应该是先消灭敌人的军队，然后占领敌人的国土，通过这两方面的胜利以及我们在当时所处的态势，才有可能迫使敌人媾和。”然而，通过深入考察，克劳塞维茨发现，在现实战争中，战争的军事目的如同战争的政治目的和战争的具体条件一样，也是多变的，“使敌人无力抵抗这个抽象战争的目的，即实现政治目的、包括其他一切手段的最后手段，在现实中绝不是到处都有它的地位，也不是达到媾和的必要条件，因此，决不能在理论上把它当作一个定则。”

那么，战争的军事目的的演变有无规律可循呢？克劳塞维茨认为，主要应遵循3条规律：第一，战争的政治目的是决定战争的军事目的的主要因素。其特点是，“有时政治目的的本身就可以作为战争的目标，例如占领某一地区”“有时政治目的的本身不适于作为战争行为的目标，这时就需要另外选定一个目标作为政治目的的对等物，并在媾和时代替政治目的。但是即使在这种场合，也始终要首先考虑有关国家的特点。”“有时，当政治目的需要通过对等物来达到时，这个对等物要比政治目的大得多。”第二，“只有根据对各种关系总的观察（包括了解当时的具体特点）才能判断即将来临的战争、战争可以追求的目标和必要的手段。”具体地说，“必须考虑敌我双方的政治目的；必须考虑敌国和我国的力量和各种关系；必须考虑敌国政府和人民的特性，它们的能力，以及我方在这些方面的情况；还必须考虑其他国家的政治结合关系和战争可能对它们发生的影响”等等。第三，“战争目标本身内在的原因”，也将影响“战争目标的变化”。战争的军事目的并不是在任何情况下都只限于打垮敌人。消灭敌人军队、占领敌人地区、单纯占领敌人地区、单纯入侵敌人地区、采取直接同政治有关的措施和单纯等待敌人的进攻等都可以作为具体的军事目的。“但哪一种比较有效，则要根据具体情况来确定。”

②战争中实现军事目的的最有效手段是战斗。在克劳塞维茨看来，战争中实现军事目的的方法是多种多样的。但用“流血方式”即进行战斗则是最为有效的手段（克劳塞维茨有时则把它称之为“唯一的手段”）。“当政治目的小，动机弱，紧张程度不高时，慎重的统帅在战场上和政府中可以巧妙地运用各种方法，避免大的冲突和流血的方式，利用敌人本身的弱点来达到媾和的目的。”写到这里，克劳塞维茨特别强调说：“如果他的打算既有充分的根据，又有成功的把握，那我们没有权利责难他。但是，我们还必须提醒他要经常记住，他走的是曲折的小道，随时都可能遭到战神的突然袭击，他必须始终注视着敌人，以免敌人一旦操起利剑，自己却只能用装饰的佩剑

去应战。”

③消灭敌人军队与保存自己军队是“相辅相成”的。在《战争论》中，克劳塞维茨还以相当的篇幅专门论述了消灭敌人军队与保存自己军队的问题。他认为：“消灭敌人军队和保存自己军队这两种企图是相辅相成的，因为它们是相互影响的，它们是同一意图的不可缺少的两个方面。”其中，“消灭敌人军队这一企图具有积极的目的，能产生积极的结果，这些结果最后可以导致打垮敌人”。与此同时，他还强调指出，消灭敌人军队，“并不是仅仅指消灭敌人的物质力量，而是还包括摧毁敌人的精神力量，因为这两者是紧密地交织在一起而不可分割的。”关于保存自己军队问题，克劳塞维茨指出：“保存自己军队这一企图具有消极的目的，能粉碎敌人的意图，也就是说可以导致单纯抵抗，这种抵抗最后只能是延长军事行动的时间以消耗敌人。”即与消灭敌人军队之积极目的的“企图引起歼灭性行动”不同，保存自己军队之消极目的的“企图等待歼灭性行动”。

那么，如何“等待”呢？克劳塞维茨的基本观点是：“等待不应该成为绝对的忍受，而且在等待时所采取的行动中，消灭正在同我们作战的敌人军队，同其他任何对象一样，也可以作为我们的目标……如果认为有了消极意图就只能寻求不流血的方法，就一定不把消灭敌人军队作为目的，那么，他就在根本观念上大错特错了。固然，当消极企图占主要地位时，他会促使人们采用不流血的方法。但是，采用不流血的方法也不一定合适，因为是否合适，这不是由我们的条件而是由敌人的条件决定的。因此，这种不流血的另一种方法，绝不是迫切希望保存自己军队时的当然手段。如果这种方法不适合当时情况，那么反而会使自己的军队遭到覆灭。”

（4）精神要素与物质要素辩证统一

战争中精神要素与物质要素的地位作用及其两者的关系问题，是军事思想的一个重大问题。对此，克劳塞维茨进行了比较全面和深入的研究，较之先前的资产阶级军事理论家大大前进了一步。

①精神因素对“军事力量具有决定性的影响”。克劳塞维茨在《战争论》一书中以很大的篇幅（该书第3篇的第3章、第4章、第5章、第6章、第7章）专门论述了精神要素问题，并把精神要素列在战略五要素之首。他认为，精神要素“是战争中最重要的问题之一”，它“贯穿在整个战争领域”，对“军事力量具有决定性的影响。”在战斗过程中，“精神力量的损失是决定胜负的主要原因”，特别是在双方物质力量损失相等的情况下，起决定作用的就只是精神的力量。同时，他进一步把主要的精神要素或精神力量归纳为统帅的才能、军队的武德和军队的民族精神。他认为，这3种主要的精神要素或精神力量，在战争中都起着重要的作用，不应笼统地确定它们之中哪一种价值较大，“最好的办法是对它们中间的任何一种都不要轻视。”另外，他还专门论述了精神力量尤其是军队武德的来源。他认为，军队武德“这种精神力量只能从两个来源产生，而且只有两者结合在一起才能产生这种精神力量。第一个来源是军队经历一系列战争并取得很多胜利，另一来源是军队经常经受极度的劳累和困苦。”

②战争是交战双方“通过物质力量进行的一种较量”。在克劳塞维茨看来，所谓物质要素主要指的是军队的数量、编成、各兵种的比例等，它们在战争中同样具有重要作用。他认为，战争就是交战双方的“精神力量和物质力量通过物质力量进行的一种较量”“只有在摧毁对方物质力量方面得到的利益才是确实可靠的”。战斗的胜利者在精神方面取得的优势，在大多数情况下，只有一小部分可以保留下来，有时甚至连极小一部分也不能保留下来；而失败者的精神能逐渐恢复起来，有时由于失败者抱有复仇心和强烈的敌忾心，反而对胜利者不利。“与此相反，在杀伤敌人、俘获敌人和缴获敌人火炮等方面，胜利者所获得的利益却永远不会从账本中勾销。”因此，“缴获的火炮和俘获的人员在任何时候都被看作是真正的战利品，同时又被当作是衡量胜利的尺度。因为根据这一切可以确实无误

地看出胜利的大小。”

③“胜利通常产生于各种物质力量与精神力量的总优势”。克劳塞维茨坚持把战争中的精神要素和物质要素联系起来考察，并进一步论述了在战争中两者的相互关系。首先，他认为，战争中精神要素和物质要素的作用是完全融合不可分割的。即“物质力量的作用和精神力量的作用是完全融合在一起的，不可能像用化学方法分析合金那样把它们分解开。”任何一场战争，都是双方物质力量和精神力量以流血的方式和破坏的方式进行的较量，在这里，“起决定性作用的，当然是物质力量和精神力量的总和”，“胜利通常产生于各种物质力量和精神力量的总优势”。消灭敌人军队，也并不仅仅是指消灭敌人的物质力量，而是应包括摧毁敌人精神力量。其次，他认为，战争中的精神要素是相互作用、相互助长的。即在战斗过程中，一方面，使敌人精神力量遭受损失，可以看作是摧毁敌人物质力量从而获得利益的一种手段；另一方面，“缴获的火炮和俘获人员的数量也是产生精神效果的一种新的力量。”换言之，“一场大规模战斗的结局给失败者和胜利者带来的精神影响都是比较大的。这种影响会使物质力量受到更大的损失，而物质力量的损失又反过来影响精神力量，这两者是相互作用，相互助长的。”

（5）进攻与防御相互依存、作用及转化

进攻和防御，作为战争运动的基本形式，一直为军事理论家所关注。然而，在克劳塞维茨之前，许多军事理论家虽然不同程度地涉猎到了，但不像克劳塞维茨在《战争论》中用那么大的篇幅集中地阐述了进攻和防御问题，尤其是辩证地论述了两者的相互关系。

其主要观点是：

①进攻和防御是相互依存的。克劳塞维茨说：“防御的规则以进攻的规则为根据，而进攻的规则又以防御的规则为根据，这是十分自然和必要的。”

因此，在进攻和防御的目标、地点的选择上，如果说最有利于进攻的目标和地点是进攻者决定自己进攻方向的依据的话，那么这个依据反过来对防御者也必然有用。如果进攻者没能选定最有利的方向，它就得放弃本来可以得到的一部分利益，而防御者恰好在有利于自己的方向上防御，就会迫使进攻者必须付出代价和做出某种牺牲，才能避开或从防御者的侧旁通过。换言之，作为进攻者，如果防御者配置在有利于自己的方向，进攻者就应该向它挑战以引开它，如果防御者没有配置在正确的地点，进攻者就应向这个方向前进，以便击败防御者。

②进攻和防御是相互作用的。克劳塞维茨明确指出，在战争史上，“每一种防御手段都会引起一种进攻手段”，同样，“一种进攻手段是随着一种防御手段的出现而自然地出现的。”也就是说，当防御的方法“一经确定，进攻就针对它们采取对策；防御研究了进攻所使用的手段，于是又产生了新的防御原则。”进攻和防御，总是这样相互作用并得到相互促进的。

③进攻和防御是相互渗透的。克劳塞维茨曾明确指出：“战争中的防御……绝不是绝对的等待和抵御，也就是说，绝不是完全的忍受。而只是一种相对的等待和抵御，因而多少带有一些进攻因素。同样，进攻也不是单一的整体，而是不断同防御交错着的。”“正如没有一个防御战局是纯粹由防御因素组成的一样，也没有一个进攻的战局是纯粹由进攻因素组成的”。其中，他还更多地专门论述了防御中的进攻及反攻问题。他说：“防御这种作战形式绝不是单纯的盾牌，而是由巧妙的打击组成的盾牌。”“迅速而猛烈地转入进攻（这是闪闪发光的复仇利剑）是防御的最光彩的部分……不把它看作是防御的一部分，他就永远不会理解防御的优越性。”他还说：“应该把转入反攻看作是防御发展的必然趋势，是防御的一个基本组成部分。”

④“防御是比进攻强的一种作战形式”。在《战争论》一书中，克劳塞维茨对进攻和防御这两种作战形式进行了“战术范围内”和“战略范围内”的比较。通过比较，他认为，防御这种作战形式有许多为进攻所不具备的

有利因素和优越性，如待敌之利、地形之利、赢得时间、捕捉战机、获得民众的支持等，因此，“防御是比进攻强的一种作战形式。”同时，他还认为，在战争中采取何种形式，主要取决于交战双方各自追求的目的和为达此目的所具有的力量。如果追求的是较高的积极的目的，并且又有足够强大的力量时，就应采取进攻这种较弱的作战形式；如果追求的是较低的消极的目的，并且力量又比较弱小时，就应采取防御这种较强的作战形式。也正因防御是一种较强的作战形式，因此力量弱小的军队才能在运用它时增强力量，并从中获得利益。

⑤进攻和防御可以相互转化。克劳塞维茨认为：“在现实中，进攻活动，也就是进攻的企图和措施，常常不知不觉地以防御为其终点，正如防御计划以进攻为其终点一样。”“如果说成功的防御可以不知不觉地转为进攻，那么进攻也可以不知不觉地转为防御。”不过，他对进攻转入防御和防御转入进攻持有不同的态度。其中，他把进攻转向防御看作是一种迫不得已的下策。他认为，没有还击的防御是根本不可设想的，还击是防御的一个必要的组成部分。而进攻则与此不同，进攻本身是一个完整的概念，它本来不需要防御，只是由于时间和空间的限制，才不得不把防御作为一种不得已的下策加以采用。进攻行动中的防御非但不是进攻的有效准备和加强，反倒是一种妨碍前进的阻力，是进攻的原罪，是进攻的致命伤。所以说，防御是阻力，是因为它不但不能对进攻产生有利的影响，反倒会削弱进攻的效果。而防御转向进攻，“以防御开始而以进攻结束，是战争的自然进程”。因为防御虽然是一种较强的作战形式，但又是带有消极目的的作战形式，因此，“只有在力量弱小而需要运用这种形式时，才不得不运用它。一旦力量强大到足以达到积极的目的时，就应该立即放弃它。”

除此之外，克劳塞维茨还在《战争论》中阐述了战争的理论与实践、战争与民众的辩证关系，以及集中兵力、打敌重心、速战速决、包围迂回等作战指导原则。克劳塞维茨的军事思想反映了资产阶级上升时期的进步倾向和革新精神，对资产阶级军事思想体系的确立起了极其重要的作用。但由于时代的局限性，克劳塞维茨的一些观点是有缺陷的。例如，他所说的战争是政治的继续，只是指一国对外政策的继续；在分析精神因素与物质因素的关系时，某些地方过分夸大了精神因素的作用。

博大精深，备受推崇

——《战争艺术概论》

提起若米尼，人们可能会迅速想起他的一句名言：“假如在一个国家里，那些牺牲了生命、健康和幸福去保卫国家的勇士，其社会地位反而不如大腹便便的商贾，那么这个国家的灭亡就一点儿都不冤枉。”其实，这仅仅是他在《战争艺术概论》中的一个小小的思想亮点而已。若米尼（1779 年—1869 年），又译约米尼，生于瑞士帕耶讷市市长之家。他 19 岁参加瑞士军队，曾任陆军部长的副官、秘书长及营长等职，25 岁转入法军服务，曾任 M．内伊元帅的副官、参谋长。在拿破仑一世远征俄国期间，若米尼先后任维尔诺城防司令和斯摩棱斯克总督。1813 年，他转投俄军供职，任俄皇亚历山大一世和尼古拉一世的军事战略顾问达 20 年之久，为俄罗斯帝国军事学院奠基人之一，被授予步兵上将军衔。若米尼晚年定居法国，靠俄国养老金生活，并经俄国同意应聘为拿破仑三世的军事战略顾问。

若米尼自幼向往军旅生涯，酷爱军事。1796 年，在巴黎一家银行当办事员期间，他为拿破仑·波拿巴远征意大利取得的胜利所鼓舞，开始自学并潜心研究军事，大量阅读军事著作尤其是军事历史著作，汇集整理当时拿破仑军队与反法联盟军队的战况，撰写军事行动日志，记载各参战国战况，并对战局发展进行评论。1798 年，若米尼进瑞士军队服役后，通过战争实践逐步走上军事理论研究的道路。1804 年，他出版第一部军事著作《大战术理论和应用教程》。若米尼在该书中运用数学理论论述战斗队形、

▲ 若米尼

安托万·亨利·若米尼（1779 年—1869 年），军事理论家，法国拿破仑时期的将军，俄国步兵上将。他签定《提尔西特和约》（1807 年）后被封为男爵，后升任参谋长，但因受歧视而辞职。离开法军后，他为法国的死敌俄国作战。他的最大贡献是几部军事理论的鸿篇巨著，对战争的性质和规律、战略战术、军队建设等各方面从理论上进行了探讨，创立了较完善的军事理论体系。他和 19 世纪另一位大军事思想家克劳塞维茨并列为西方军事思想的两大权威。约米尼的主要著作：《战争艺术概论》《论大规模军事行动》《拿破仑的政治与军事生涯》《战略学原理》。他最早确定战略、战术和后勤学之间的分野。他由于系统阐述战争原理而被尊为现代军事思想奠基人之一。

行军和作战线等问题，被视为是其军事思想的萌芽。1805 年，若米尼到法军内伊元帅的部队供职后多次参加远征，在战火中继续深入研究战争，并于同年出版《论大规模军事行动》。1824 年，他撰成《革命战争批判军事史，1792—1801》，1827 年出版《拿破仑的政治和军事生涯》。1830 年，若米尼应俄罗斯沙皇要求将其有关战争原则方面的著述汇集成册，取名《战争艺术概要分析》，后经修订增补改名为《战争艺术概论》，1838年正式出版。该书出版后，不少国家竞相翻译出版，并定为军官必修教材，从而成为若米尼最有影响的代表作。若米尼在书中总结了法国革命战争和拿破仑战争的经验，创立了19世纪初期的战争艺术理论，提出了不少具有普遍指导意义的作战原则。

《战争艺术概论》全书共7章，依次题为："战争政策""军事政策或战争哲学""战略""大战术与交战""战略战术性混合作战""战争勤务或调动军队的实用艺术""军队的战斗部署和三个兵种的单独使用或联合使用"。

其军事思想的主要观点有：

（1）战争确有原理和规律可循

若米尼根据自己亲身的战争实践以及对战史的深入研究，坚信战争确有原理和规律可循。要取得战争的胜利，就必须遵循这些原理和规律。他写道："战争的确有几条为数不多的基本原理，若是违反了它们，就一定会发生危险，若是能好好地运用它们，则差不多总是可以成功的。从这些原理所引出来的应用规则，也只有为数不多的几条。尽管根据不同的情况，有时需要加以修改，但是一般说来，在混乱和动荡的战争中，却可以当作是一个指南针，指导军队的统帅去完成困难而复杂的任务"。"这类规律若被一位指挥着一支英勇部队的将领所掌握，那么它们就能成为夺取胜利的可靠保证。"若米尼还借用弗里德里希的一句名言，讥讽那些否认战争的原理和规律，只知道盲目作战的军人，如同"一头在欧根亲王麾下服役的骡子，即使经历了20个战局，也不会由此而成为一位优秀的战术家"。若米尼还认为，不应该用战争中出现的少数例外事件或偶然因素来否认战争规律的存在。他指出，有一些人为了否认战争的原理和规律的存在，常常用某些比较重要然而又似乎与战争的原理和规律不大相符的战例，作为其反驳的根据。但是，他们都不愿意对此去作进一步的考察，看看当时的情况是否特殊，对于战争原理和规律的应用，是否应酌情加以修正。他说："即使他们提出的办法是正确的，但也是一次偶然的例外，他们仍然不能推翻根据多世纪经验归纳出来的、以自然法则为基础的规则。"

若米尼对于战争原理和规律的不平衡性问题也进行了一定的分析。他认为，在战争的某些部分，尤其是战略方面的一些原理和规律是相对稳定的。但就整个战争而言，则并非全部如此。其中，战术方面的原理和规律则是随着武器装备的发展而不断变化的。他说："最近20年来的新发明，显然使军队已有可能在组织、武器，甚至战术上进行一场大革命。"

若米尼在强调战争确有原理和规律可循，只有按原理和规律作战方能制胜的同时，又极力反对把战争理论绝对化。他主张，对于战争的原理和规律，应善于依照不同的环境加以修改，并根据当时的环境予以活用，万不可以过分地受原理和规律的束缚。尽管在19世纪战争理论已经有了很大的丰富和发展，"但是，决不能由此得出结论说，兵法已达到一步也不需要向前发展的程度了。在太阳底下，尽善尽美的东西是没有的！就是组成一个由卡尔大公或惠灵顿领导的委员会，让我们这个世纪的所有在战略战术方面的名流，以及最高明的工兵和炮兵将军都参加这个委员会，也不能使这个委员会创造出一套对所有军事领域，尤其对战术是完美、绝对和不变的理论。"但同时若米尼又认为："唯一不变的东西只有战略，从西庇阿和恺撒，直至腓特烈、彼得大帝和拿破仑时代，战略原则都是一样的，因为它们不受自然条件、武器性质和军队编制的影响。"其实，战略、战略原则也是随着科学技术、武器装备的新发明而发生变化的：拿破仑的战略原则与腓特烈的战略原则就截然不同，更不用说与更早的恺撒、西庇阿的战略原则相比了。

（2）战争受多种因素的影响和制约

若米尼认为，政治因素是影响和制约战争的首要因素。“判断战争是否适合时机，是否正当，甚至或者是否需要，并决定究应采取哪些行动”，都应首先从政治因素着眼。据此，他提出了一个很值得注意的见解，即战争的发动者并不是都能成功地进行进攻战，而被进攻的一方却能够先机制敌，夺取主动权并转入进攻。与此同时，他还指出：“不同的战争类型，对于为达到既定目的所要采取的作战行动的性质、所需投入兵力的数量，以及可能将展开战斗行动的范围，都可能发生某种程度的影响。”

若米尼认为，民众在战争中也将起到十分重要的作用，民族抗战对战争的影响极大。他说，一个民族全体自动奋起抗战的景象实在是非常壮观。在一个侵入性战争中，侵略者若是碰到一个准备不惜一切牺牲、愤激如狂的民族起来抵抗，其后果是非常危险的——任何精锐的军队，若是碰到一个奋起抵抗的大民族，就一定会被击败。这是因为：“入侵者所有的不过只是一支军队，而他的敌方却不仅只有一支军队，而且还有整个的民族。这个民族普遍或至少多数都奋起进行抵抗，他们利用各种武器个个致力杀敌，甚至非战斗人员也参加战争，积极杀敌。而入侵者却只能控制其所占据的地区，一离开这个地区就会遇到敌人，敌人千方百计给制造困难，使入侵者寸步难行。”对此，若米尼还作了生动而具体的描述：武装的人民都熟悉当地的地形，并通过多种途径很快了解到敌人的情况，并采取最恰当的方法击败他们。至于侵入军方面则完全不同，他们得不到情报，又不敢派小队的人员去侦察；他们不用刺刀，就很难得到物质的供应；他们不采用密集的纵队，就无法保障安全；他们的一切行动都有盲人瞎马之感，当他们一再扑空，进退两难的时候，其对手则切断他们的交通线，歼灭他们的留守部队，袭击他们的运输队和仓库，使其四面受敌，以致被彻底击败。与此同时，若米尼还指出，抵抗的民族应以纪律严明和相当数量的正规军作为抵抗的核心，否则只能是一盘散沙，难以持久。

▲ 腓特烈大帝

腓特烈大帝在奥地利王位继承战争中初次绽放光芒。索尔战役更是腓特烈第一次试图把经过自己思考和设计的斜线式战术付诸实施。战后，腓特烈写出了他最重要的军事理论著作《战争原理》。这本书集中体现腓特烈对自己早期战争经验的总结和思考，不仅仅是行而上的战争理论，而且贴近实际，是当时最好的战争实践指南。拿破仑评价腓特烈大帝的时候说："越是在最危急的时候，就越显得他的伟大，这是我们对于他能说的最高的赞誉之词"。

若米尼认为，精神因素同样是取得战争胜利的重要因素之一。他设问说："假使军队及其指挥官的士气对于夺取胜利也同样具有重要的影响，那么从根本上说，难道不是因为精神力量能产生物质效应吗？"他又说："当军队士气不振时，任何战术体系都不能够保证其胜利。"他还举例说，假如有两万人的精兵，全军的士气旺盛，那么在猛烈攻击敌阵时，其功效之大将远胜于4万个士气颓废、不愿作战的士兵。因此，他主张"军队统帅应尽全力使自己的战士振奋，激起他们的激情。"

若米尼还认为，优良的将帅是保证战争胜利的又一个重要因素。他说："一个统帅的高超指挥艺术，无疑是胜利的最可靠的保证之一，尤其是在交战双方的其他条件都完全相等时，更是如此。”为此，他在《战争艺术概论》一书中专门辟有“军队统帅和高级作战领率机关”一节。同时，他还特别强调将帅选拔问题，认为“对统帅的选择，是国家管理中最复杂的问题之一，也是国家军事政策中最重要的部分之一。”

另外，他对将帅应具备的条件也进行了一定的论述。他认为，一个合格的将帅，至少应做到以下 4 点：精通战争理论、具有决策能力、具有实际作战能力、具有较好的品性。

（3）精锐的军队“能够创造出奇迹”

若米尼认为，一个国家需要一支精锐的军队。有了精锐的军队，才能使国家获得成功，创造奇迹。他甚至说：“一支精锐的军队在才能平庸的司令官指挥之下能够创造出奇迹。”如何建立一支精锐的军队？若米尼从不同的层面和角度具体地论述了这一问题。其主要观点是：

首先，“军队总应该成为政府经常关注的对象。”他强调指出：“一个政府，不论用什么借口轻视军队，总是要受到后人的谴责，因为由于它轻视军队，不仅不会使国家和军队获得成功，反而会给国家和军队带来耻辱。我们当然不主张政府应为军事牺牲一切，因为这种主张是荒谬的。不过，军队总应该成为政府经常关注的对象。”为此，一方面，“不论国家实行什么制度，作为一个英明的政府，其一贯的宗旨应该是：提高军职的地位，以培养居民的光荣感和英勇精神，”“假如在一个国家里，那些牺牲生命、健康和财产去保卫祖国的勇士们，还不如那些包税者和交易所的生意人受到尊重，那么这个国家就一定是非常可悲的！”另一方面，政府应大力提倡民族的尚武精神，“如果政府不采取措施培养人民的尚武精神，那么它为建设军队而采取的一切最好的措施也都将是徒劳的。”

其次，“要使军队达到完善的程度，必须具备以下 12 个条件：良好的兵员补充体制；良好的军事组织；组织良好的国民后备军体制；部队和军官在机动、内务和野战勤务方面都有良好的训练；严厉但不带屈辱性的军纪，以信念为基础，而不是靠形式主义的队列勤务培养起来的服从和执行命令的精神；有效的奖励和竞赛制度；特种兵（工兵和炮兵）有充分良好的训练；尽可能在武器装备方面，包括在进攻性武器和防御性武器方面，保持着对敌人的优势；一个总参谋部，既善于利用上述一切因素，又善于很好地组织军官的理论和实践训练；一个良好的仓库、医院和一般行政管理体系；统帅部和高级领率机关都有健全的组织体制；善于提高士气。”

另外，“在一个长期的和平阶段中，保持军队的战斗力特别重要，因为军队的战斗力在和平时期最容易退化。”同时，若米尼还指出：“我决不主张国家要从早到晚剑拔弩张，天天准备打仗。这种情况对人类来说简直是一种祸害，而且从现在的国家情况来看，也是不可能出现的。我只是想说明，一个文明国家的政府应该常备不懈，以便能随时开始有利的战争。”为加强和平时期军队建设，使部队保持常备不懈。若米尼指出，其一，政府当局一定要有远见，要有良好的军事制度和完善的军事政策；其二，要保持军队的士气，举行大规模演习训练军队，尽管这种演习对真正的战争还模拟得很不完善，但却不可否认这是训练军队准备战争的最有效方法；其三，使军队养成吃苦耐劳的风气，使他们经常参加一些有益于国防的劳动。

（4）要实施灵活的战争指导；强调主动进攻，积极防御

若米尼认为，在通常情况下，进攻比防御居于优越的地位。这主要是因为，进攻可以把战祸带到敌人的国土上去，使本国不至于受到战争的破坏，并以此增加自己的资源和减少敌方的资源，提高己方的士气而打击敌方的士气。因此，要寻求机会主动实施进攻。然而，进攻也有诸多弊端。其主要表现是：进攻敌国国土，容易激起对方的抵抗精神，尤其是对方感到国家的独立受到威胁的时候；而且深入敌方境内时己方作战线会受到威胁。与此同时，若米尼还认为，一个守势的战争，如果进行得巧妙，也并非是完全不利

的："防御通常可分两种：一种是惰性防御，或称消极防御；另一种是积极防御，即同时也要实施突然进攻的防御。消极防御总是极为有害的，而积极防御则能取得巨大成功。"因此，进攻和防御应适时适情运用，"一个将领的最大才智就是善于交替运用这两种作战体系，特别是善于在防御交战最激烈的时刻重新夺取主动权"，集中主力"攻击敌人的一翼"。若米尼通过对战史的研究，得出一个结论：一些军事名将在战争中屡屡获胜的秘密就在于他们善于"集中他的主力攻击敌人的一翼"。由此他还指出："分散兵力是兵家的大忌"，而"只要兵力集中，就能取胜。"

按照若米尼的理解，拿破仑所惯用的方法就是：首先区别每一个作战地区的相对利害，然后把主力集中用于成功希望最大的地区中，或者说用于战场的决定点上。如果敌军的兵力过于分散，就猛烈地突入它的中心点；若是便于迂回，或是便于切断敌人的交通线，就应迅即趋向敌军的翼侧。不仅如此，若米尼还把集中兵力、重点打击看作是战争的基本原理（有时则称之为"最好的方法"）。他说："战争的基本原理要求，进攻者应把较大的兵力集中用于决定点上，而若一支军队处于劣势，却要对一支集中的优势之敌从两点同时发起攻击，那就违背了这条基本原理。"

若米尼比较注重预备队的运用。若米尼对预备队问题作了比较广泛、比较深入的研究。他认为，预备队在近代战争中占有极其重要的地位，国家要有全国性的预备队兵役制度，战场上每一级指挥官都要控制预备队。预备队分为准备征召入伍和战场上的预备队两种。战场上的预备队是很重要的，拿破仑每一次会战中，总不会忘记组织这种预备队。他还提出，预备队虽然重要，但是却要随时注意，不可以过分地分散己方的兵力以免招致危险。预备队是否可以省去不用，这全要看当时的环境而定。

若米尼的军事思想有较强的生命力和深远的影响，为不少国家所重视。恩格斯认为，若米尼在军事理论方面同克劳塞维茨一样是"全世界公认的权威人士"。据说，美国内战时期，南北两军几乎人人手头都有一本

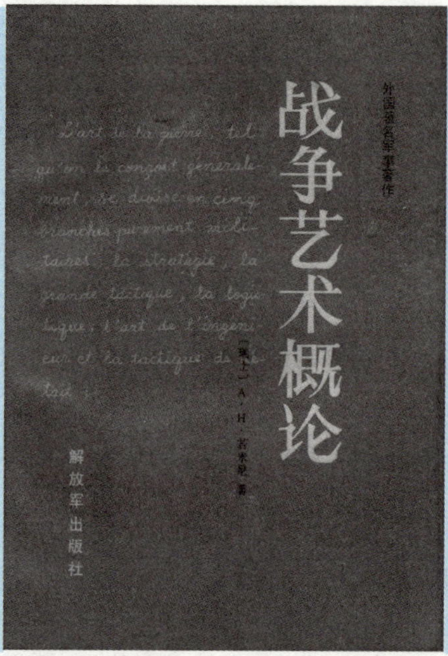

▲《战争艺术概论》

军事巨著《战争艺术概论》共分7章47节，另有1个结论、1个补遗、2个续编及7幅附图，从战争政策、战略、大战术、勤务学、工程学和初级战术等6个方面论述战争艺术理论。《战争艺术概论》一书问世迄今虽已过一个多世纪，但仍有经久不衰的强大生命力和广泛而深过错的影响，重要原因之一在于该书以战争实践为基础，在不少问题上强调理论重要，实践更重要；学问不在于博，而在于精；抓住主要矛盾，集中主要兵力；正确认识原因和结果，现象和本质、必然的关系；根据情况运用战争艺术原则；战争绝不是数学行动；反对绝对论，承认相对论；攻防可以互相转化；依据情况修正作战计划；精神力量能产生物质效应；对群众的意见既重视，又不依赖，充分地体现了辩证法的思想。

《战争艺术概论》。但由于时代的局限性，它带有某些形而上学和机械论的色彩。例如，该书认为战争艺术的规律是永恒不变的，并夸大统帅在战争中的作用，低估政治、经济因素对战争的影响等。

内涵丰富，蕴意深刻
——《马克思、恩格斯军事文集》

马克思、恩格斯重要军事著作的中译文集《马克思、恩格斯军事文集》，由中国人民解放军军事科学院编辑，战士出版社 1981 年至 1982 年出版。该书选收马克思和恩格斯的军事著作 459 篇，编为 5 卷，正文约 199 万字。文集第 1、2 卷为专题军事著作和散见于政治、经济著作中有关军事问题的论述，第 3、4、5 卷是战争评论和关于军事问题的书信。文集所选收的著作大部分为全文，少量为节录。文集各卷的著作一般按写作或发表时间顺序编排，少数著作为便于阅读，编排上根据内容略有调整。每卷卷末都附有注释和人名索引等参考资料。该文集收录的著作，包含无产阶级战争观、军队理论、暴力革命理论、武装起义理论、作战指导理论、军事学术史、军事技术史、研究军事问题的方法论等多方面的内容。

本书第 1 卷选收马克思和恩格斯在 19 世纪 40 年代后期至 50 年代末的专题军事著作和有关军事论述，共 23 篇。作为开宗明义置于卷首的，是马克思和恩格斯阐述科学共产主义基本原理和暴力革命理论的名篇《共产党宣言》。恩格斯在 19 世纪 70 年代撰写的《反杜林论》中关于“暴力论”的 3 章及其有关准备材料，属于马克思主义军事理论的奠基性文献，被提前编排在《共产党宣言》之后，以显示其理论上的重要性。选入本卷的其他重要著作还有：论述不断革命和建立工人武装组织基本理论的《共产主义者同盟中央委员会告同盟书》，总结德国革命时期阶级斗争和武装斗争经验教训的《德国农民战争》，以论证军队及其作战方法同社会生产、政治制度间关系为主要内容的《1852年神圣同盟对法战争的可能性与展望》，论述中国革命对欧洲革命影响的《中国革命和欧洲革命》，考察和比较欧洲各国军队特点的《欧洲军队》，论述山地战特点和积极防御思想的《山地战的今昔》，以及为《美国新百科全书》撰写的、系统阐述军队及其主要军种、兵种发展史的《军队》《步兵》《炮兵》《骑兵》《筑城》《海军》等条目。

本书第2卷选收马克思和恩格斯在19世纪50年代末至90年代中期的专题军事著作和有关军事论述，共83篇。马克思和恩格斯在19世纪50年代后期为《美国新百科全书》撰写的50个军事条目，在本卷占据较大篇幅。这些条目有阐释军事术语和武器名称的，有介绍军事人物和军事要地的，也有论述历史上著名战例的，内容十分丰富。其中的《攻击》《会战》《刺刀》《布吕歇尔》《博罗迪诺》《布伦海姆》等，更具有较高的学术价值。《论线膛炮》和《步枪史》是选入本卷的两篇重要的兵器发展史文献。恩格斯从1860年6月至1862年8月为英国志愿兵运动撰写的一组文章，反映了作者对不脱产的军队的组织、训练和管理等问题的重要看法。马克思的《纪念国际成立七周年》和恩格斯的《论权威》，是两篇总结巴黎公社经验的重要著作。此外，选入本卷的重要军事著作还有：论及战争和军队起源的《家庭、私有制和国家的起源》，论述世界战争规模及其后果的《波克罕（纪念1806年至1807年德意志极端爱国主义者）一书引言》和阐发无产阶级裁军思想的《欧洲能否裁军》等。

本书第3卷选收马克思和恩格斯在19世纪40年代后期至50年代中期的战争评论，共105篇，评论涉及两个大的历史事件，即1848年至1849年欧洲革命和1853年至1856年克里木战争。在评论前一个事件的22篇著作里，有详细分析1848年巴黎二月革命和六月革命中起义队伍和政府军各自战术的《巴黎的革命》和《六月革命》等，有通过剖析1849年春意大利撒丁王国抗奥斗争受挫过程和阐发民族战争、人民战争理论的《皮蒙特军队的失败》，还有总结1848年至1849年德国革命经验、论述人民武装起义理论的《德国的革命和反革命》。在评论克里木战争的83篇著作里，有深刻揭示战争起因的，如《国际述评（一）》和《在土耳其的真正争论点》；有详细分析参战双方战略意图的，如《俄军在土耳其》；有具体剖析各个战场战事进程的，如《土耳其战争的进程》《对锡利斯特里亚的围攻》；有评析参战各方将帅指挥能力的，如《因克尔芒会战》《法国作战方法的批判》；有论述参战军队的领导机构设置不合理而影响部队行动的，如《英军在克里木的灾难》；还有介绍有关国家军队制度弊端的，如《俄国军队》等。

本书第4卷选收马克思和恩格斯在19世纪50年代中期至60年代初的战争评论，共82篇，涉及6个历史事件，即西班牙革命、英国殖民战争、印度民族大起义（1857年—1859年）、意大利独立战争（1859年）、摩洛哥战争（1859年—1860年）、加里波第运动（1860年）。论述弱小民族人民运用游击战手段同侵略者进行不懈斗争，是本卷所收著作的显著特点。其中突出反映马克思主义人民战争理论的代表性著作有：《革命的西班牙》《波斯和中国》《勒克瑙的解救》《对摩尔人的战争》（1860年1月18日左右稿）等。1859年意大利独立战争的著作也具有明显特色，其中不少篇章集中探讨了战场地理位置同攻防作战成败的密切关系，在肯定坚固设防的战略要点在国土防御中重要作用的同时，阐发了积极防御理论，如《奥地利如何控制意大利》《在即将爆发的战争中双方取胜的可能性》和《波河与莱茵河》等。在这一组著作中，不少短评还分析了参战各方在各次会战中成败得失的原因，批评了作战指挥上的庸碌保守思想，这方面代表性的著作有《奥军的失败》《马振塔会战》《奥军向明乔河的退却》和《索尔费里诺会战》等。

本书第5卷选收了马克思和恩格斯在19世纪60年代初至90年代中期的战争评论和其他著作，共80篇。另有1849年至1894年间的军事书信86件。该卷所收著作，反映的是关于美国内战（1861年—1865年）、普奥战争（1866年）、普法战争（1870年—1871年）和巴黎公社4个历史事件的情

▲ 巴黎公社

巴黎公社是一个在1871年3月18日（正式成立的日期为同年的3月28日）到5月28日期间短暂地统治巴黎的政府。由于评价者意识形态的不同，对它的描述也存在很大分歧，有人认为它是无政府主义；也有人认为它是社会主义的早期实验；更有被认为标志当代世界政治左翼运动崛起的里程碑，影响深远。马克思认为它是对他的共产主义理论的一个有力证明，而俄罗斯无政府主义之父巴枯宁则对此持反对意见，因为它既没有依赖于一个先锋队，也没有掌控国家或者企图建立一个新的革命政府，所以它实际上还是无政府主义。

况。这4个事件在近代军事史上都极为重要，受到马克思和恩格斯的很大关注。他们对这些事件的透彻剖析，反映了他们的军事理论研究所达到的新水平。关于普法战争的两篇宣言和59篇短评是这一时期最有代表性的著作。这些著作结合具体战争事例全面阐述了马克思主义的战争观、军队理论和作战指导理论，具有很高的理论价值；运用辩证唯物主义和历史唯物主义的原理对战况发展所做的科学分析和准确预测，具有重要的方法论意义，《战争短评（十二）》和《战争短评（十三）》是这方面的代表性文献。该卷收入的军事书信是帮助读者全面了解马克思、恩格斯军事理论的最好资料，这部分文献涉及面广，内容极其丰富，是文集其他文章的重要补充。

《马克思、恩格斯军事文集》系统、全面地反映了马克思和恩格斯的军事理论，内涵丰富，蕴意深刻，完整系统地回答了军事领域中的一系列重大理论和现实问题，具有极高的理论价值和现实指导意义。

其基本思想主要体现在以下几个方面：

（1）历史唯物主义的战争观

马克思和恩格斯运用他们所创立的辩证唯物主义和历史唯物主义的世界观去观察战争，深刻揭示了战争的起源、本质、作用，战争与政治、经济、和平等一系列重大战争理论问题，从而创立了唯物辩证的战争观。

①关于战争的起源、本质、作用。在人类社会发展过程中为什么会产生战争这种社会现象？在马克思和恩格斯之前，这个重大的军事理论一直没有得到科学的解释和回答。马克思和恩格斯在创立唯物史观之后，运用科学的世界观和方法论考察战争问题，深刻地揭示战争的真正起源。马克思和恩格斯认为，战争并不是从来就有的，而是人类社会发展到一定历史阶段的产物，是随着私有财产和阶级的产生而产生的。其中，在人类原始社会早期和中期，由于生产力极不发达，生产资料原始公有，劳动产品平均分配，因此，“没有统治和奴役存在的余地，部落和氏族分为不同的阶级也是不可能的”，那时即使出现了原始的武装冲突或战争，也不是后来意义上的战争。只有当人类社会发展到了原始社会末期，由于生产工具的不断改进和生产力的不断发展，产品有了剩余，私有财产和阶级也逐渐出现。在这种情况下，冲突“已经开始蜕变为在陆上和海上为攫夺家畜、奴隶和财宝而不断进行的抢劫，变为一种正常的营生”，从此战争才“成为经常的职业了”。

以往的许多军事理论家试图揭示战争的本质，但未得到圆满的解释。直到19世纪初，克劳塞维茨通过分析战争与政治的关系，才开始接触到战争的社会本质问题。然而，由于克劳塞维茨不了解政治的真正内涵，因而仍然不可能彻底揭示战争的真正本质。马克思和恩格斯批判地继承了克劳塞维茨关于战争本质的思想，运用历史唯物主义的基本观点考察战争与政治的关系，从而对战争本质做出了进一步的说明。他们认为，在阶级社会里，政治主要是指阶级之间的相互关系和斗争，“任何政治斗争都是阶级斗争”，同样，“一切阶级斗争都是政治斗争”；同时，政治又是经济集中的表现，所以它又是基于物质利益的对立冲突和“围绕着经济解放而进行的”阶级斗争。因此，在阶级社会中的战争“根本是为着十分明确的物质的阶级利益而进行的”，阶级社会的战争是阶级矛盾尖锐到一定程度而爆发的暴力斗争，而这就是战争的真正本质。

另外，在历史唯物主义创立之前，人们对战争的历史作用问题，同样也一直未做出科学的解释。许多人把战争仅仅看成是残杀、掠夺、抢劫、破坏的手段，是绝对的坏事。尤其“在杜林先生看来，暴力是一种绝对的恶事”“按他的意见，第一次的暴力行动是原罪”，它“玷污了全部历史”。然而，马克思和恩格斯从历史唯物主义的基本原理出发，认为对战争的历史作用不能一概否定。他们提出区别正义战争和非正义战争的思想，对反侵略战争、民族解放战争、农民起义战争、无产阶级革命战争等正义战争，总是以极大的热情、积极的态度，予以热烈的赞扬和坚决的支持。正是基于这种认识，马克思和恩格斯从理论上对战争即暴力的历史作用做出了全面的分析，指出：“暴力在历史中还起着另一种作用，革命的作用；暴力……是每一个孕育着新社会的旧社会的助产婆；它是社会运动借以为自己开辟道路并摧毁僵化的垂死的政治形式的工具。”同时，他们还进一步阐明，革命暴力是人类社会发展的直接动力，是建立和维持一切国家的重要手段，在一定条件下是加速社会经济发展的重要因素，是无产阶级革命的必要手段。

▲ 英国东印度公司

1757 年至 1849 年，英国政府通过东印度公司进行的一系列侵略印度的战争。印度最后沦为英国殖民地。1757 年的普拉西之战是英国东印度公司征服印度的第 1 次重要战役。R. 克莱武利用孟加拉封建主集团的内讧，事先收买孟加拉王公西拉吉—乌德—道拉的军事长官米尔·加法尔。1757 年 6 月 23 日，孟加拉军队同公司军队在普拉西决战。普拉西战役以后，英国侵占孟加拉，并以它为侵略其他地区的基地，英国殖民者侵占恒河下游辽阔富庶的土地。迈索尔战争结束后，英殖民者把迈索尔中部地区交给迈索尔前印度王公。其余地区被英国、马拉特、海得拉巴瓜分净尽。1818 年 6 月，马拉特联邦大部分土地被并入英属孟买管区。1849 年 3 月 29 日，英国殖民者宣布把旁遮普省并入英属印度领地，由印度总督直接统治。旁遮普的被吞并标志着英国完成对印度的征服过程。

②关于战争与政治、经济、和平。马克思和恩格斯关于战争与政治的辩证观点，是无产阶级战争观的重要组成部分和本质的体现。这一辩证观点包括两个基本方面：其一，政治决定着战争。马克思和恩格斯认为，“军事原因在某种程度上是和它的政治原因联系着的”，政治是产生战争的原因，政

治目的决定战争的性质，政治因素规定和影响着战争的进程和结局。其二，战争对政治起反作用。在马克思和恩格斯看来，战争不仅受制于政治，同时它又反过来对政治产生巨大的作用。其中，马克思和恩格斯特别重视战争与革命的关系，即战争可以引起革命，革命的战争将推动政治的进行，促进政治的进步。

马克思和恩格斯在考察18世纪中叶以来英国侵略印度和中国民族解放革命运动以及中英第一次鸦片战争的过程中，发现无论是殖民国家人民的革命，还是资本国家人民的革命，都是和战争连在一起的，从而做出了战争“最后肯定会引起革命”的著名论断。与此同时，马克思和恩格斯还深刻地指出：“革命就是一部分人用枪杆、刺刀、大炮，即用非常权威的手段强迫另一部分人接受自己的意志。”

马克思和恩格斯根据“物质生活的生产方式制约着整个社会生活、政治生活和精神生活的过程”这一历史唯物主义的基本原理，还深刻地阐述了战争与经济的辩证关系。一方面，马克思和恩格斯明确指出：暴力本身的“本原的东西是经济力量”，暴力关系根源于经济条件，即经济利益是战争活动的根本目的，经济条件是战争活动的根本支撑，经济发展是战争发展的根本动力；另一方面，马克思和恩格斯又强调指出暴力和战争对经济的发展有着巨大的反作用，即“可以朝两个方向起作用，或者按照合乎规律的经济发展的精神和方向去起作用。在这种情况下，它和经济发展之间就没有任何冲突，经济发展就加速了。或者违反经济发展而起作用，在这种情况下……不言而喻地都阻碍了经济的发展，摧毁了大批的生产力。”

关于战争与和平的关系问题，马克思和恩格斯也是十分关注的。尤其是19世纪末期，为了指导蓬勃发展的国际工人运动，消除日益严重的战争危机，争取和维护世界和平，恩格斯以极大的精力研究了战争与和平问题，并得出了关于战争与和平的一系列结论。首先，恩格斯对19世纪末期维持和平、制约战争的因素进行了深刻的分析。恩格斯认为，当时尽管各资本主义大国扩军备战日趋激烈，大战大有一触即发之势，但制约战争、维持和平的因素也在增长。其主要因素包括：科学技术的高度发展，使武器威力空前增大，各国的统治者都惧怕战争的严重后果；企图发动战争的国家自身存在着严重困难；欧洲两大军事集团所形成的力量势均力敌，使各成员国相互制约，任何一国难以独立地支撑战争；社会主义政党的影响日益增大，人民反对战争，士兵中不少是社会主义者或社会主义运动的同情者。

另外，恩格斯还针对当时的情势提出了关于争取和平、防止战争的一些主张，其主要内容包括：要不断揭露战争策划者的阴谋，消除战争隐患；要严格禁止军备竞赛，大力呼吁裁减军备；要统一各国社会党人及广大工人群众的思想，采取协调一致的行动；要争取士兵和军官的觉醒，使其在决定的时机与人民站在一起；要制订防止侵略战争的共同国际政策，等等。

（2）对战争力量的科学分析

马克思和恩格斯在汲取前人对战争力量研究成果的基础上，就战争力量的核心要素——人与武器以及士兵与将帅、战争与民众之间的关系作了系统的辩证的分析，并得出了科学的结论。

①军队组织、作战方式与有关胜负“取决于人和武器这两种材料”。马克思和恩格斯认为，军队的全部组织和作战方式以及与之有关的胜负，“取决于人和武器这两种材料”。在他们看来，人和武器是统一的，两者的有机结合决定着战争的胜负和作战方式的变化。但是，人和武器在战争中的地位与作用又是有差异的。其中，武器装备的优劣对战争胜负起着重要作用，在一般情况下，“手枪战胜利剑”“只有创造新的、更有威力的手段，才能达到新的、更伟大的结果”。而人是战争胜负的决定因素，因为“枪自己是不会动的，需要有勇敢的心和强有力的手来使用它们”，所以“赢得战斗胜利的是人而不是枪”。当然，战争中的人是物质力量和精神力量的统一体，应具备强健的体魄、勇敢的精神、必胜的信念和较高的智能等素质。马克思和恩

格斯在此基础上还进一步指出，在人与武器的相互关系上，人要适应武器的发展变化，唯此才能充分发挥武器的战斗效能；人对武器发展变化的适应不是消极的而是积极的，要善于根据变化了的条件，对武器的改进和发展提出自己的要求。

②将帅在战争中起着重要的作用，但士兵是军队的基础。在马克思和恩格斯看来，杰出的将帅在战争中起着不容忽视的重要作用，因为战争是由一系列高度集中统一指挥下的作战行动组成的，战争的胜负与战争的指导有着极为密切的关系；将帅作为战争的组织者和指挥者，他们的军事素质和指挥才能往往对战争胜负产生很大影响。拿破仑一世是“能够实现这个革命的唯一人物”，而他的侄子路易·波拿巴则是一个仅仅承袭了这个唯一人物的名字，到处做和拿破仑所做的相反的事情的“自命不凡的平庸”。然而，杰出将帅的高明之处绝不取决于他们的“任意幻想”和“悟性的自由创造”，“每个在战史上因采用新的办法而创造了新纪元的伟大的将领，不是新的物质手段的发明者，便是以正确的方法运用他以前所发明的新手段的第一人”。天才统帅的影响最多只限于使战斗的方式适合于新的武器和新的战士。

与此同时，马克思和恩格斯还强调指出，士兵是军队的基础。一切战争的胜利，最终取决于战场上士兵的数量和质量；一切关于战争的计划和方案，最终都要依靠士兵去完成；任何一种新的作战方法的产生和运用都离不开广大士兵的亲身实践和创造性活动。在法国大革命中，“正是士兵本能地找到了在后装线膛枪火力下至今仍然有效的唯一的战斗形式，而且不管长官如何反对，还是成功地坚持了这种战斗形式”。因此，杰出的将帅在战争中的重要作用是以广大士兵群众的作用为前提和基础的。

③人民群众是“战争胜负的决定力量”。在马克思和恩格斯看来，人民群众作为历史发展的主体和决定力量，同时也是革命战争的主体以及战争胜负的决定力量。因此，在对战争力量的辩证分析中，他们高度重视人民群众

在革命战争中的作用，高度重视人民战争问题。例如，恩格斯在评述1848年至1849年的意大利革命及意奥战争时指出，只有“把规规矩矩的战略规模的军队间战争变为1793年法国人所进行的那种人民战争”，才能取得正义战争的最后胜利。“群众起义，革命战争，到处组织游击队——这才是小民族制胜大民族，不够强大的军队抵抗比较强大和组织良好的军队的唯一手段。”在关于1870年至1871年普法战争的短评中，他又一次强调，法国“人民战争的浪潮不断消耗着敌人兵力，将把一支最大的军队逐渐地损坏和零敲碎打地摧毁”。这种由广大人民群众参加的战争是“真正的战争”。与此同时，马克思和恩格斯还从组织领导、组织体制等方面对充分发挥民众在战争中的作用提出了极有价值的设想，这就是要由无产阶级领导和发动，要实行常备军和民军制度的有机结合。

（3）研究与预见战争的方法论

马克思和恩格斯把辩证唯物主义和历史唯物主义原理应用于军事领域的研究，不仅得出了关于战争问题的一系列科学结论，而且创立了关于分析和研究战争现象的一系列科学方法，即研究战争的方法论。恩格斯在这方面做出了突出的贡献。这些分析研究战争现象的科学方法，在一定意义上说，比科学的结论更为重要，因为它提供了认识以及指导战争的钥匙。其中，恩格斯关于普法战争的评述（从1870年7月29日到次年2月18日，恩格斯为英国伦敦一家著名报纸——《派尔—麦尔新闻》以《战争短评》为总标题，陆续撰写了59篇文章）为人们提供了运用科学方法分析、预测战争现象的范例，具有普遍性意义。

其主要方法是：

①从战争与政治等社会生活的广泛联系上分析与预测战争的发展进程。

首先，恩格斯把这次战争看作是普法两国统治集团平时政治的产物和继续。普法战争一开始，恩格斯就从两国各自的社会政治状况和阶级斗争实际出发来考察整个事态的发展。战争前夕，欧洲的许多人都寄希望于通过和平途径解决两国的外交争端。恩格斯则认为，这种可能性是不存在的。宣战不久，一些资产阶级军事专家又纷纷断言，准备充分的法军将在战争中获胜。恩格斯却指出，战争对拿破仑三世“不可能有美满的结局”，德国人一定能击溃他的全部军队。依据何在呢？恩格斯指出，法国统治集团经过20年经营，已经把行政机关、政府、陆军、海军，实际上把整个法国都变成了他们牟取暴利的源泉。果然，在普法战争一开始，法军就出现了人员不齐、装备不足、给养状况极差等很不正常的情况，从而使本来处于进攻地位的法军在战争最紧要的关头浪费了几乎一星期的时间，丧失了战场上的一切主动权，以致后来的一败再败。恩格斯在分析法军在战争触发之初很快便陷入被动挨打境地的原因时再次指出：“第二帝国的军队在此以前已经于第二帝国本身而遭受了失败。”马克思在《国际工人协会总委员会关于普法战争的第一篇宣言》中也指出：不管路易·波拿巴同普鲁士战争的结局如何，第二帝国的丧钟已经在巴黎敲响了。

其次，恩格斯认为，作战双方在战场上的每一重大行动，每次会战的成败也都与参战国政府各自推行的政治密切相关。在普法战争中，法军的作战军团一个跟着一个遭到歼灭，投降活动接二连三地出现，这在法国战史上是罕见的。何以如此？恩格斯在分析法军初战受挫的直接原因时指出：法军已丧失了一切主动权，它的行动与其说是决定于军事上的考虑，不如说是出于政治上的必需。一支30万人的军队几乎都在敌人的视野之内，如果不根据敌人营垒中所发生的情况，而根据巴黎所发生的或者可能发生的情况来决定自己的行动，那么它就已经失败一半了。如果拿破仑三世把星期四（指1870年8月4日——作者注）以来所实行的那种战略再实行一个星期，那么，仅仅这一点就足以使世界上最好的最大的军队覆灭。事实上，除了法军前线指挥将领庸碌无能外，巴黎政府对战场行动的无理干预，也是战争失利的一个直接的、重要的原因。此外，恩格斯还在一系列的《战

▲ 普法战争

1870 年至 1871 年，普鲁士同法国之间爆发战争。因争夺欧洲大陆霸权和德意志统一问题，普法两国之间关系长期紧张。1870 年 7 月 14 日，俾斯麦发表了挑战性的“埃姆斯电报”触怒了法国政府。7 月 19 日，法国对普鲁士宣战。但战争开始后，法军接连败北。9 月 2 日，拿破仑三世亲率近 10 万名法军在色当投降。4 日，巴黎爆发革命，成立法兰西第三共和国。普军仍长驱直入，包围巴黎。1871 年 1 月 28 日，巴黎失陷，两国签订停战协定。2 月 26 日，双方在凡尔赛签订初步和约。5 月 10 日在法兰克福签署了正式和约。这次战争使普鲁士完成德意志统一，结束了法国在欧洲的霸权地位。

争短评》中，对法军莱茵军团在战争中所走过的一段坎坷道路，进行了政治上准确而深刻的剖析。

②必须用发展变化的眼光观察战争中的一切现象。战争作为一种特殊的社会现象，同其他社会现象相比，处于一种更加剧烈的运动、发展和变化之中，即具有更大的流动性。因此，恩格斯在观察战争现象时，不仅从它同其他事物之间相互联系和相互制约方面去观察，而且从它的运动、发

展、变化方面去观察。恩格斯之所以对普法战争整个过程做出精辟分析和准确判断，其中一个重要原因，正在于他时时着眼于战场形势的发展变化。例如，当法国对普鲁士宣战时，拿破仑三世盲目乐观，欧洲舆论界也普遍认为，法军胜利在望，普军前景不妙。但是，恩格斯并不这样看。他通过对交战双方的作战意图和战争准备情况（尤其是双方兵力）的透彻分析，认为随着时间的推移，战场优势将很快转向普军一方。结果，事实正是如此。而此时，恩格斯又预见到普鲁士会把防御战争变成掠夺性战争，而随着战争性质的转变，一旦法国国民人人奋起直接参战，那么防御将更加坚强，而进攻将更为困难。这一预见也得到了尔后战争进程的完全证实。恩格斯运用上述方法分析战争给后人最重要的启示在于：观察战争现象不能只看交战双方一时的优劣状况，而是要考虑到整个战争事态的发展，随时注意双方作战力量在战争过程中的发展变化，即必须是发展地、辩证地，而不是静止地形而上学地去看待战争中的一切现象。

③要着力揭示战争现象的内部规律。恩格斯认为，战争不是不可知的现象，它的奥秘不仅能够被揭示，而且用自己被揭示的规律可以预见战争的发展，从而能动地进行战争。他说："在表面上是偶然性在起作用的地方，这种偶然性始终是受内部隐蔽着规律支配的，而问题在于发现这些规律。"在普法战争中，许多被当时舆论界视为偶然事件的重大军事行动，恩格斯都曾一次又一次地对其做出了准确的判断。其奥秘所在，很重要的一点，就是因为恩格斯善于透过扑朔迷离的战争现象，发现隐蔽在其内部的规律。例如，早在交战双方展开实际战斗行动之前，恩格斯就曾通过对战前普军部署的全面深刻了解和对普军频繁调动目的的辩证分析，准确地判断出普军的作战计划。尤其值得提及的是，在战争中，恩格斯对法军麦克马洪军团覆灭命运的准确判断。当时，他不仅宣布了该军团可能被歼灭的确切时间，而且还指明了将要发生不幸事件的大致地点，而欧洲军界和舆论界则做出了完全与此相反的判断。之所以如此，就在于恩格斯机智地识破

了普军统帅部所精心布置的战役伪装。在普法战争期间，由于恩格斯运用科学方法对重大军事行动和战争进程屡屡做出准确判断和预测，因而他获得了“伦敦头号军事权威”“将军”“小毛奇”等称号。

（4）战争指导的辩证法

由于历史条件的限制，马克思和恩格斯亲身参加战争实践的机会不多。但是，他们通过认真总结当时以及历史上的战争和起义的经验，深入研究战争史、军事史和重要的军事著作，仍然深刻地揭示了战争指导的某些规律，创立了战争指导的辩证法。

①起义是“一种艺术”，但“它要遵循一定的规则”。恩格斯在《德国的革命和反革命》这部著作中，系统地阐述了武装起义的指导艺术（或主要原则）。他指出：“起义也正如战争或其他各种艺术一样，是一种艺术，它要遵循一定的规则，这些规则如果被忽视，那么忽视它们的政党就会遭到灭亡。”这些原则是：第一，“不要玩弄起义”，要做好充分准备，以应付起义带来的各种变化。因为“起义是一种带有若干极不确定的数的方程式，这些不确定的数的值每天都可能变化”。在敌强我弱的形势下，起义者必须“集中强大的优势力量对付敌人”。第二，“起义一旦开始，就必须以最大的决心行动起来并采取进攻。防御是任何武装起义的死路。”“必须在敌军还分散的时候，出其不意地袭击他们；每天都必须力求获得新的胜利，即使是不大的胜利；必须保持起义者第一次胜利行动所造成的精神上的优势；必须把那些总是尾随强者而且总是站在较安全一边的动摇分子争取过来；必须在敌人还没有能集中自己的军队来攻击你以前就迫使他们退却；总之，要按照至今人们所知道的一位最伟大的革命策略家丹东的‘勇敢，勇敢，再勇敢！’这句话去行动。”武装起义胜利以后怎么办？恩格斯认为，“要迅速而坚决地利用一切可能的方法来巩固自己的阵地，削弱敌人的阵地。”这包括废除旧的政权机关而代之以新的政权机关，组织和联合一切战斗力量，

▲ 英军枪毙印度起义被俘起义者

印度民族起义是指19世纪中期由印度封建主领导的、以印度雇佣兵为骨干的反抗英国殖民统治和争取民族独立的起义，又称印度雇佣军兵变、土兵起义。1857年2月到4月，军队起义事件不断发生。5月11日，起义者进入德里，拥立莫卧儿皇帝巴哈杜尔·沙二世为印度皇帝，成立了由10人组成的行政院为领导机构。起义者占领古都德里，激发了各地起义的迅速发展。詹西女王拉克希米·巴伊于6月领导人民起义。起义波及北印度和中印度广大地区，中心是德里、坎普尔、勒克瑙。1858年2月19日至3月19日，起义军在勒克瑙进行艰苦的保卫战，最后被迫撤出城市。3月22日至4月3日，在詹西女王拉克希米·巴伊领导下，起义军进行詹西保卫战。6月，这位女王在瓜廖尔牺牲。起义虽然以失败告终，但沉重地打击了英国殖民统治。

等等。

②进攻是“夺取主动权的行动”，防御应该是“积极的攻势防御”。马克思和恩格斯认为，进攻是一种“夺取主动权的行动”，这种行动“能获得更大的胜利。”因此，他们把进攻视为武装起义和革命战争的一项重要原则。但同时又认为，进攻绝不是单纯的、孤立的、绝对的一味儿进攻，进攻与防

御应相互依存、适时转换。劣势军队的进攻，应当先通过防御创造条件。他们曾生动地描述了由防御到进攻的转化过程，即“被攻击的军队具有坚定沉着的精神，足以进行不断的抵抗，直到攻击者的火力开始减弱、兵力行将耗尽，然后转为进攻，进行攻击”。在他们看来，进攻与防御是相辅相成的，进攻不能一味地进攻，防御也不应是消极的。他们认为，消极防御是排斥反攻和进攻的防御，这样的防御终究是要失败的。防御应该是“积极的攻势防御”，是“要利用反击来进行防御”，这样的防御最终能转化为进攻，取得胜利。即“防御不应当只是消极的，而应当从机动中吸取力量，并且只要一有机会，防御者就应当采取进攻行动。”

③“战略的奥妙就在于集中兵力。”马克思和恩格斯十分重视集中兵力问题。他们在评论1857年至1859年印度民族起义时，明确提出了“战略的奥妙就在于集中兵力”的著名论断，并强调，兵力远居劣势的军队更应“设法集中自己分散的队伍”，否则就会被敌人轻而易举地消灭掉。他们在《法国作战方法的批判》这篇文章中强调指出：“拿破仑的秘诀在于集中”，在于设法创建“多兵之旅”。与此同时，马克思和恩格斯认为，集中兵力不是对所有的作战方向或战场而言，而是“把兵力集中在决定性地段进行主攻”。这样，在次要的作战方向和战场上兵力则应相对分散，以保证主要作战方向和战场上兵力的相对集中。

（5）军队起源与发展的学说

马克思和恩格斯不仅认真考察了战争的起源、本质、作用、发展和指导问题，而且还对军队的起源、本质、发展条件等进行了分析研究，形成了独创的无产阶级军队学说。

①军队同样是人类社会发展到一定历史阶段的产物。马克思和恩格斯认为，军队和阶级社会的战争一样，也是在私有制、阶级以及国家的形成与发展过程中产生的。在人类原始社会早期和中期，“没有军队、宪兵和警察，

没有贵族、国王、总督、地方官和法官、没有监狱，没有诉讼，而一切都是有条有理的。”同时，军队和阶级社会的战争一样，也必然随着私有制、阶级和国家的消亡而退出历史舞台。“而在共产主义的社会里，谁也不会想到什么常备军。”

②军队是国家和阶级有组织的暴力工具。马克思和恩格斯对军队的本质问题进行了多方位、多层面的考察。其基本观点是：军队是附属和服从于一定的国家和阶级的暴力工具；是国家和阶级为了进攻和防御而维持的有组织的武装集团；无产阶级专政的首要条件是无产阶级的军队。概言之，军队是国家和阶级有组织的暴力工具。

③经济是军队的物质基础，军队在经济发展中起着重要作用。经济是军队的物质基础，这是马克思和恩格斯运用辩证唯物主义和历史唯物主义考察军队得出的一个重要的科学结论。这个结论包含着丰富的实际内容：其一，“生产关系决定政治暴力关系”“暴力关系根源于经济条件”，军队的阶级性质取决于一定的生产方式；其二，“暴力的胜利是以武器的生产为基础的，而武器的生产又是以整个生产为基础”，军队的武器和装备直接依赖于经济条件；其三，“随着新作战工具即射击火器的发明，军队的整个内部组织就必然改变了，各个人借以组成军队并能作为军队行动的那些关系就改变了，各个军队相互间的关系也发生了变化”，军队的全部组织和作战方式取决于经济前提。

与此同时，马克思和恩格斯还指出，军队对经济也有一定的反作用。马克思在读了恩格斯《军队》一文之后，于1857年9月25日给恩格斯写了一封信，其中讲到“军队在经济的发展中起着重要的作用”，“军队的历史非常明显地概括了市民社会的全部历史”。

④按照实战要求训练的军队才有战斗力。马克思和恩格斯在许多著作中反复阐述了加强军队训练的重要性。他们认为，缺乏训练、不结合实际的军队是不能打胜仗的，只有按照实战要求训练出来的军队才有较强的战斗

力。为此，他们强调训练必须严格要求，除训练熟练使用武器外，还要在其他军事技术和体力方面进行全面训练。对于军官的训练，马克思和恩格斯更为重视，认为“军官不懂本行业务在参谋部门造成的害处比在其他任何部门都大”。为此，军官必须着力掌握科学文化和军事知识。此外，他们还认为，决定军队战斗力的不仅是武器、装备和军事训练状况，还有两个关键要素——士气和纪律，在训练中要增加与此有关的内容。

传世名作，影响深远

——《海权论》

《海权论》是被美国《军事百科全书》称为“海军历史学家，第一流的海军战略理论家和海上力量哲学家”的马汉所撰写的传世名著，它对世界历史产生了直接、广泛而深远的影响。

A. T. 马汉（1840年—1914年），出生于美国陆军军官学校一教授家庭。他1856年入安纳波利斯海军学校，1859年毕业后在美国海军服役，曾任炮舰舰长。1885年，马汉任美国海军学院教授，讲授海军史和海军战略，1886年至1888年和1892年至1893年两度出任海军学院院长。1893年至1895年马汉任美国驻欧洲舰队旗舰“芝加哥”号巡洋舰舰长，1896年以海军上校军衔退役。1898年美西战争中，马汉任美国海军战略委员会委员，1906年晋升海军少将（非现役）。

马汉自幼受其父熏陶，博览群书，攻读军事历史名著，思想上深受古希腊雅典海军统帅地米斯托克利和政治家伯里克利的影响。1885年，马汉开始从事军事理论研究和著述，发表专著和论文100余部、篇，其中关于海权论的著作有20多部，主要有：《海权对历史的影响——1660—1783》（1890年），《海权对法国革命和帝国的影响——1793—1812》（1892年），《海权的影响与1812年战争的关系》（1905年）等，从而形成了“海权论”。后来，这些著作被纳为一体，称为《海权论》。

▲《海权论》

《海权论》主要内容：马汉引证英国在拿破仑时代的战争中获得海上霸权的事实，来证明欲发展海权必须以强大的海军控制海洋，以掌握制海权。海权的发展属外线作战，以攻击为主要任务，陆权则以防御为主。有优势的海军，优良的海外基地、海港，才能与敌人抗衡，发挥海权的力量。丹麦的日德兰半岛与西兰岛控制北海与波罗的海的航道咽喉；直布罗陀海峡紧扼大西洋与地中海的交通；苏伊士运河为地中海与印度洋的海运衢道，若能掌握这些战略要地，就可发挥以海制陆的优势。

马汉主要围绕以下几个方面论述了海权的基本理论：

（1）关于海洋的极端重要性

马汉指出，占地球表面四分之三的海洋是大自然赋予人类通往四面八方的交通媒介和各大陆相互交往的交通要道。任何时候海上贸易都能致富，而财富是国家的生命活力、物质和思想的具体表现。谁控制海洋，谁就能控制世界贸易并进而控制世界财富，因此，海洋必然成为渴望获得财富和拥有实力的国家进行竞争和发生冲突的主要领域。

国家要在海上自由活动，必须具备 4 个条件：一是作为一个商品输出国家，必须生产足够的产品供出口并进行商品交换；二是必须拥有作为交通工具的运输船只；三是必须拥有能够保护和发展海上贸易的殖民地和基地；四是必须拥有强大的海军，以保护海外领地与本国基地之间的交通线。

（2）关于海权构成的基本因素

马汉科学地分析了构成海权的基本要素，并将这些基本因素概括为以下 6 点：

一是地理位置。一个不必通过陆路保卫自己和扩张领土的国家，其一贯目的就是向海洋发展。同大陆国家相比，它所处的地理位置十分有利，便于海军力量集中或分散。

二是自然构造。海岸线是构成国家边境的重要组成部分，具有通向海洋的便利通道。国家从海上与世界各国交往，其海上贸易、海运和海军就会不断发展。

三是领土范围。不仅指国家的领土面积，更重要的是海岸线和港口特点。

四是人口。马汉站在军事的角度对人口的概念进行了独到的解释。他指出，人口不仅指国家的人口总数，重要的是人口质量，尤其是可以构成海上力量的人口，即可以充当水手、舰艇兵员以及生产海军物资的人员。国家拥有能够从事海洋事业的众多人口，是海权的主要因素。

五是民族特点。依靠海洋强大起来的民族，其显著特点是具有从事海上贸易的才能，这样的民族必须具有能够生产用于交换的产品和在海外建立殖民地的能力。

六是政府的特点。政府应了解海洋对于国家和民族发展的重要性，认识海权的重要意义，并竭尽全力为国家建立一支海军。这支海军应保证海上主要航道畅通并能够在远洋活动。

为了使人们科学地理解海权的概念和构成海权的诸要素价值与相互关系，马汉明确指出，上述因素的价值是相对的，随着时间的推移和环境的变化而变化。但是，如果国家具备这些有利条件，对其海权的形成必将产生巨大推动作用。海军战略的关键就是平时和战时建立和发展国家的海上力量。

（3）关于海上力量优势

马汉指出，国家海上力量包括海上力量和海上武力两部分。海上力量指运输船只、基地以及负责提供支援的附属设施；海上武力即海军。在海军建设问题上，马汉既反对俄国的“要塞舰队”观点，也反对英国的“存在舰队”观点。他认为，这两种观点本质上是相互对立，各走极端。前者认为，舰队是要塞的辅助力量，除协助要塞防御作战外没有其他意义。这种观点导致俄国在日俄战争中彻底失败。后者认为，海军是国家命运之所在，应独立于其他因素之外；要塞只是暂为舰队提供燃料、修理或休息的设施，除此别无价值。马汉认为，海军应成为海上野战军，要塞、基地应成为保障舰队在海上实施进攻作战的根据地。

（4）关于海上作战的主要目标

马汉认为，夺取制海权是海上作战的主要目标，舰队决战和海上封锁则是夺取制海权的基本方法。因此，海军在海战中的主要任务是积极进攻和摧毁敌方主力舰队，并进而夺取制海权。如果敌方舰队被歼，敌人必将遭到彻底失败，己方海军便可控制海洋。马汉认为，舰队的特点是具有良好的机动性，因此不能作为单纯防御的工具。海军战略的要素是：集中、中央位置、内线和海上交通线。海战中，应集中使用兵力，避免同时在两个方向上作战。这是海军的基本作战原则和实现战略目的的主要手段。

马汉的《海权论》一经出版发行，立即销售一空，在世界许多国家尤其是西方国家产生了空前的影响。最先接受“海权论”的是英国人，因为当时英国正在辩论扩充海军的问题，马汉的理论被认为“是一个伟大的发现”，他的书受到百般推崇，而且被当作最大的权威著作加以引用。在法国，由于这部著作中对法国海军的失败进行了多处评论，触到了法国海军建设的要害，所以虽然遭到了一些人的攻击，但大多数人拥护马汉的观点，因而《海权论》在法国被称赞为最客观公正的著述。在日本，马汉的著作版后，很快便被译成日文，而且均被列为日本海军军官的必读书。当时，日本正在跃跃欲试，企图赶上西方，因此日本政府便开始与马汉进行频繁的通信联系，就日本海军的规模、舰炮型号等问题征求马汉的意见。在俄国，海权论早期著作的俄译本被年轻海军军官奉为“经典”。克拉多曾企图把海权论应用于俄国海军和海上力量建设并因此受到沙皇的赞赏。尤其需要提出的是此书在德国产生的巨大影响。当时的德国海军大臣提尔皮茨及其皇帝威廉二世在《海权论》中找到了扩充海军的理论依据，也都成了马汉理论的狂热崇拜者。威廉二世说:“我现在不是在阅读马汉的著作，而是想吞食它，并且牢记在心灵之中，这是一本第一流的著作，所以在各点上都是经典化的。在我所有的军舰上都备有此书，并经常为我们的将领和军官们所引述。”德国还规定将马汉的著作作为海军学校的教材。在美国，马汉的《海上力量对历史的影响》一书刚出版，当时担任文官委员会委员，后来出任总统的西奥多·罗斯福就写信给马汉，称赞这本书是“非常好的书”，是“绝妙的书”，是一部“经典著作”。美国海军和陆军当局也先后下令大量订购马汉的著作，甚至连美国政府的议员们也以引证马汉的词句为荣。根据马汉的理论，美国迅速建立了一支与世界海军强国相抗衡的海军舰艇部队——“大白色舰队”，并于1898年进行了美西战争，夺取了西班牙的殖民地古巴。不久，美国又开凿巴拿马运河，“建立了美国对运河的绝对控制”，还相继占领了关岛、菲律宾和夏威夷。自此，美国海军把势力范围扩展到了世界各大洋，以一个海军强国的面目称雄于世。

马汉的海权论适应19世纪末20世纪初美国垄断资本向海外发展的需

要，是当时历届美国政府制订对外政策和海洋战略的重要依据，对美国军事思想和其他许多国家的海军理论都产生了重要影响。但由于时代的局限性，作者过分夸大了海上力量和舰队决战的作用。

建设海军，掌控海权

——《海军战略》

《海军战略》是美国著名的军事历史学家、军事理论家马汉继《海权对历史的影响——1660—1783》(1890 年),《海权对法国革命和帝国的影响——1793—1812》(1892 年),《海权的影响与 1812 年战争的关系》(1905 年)这 3 部海权论名著后，又一部影响较大的系统阐述其海权思想的理论著作。该书是马汉在美国为海军学员讲授海军战略理论的讲稿，经整理后于 1911 年出版，有多种文字译本，商务印书馆 1990 年出版了中译本。

《海军战略》以“海权论”为中心，通过对历史上海上战争及战例的分析，概括出系统的海军战略理论。这是世界上出版的第一部海军战略专著，在世界范围内产生了较为深远的影响，尤其对于研究美国的海军战略思想有重要的参考价值。20 世纪 80 年代，前美国图书馆协会主席罗伯特·唐斯甚至把马汉的《海军战略》列入“影响世界历史的 16 本书”之中。

该书共 15 章。第 1 章“绪论”，概略叙述了作者对“海军战略”内涵和原则的认识。其他各章在整体内容上可分为三大主题。一是讲史例的评述，二是讲基本的原理，三是讲原理的运用。从第 2 章至第 5 章皆题为“史例与批判”，分别结合战例说明位置的控制力，集中的法则，集中的方式及作战根据地问题。从第 6 章至第 10 章皆题为“基础与原理”，分别论述了军事战略与政治战略的关系，战略位置及军事强度，战略线，远洋作战和一般性海上作战。第 11 章“墨西哥湾与加勒比海之战略形势研究”，第 12 章“墨西哥湾和加勒比海（续）”，具体运用前面所确立的原理分析墨西哥湾和加勒比

▲ 阿尔弗雷德·赛耶·马汉

阿尔弗雷德·赛耶·马汉（1840 年 9 月 27 日—1914 年 12 月 1 日）的思想深受古希腊雅典海军统帅地米斯托克利及政治家伯里克利的影响，主要著述有《海权对历史的影响》《海权对法国革命及帝国的影响》《海权的影响与 1812 年战争的关系》《海军战略》等。马汉认为制海权对一国力量最为重要。海洋的主要航线能带来大量商业利益，因此必须有强大的舰队确保制海权，以及足够的商船与港口来利用此一利益。马汉也强调海洋军事安全的价值，认为海洋可保护国家免于在本土交战，而制海权对战争的影响比陆军更大。他主张美国应建立强大的远洋舰队，控制加勒比海、中美洲地峡附近的水域，进一步控制其他海洋，再进一步与列强共同利用东南亚与中国的海洋利益。

海的战略形势。第 13 章和第 14 章皆题为“日俄战争之研究”，作者指出俄国海军在战略上的一系列失误，主要是俄国海军作战思想摇摆不定，结果在旅顺，既无要塞舰队之实，更无存在舰队之用。第 15 章“海岸设防与海军战略之关系”，论述海岸要塞的主要功能是庇护己方舰队、支持其力量，以对抗敌人入侵。

纵观全书，马汉海军战略思想的基本观点有：

（1）海军战略的目标是保证国家获得海权

马汉认为，海上作战最重要的任务是掌握制海权，而掌握制海权有赖于强大的海军。他主张美国突破传统的近岸防御思想束缚，建设一支具有进攻能力的强大海军，首先控制加勒比海和中美地峡，进而向太平洋扩张，在大西洋上则与海上强国英国相互协调，以左右欧洲形势。

（2）海军战略的基本要素是集中、中央位置、内线、海上交通线

马汉认为，集中的法则是海军战略的基础；威力的方程式是力量加位置（即占据便于随时向主要战略战役方向机动的中央位置），以便于舰队实施内线机动；海上交通线在战争中居于“统治战争”的地位，凌驾于其他要素之上。马汉在书中说：“目标专一的意义就是集中信念于一个目的，于是才有信念的集中、决策的集中和军力的集中。”作者反复申论，“海军战略也和海军战术一样，以获取制胜之道为目的，其战争艺术就在于争取位置和部署军力”。“要以最大的兵力首先到达假想的位置。这就是集中，具有时效的集中”。集中法则是全部战争效果之源，即在决定点上造成对敌优势。同时，他还特别强调后备部队的作用，认为“后备兵力具有决定因素的价值。后备兵力，如在数量和位置上预有正确部署，就可在胜败的紧要关头，拥有最大的兵力，制敌机先，且可在决定的战役中收获集中之效果，此为保持数量优势的许多方法之一”。假如正确部署后备力量的数量和位置，就可以在胜败的紧要关头获得主动权以保证胜利。

（3）海军的存在是为了进攻，防御只是进攻的准备

马汉指出，即使全局处于防御态势，海军舰队也必须积极出击，通过海上交战达到一定的结局。马汉始终主张在一个方向上作战，反对同时在两个

方向上作战，以此保证在决定性的时间和海区集中优势兵力摧毁敌方舰队。海上作战的主要手段是舰队决战，必要时可通过海上封锁实现上述目的。

（4）海军战略的关键是建立并发展国家的海上力量

马汉指出，海军舰队是海上野战军，机动性和进攻性是其特征。海军基地、要塞是舰队的根据地，是海上进攻力量的依赖和组成部分。

如同“海权论”，马汉的海军战略思想是适应19世纪末20世纪初美国垄断资本向海外发展的需要而问世的，它是当时历届美国政府制订对外政策和海洋战略的重要依据，并对许多国家的海军产生重要影响。但马汉的海军战略思想同样具有时代和阶级的局限性，如认为原理是“永恒不变”的，轻视新技术新装备对军事实践的影响，过分夸大海上力量和舰队决战的作用等。

会战理论，影响久远

——《作战原则》

《作战原则》是19世纪法国主要的军事理论著作，由福煦这位“继拿破仑之后法国最有代表性的军事思想家”撰写。

福煦于1851年出生于法国西南部的一个边远小镇。他自幼聪明绝顶，有过目成诵之才，深受老师的赞赏和同学的垂慕。福煦12岁入中学，除学习规定的课程外，他还大量阅读了法国历代伟人传记和法国史。其数学老师曾经预言，该生天赋不凡，学业精深，将来必成大器。

由于受家庭的影响，福煦对军事颇感兴趣。他于1873年在巴黎综合工科学校毕业后入炮兵学校，1887年毕业于军事学院，1896年至1900年被聘该院教授，1908年任该院院长。1911年起，福煦任师长、军长。第一次世界大战爆发后，福煦率部参战，先后升任集团军司令、集团军群司令、法军总参谋长和协约国军队总司令等职，对协约国战胜同盟国做出重大贡献。1918年8月，福煦晋升为法国元帅，战后相继受领英国元帅军衔和波兰元帅军衔，并被选为法兰西学院院士和协约国最高军事委员会主席。福煦著有《作战原则》(1903年)、《战争指导》(1904年)、《1914年—1918年战争回忆录》(1931年)等。

福煦的代表作《作战原则》是他在陆军大学任教时所用讲义的汇编。全书共12章，约27万字。第1章“论教授战争”；第2章“现代战争的基本特点”；第3章“节约兵力”；第4章“智力纪律——作为服从的一种机制的行动自由”；第5章“警戒勤务”；第6章“前卫”；第7章“纳霍德会战中

▲ 福煦签署停战协议

斐迪南·福煦（1851 年—1929 年），法国元帅，第一次世界大战最后几个月协约国军总司令，公认是协约国获胜的最主要领导人。第一次世界大战爆发后，他参加了多场战斗。在取得一系列胜利后他被任命为北部集团军司令，并一直任职到罗伯特·内维尔接替约瑟夫·霞飞出任法军总司令，之后被调往法军总部。1918 年他被任命为协约国最高司令。1918 年他代表法国在贡比涅森林签订对德停战协定，后又在巴黎和会上发挥重要作用。他生平有不少著作，曾提出胜利在于意志的观点，后来认识到军队新装备和机械化程度具有决定性作用，强调歼灭思想和集中优势兵力原则。著有《战争原理》《战争指南》等。

的前卫”；第 8 章“战略奇袭”；第 9 章“战略警戒”；第 10 章“会战：决定性攻击”；第 11 章“会战：一个历史上的战例”；第 12 章“现代会战”。

从该书的内容看，作者显然受到拿破仑战争和克劳塞维茨军事理论的影响。作者认为，应当承认存在着一种具有永久价值的战争原则，当然在具体应用时，要根据当时的特殊情况加以调整和节制。他强调指出，战争同人类其他活动一样变化无常，但也无例外地遵循进化的原则。现代战争要着眼于歼灭敌人，即实施会战，以决定性的进攻击败敌人。战争艺术同其他任何艺术一样具有自身的理论和原则，而其中那些“永恒不变”的原则是战争理论的基础。实际运用战争原则比理性认识战争原则更重要，必须根据具体情况灵活运用战争原则，因为在战争中实践重于理论。

在该书中，作者不仅描写了“现代战争”的景象，而且敏锐地分析了战争的本源以及战争的精神动力等一系列问题。他指出：“民族利己主义产生只考虑本身利益的政治和战争，使战争变成满足一些国家日益滋长的贪欲的工具。为此，这些国家越来越把人民的热情引向战斗，越来越过分地‘喂养’战争，包括使用这个国家的人才和全部资源。这就是现代战争的景象。哥尔兹说得对，‘国家同个人一样，宁可牺牲生命，也不愿毁损名誉，宁可孤注一掷，也不愿承认失败。战败则一切随之毁灭。’这就是现代战争的本源。”

他还指出，战争中，精神因素具有决定性的作用。战争主要是精神力量的较量。胜利是由于战胜者具有精神优势，失败是由于战败者陷入精神崩溃。作者认为，现代战争是全民性的战争，参加战争的人数众多，人的因素就显得越来越重要。战争结局取决于战争指导的质量，高质量的战争指导具有加强战备和激发斗志的特点。这种由有限战争向民族战争的演变是由法国大革命所引起的。法国本来是民族战争的创立者，但在整个欧洲都走上全民皆兵的道路时，第二帝国的法国却落伍了，结果导致1870年普法战争失败。他说：“我们首创国民战争，然而今天却成为受害者，其原因是我们忽视了邻国的剧烈变革及其必然带来的后果。面对一个以侵略、征服为目的的并殊死战斗而武装起来的民族，我们用以对抗的却是一支武器窳败、编制缩小、人员征自贫困落后的地区、并沿用18世纪战法（相互紧随前进）的军队，这支军队只能用作外交性战争——一场目的有限的战争。”他主张回到拿破仑时代，不以据守良好阵地为目的，而是力求以流血为胜利的代价，用会战来解决问题。他强调，“问题已经非常明确，一个新的时代已经开始，这是一个全民战争的时代，这类战争迈着巨大的步伐前进，它吸收国家的全部资

▲《作战原则》

福煦在《作战原则》中目的是想发现和了解战术和会战的基本原则。他根据对历史和具体事例的精密研究，抽出了一整套的实际教训：为了透过战争的雾必须要有情报，因此也就需要搜索，以及在全面前卫安全掩护之下采取行动的能力；最后行动又必须以精确的情报为基础，而不可以先入为主的成见为基础。福煦认为，真正的会战是由指挥官所准备、发动和指导的运动战，而以决定性攻击为顶点，那是意志力的一种表现，而且也只有它才能带来胜利。当战争遭遇到应该克服的障碍也似乎无法克服的困难时，指挥官必须坚信“精神永远强于物质”；不管情况是如何危急，精神因素仍然经常被证明强于物质。福煦又认为，若仅指挥官具有必胜的决心和信心还是不够，必须使全体人员都具有这同样的信念。他说这是绝对正确的，尽管赢得会战的是将军而不是士兵。

源投入战斗。它的目的，不是为了王朝利益而战，不是为了征服一州一府，而是首先为了维护和推广一种哲学概念，其次是维护和推广独立、统一和各种非物质利益。它把每个个人的利益和命运都押在革命的结局上。由此产生了热情，构成了力量，这是前人从未开拓过的领域。”

作者在书中对战争的特点和指挥战争的方法作了精辟的论述。他认为19世纪末战争的特点是：越来越成为举国参加的战争；越来越集团和集中；人的因素的首要性越来越突出了；由此需要运用新的指挥军队作战的方法。这种方法把会战当作解决胜利的手段，以机动来达成会战。这种方法的特点有三：准备、集中和冲力。这3个特点影响极深，无论战争规模如何之小都留下它们的印记。除非满足这3个条件，否则任何作战行动都指挥不好。所谓准备就是心中必须有一个行动计划，其基础是详细研究受领任务，同时要详尽地勘察地形，做出可靠的计划，当然，计划要根据情况变更。部队应当恰当地部署和调整，使其能够准备与实际执行计划，使其充分发挥作用，特别是前卫和侧卫。所谓集中，就是尽可能集结强大的主力，牢牢掌握，能够随时用来执行计划。所谓冲力，指的是作战集团最初多少有些分散，然而带着它所有的兵器（枪炮刀剑）变更部署，最后合成为一个整体，猛攻一个目标。

作者根据自己对现代战争的理解，确立了几条战争原则：一是节约兵力的原则。即在主要方向上使用全部兵力或至少是主要兵力以夺取胜利，在次要方向由尽可能少的兵力保障安全。先集中兵力歼灭敌人一部，然后再打击其他敌人。二是行动自由的原则。即保持主动和不受敌人意志控制，他曾引用瑟诺芬的话说："战争艺术从根本上说是一门保持自己行动自由的艺术。"三是安全的原则。包括物质的安全和战术的安全，即能够有效避免受到敌人的打击，不受敌人的影响，而采取安全的和确实的行动，并能确保自己的行动自由。

该书的后3章集中论述了会战问题。他强调，没有会战就没有胜负，任何事都没有做成。在会战中，应尽一切努力，求得在最有利的机会中发起攻击。进攻是战争的基本原则。没有进攻便不能战胜敌人，只有进攻才能达成战争的目的。现代战争要着眼于歼灭敌人，即实施会战，以决定性的进攻击败敌人。防御如果仅限于扼守阵地而不转入进攻，最终必将导致失败。同时，他还强调，会战虽然可能以运动战和阵地战的不同方式表现出来，也会出现双方拼消耗的“静态战争”，但机动无疑是一种更好的战争形式。他说，战争中，唯一应关心的事应是战术成果。唯有武力的裁决才是真正的裁决，因为只有它的裁决才能分出胜者和败者，改变敌对双方的地位，使一方得以确保行动的自由，而另一方则屈从于敌人的意志。

《作战原则》的主要内容曾被法国陆军大学作为教材使用，1903 年公开出版发行，后多次再版并被译成多国文字，影响广泛，是法国军事思想的代表作之一。该书于 1991 年由军事科学院外国军事研究部译成中文，由军事科学出版社出版发行。

福煦的军事思想对法国在第一次世界大战中的战争指导影响很大，但由于时代的局限，他对某些问题的认识存在一定的片面性，导致法军在战争初期片面强调战略进攻，面对德军的强大攻势猝不及防，最终被迫放弃速战速决的进攻战略。

地缘政治，奠基之作

——《历史的地理枢纽》

“谁统治东欧，谁就控制了心脏地区；谁统治心脏地区，谁就控制了世界岛；谁统治世界岛，谁就控制了全世界。”这是世界地理学家哈尔福德·麦金德在他的著作《历史的地理枢纽》中对地缘政治学尤其是“心脏地带”理论的集中概括。

《历史的地理枢纽》是西方地缘政治学的奠基之作，前美国图书馆协会主席罗伯特·唐斯认为此书也是“改变世界历史的 16 本书之一”。本书作者哈·J. 麦金德被认为是“第一个以全球战略观念来分析世界政治力量的人”。

哈·J. 麦金德于 1861 年出生于英国林肯郡，早年毕业于牛津大学，1887 年担任牛津大学第一名地理讲师。由于他的努力和英国皇家地理学会的支持，牛津大学于 1899 年创立了英国第一个地理系，由哈·J. 麦金德担任系主任。麦金德同时还在伦敦大学担任教师职务，并从 1903 年到 1908 年担任伦敦经济学院院长。1919 年至 1920 年，他任英国驻俄高级专员，并在回国时获得爵士称号。1920 年至 1945 年，他担任帝国航运委员会主席。1926 年至 1931 年，麦金德担任英国枢密院顾问官兼帝国经济委员会主席，1886 年被选为英国皇家地理学会会员，1932 年至 1936 年担任这个学会的副主席，并获得过美国地理学会颁发的金质奖章。1947 年 3 月 6 日，麦金德逝世于多塞特郡的家中。

1904 年 1 月，麦金德在英国皇家地理学会宣读了《历史的地理枢纽》这篇著名的论文。论文纵横比较，旁征博引，剖析了地理与战略之间的相互关系，引起了与会者的广泛兴趣。会后，这篇论文正式出版并广泛传播开来，称为“地缘政治论”，对世界的进程产生了影响。西方学者认为，麦金德的研究成果对理解战后各种政治力量的变化和分析战略形势非常重要，比马汉的学说更进步。

麦金德认为，当遥远的未来的历史学家回顾我们目前正在经历的这些世纪，并像我们现在研究埃及历代王朝那样把它缩短来看时，他们很可能把最近这 400 年描述为哥伦布时代，并且说这个时代 1900 年以后很快就结束了。哥伦布时代的地理探险已经过去，20 世纪的世界又进入了封闭式政治体系时代，而这仍将是世界范围内的问题。世界上某一处出现动荡都会影响到世界其他地方，所以世界上的政治家已把他们的注意力从领土扩张转到更生动的斗争上来。地理与历史之间有着密切的联系，人们第一次能够了解整个世界舞台上各种特征和事件与地理之间的因果关系，而且从中可寻找到公式并能透视当时国际斗争中的对抗势力。他认为人类与自然之间的关系是：起主动作用的是人类而不是自然，但是自然在很大程度上占支配地位，也就是说自然影响到世界的历史。

麦金德认为，粗看一下欧洲“政治地图”，就会发现自然环境与政治组织之间存在着一种明显的联系：由俄国占据半个大陆的广阔地域和由一群西欧国家占有较小的领土对比，其自然条件存在着显著差异。而欧洲与亚洲联成一块大陆，所以欧洲的历史与亚洲的历史紧密相关，可以认为欧洲文明是反对亚洲人入侵的长期斗争的成果。

欧洲在中世纪经常受到来自东方亚洲人的威胁。游牧民族从亚洲内地穿过草原，通过乌拉尔山与黑海之间的通道，令人吃惊地进入欧洲中部。他们适应草原条件的机动性，遇到欧洲中部的森林与山脉就明显受阻。然而，亚洲人对欧洲影响的全部意义，在 15 世纪蒙古入侵之前是没有认识的。所以，麦金德认为，在分析这些事实时，需要把地理视野从欧洲移开，要整体地考虑一下旧大陆，就会看得清楚。

麦金德认为，连续广阔的欧亚大陆面积几乎占地球全部陆地的一半，大陆的中央部分是一条几乎连续不断的草原地带，气候相对干燥，也有不少由河流哺育的绿洲，但全是不能从海洋经河流进入的地区，在这块广阔的区域里活动着骑马或骑骆驼的游牧民族。而在这广阔地域的边缘地带居住着全球三分之二的人口，在大西洋、印度洋和太平洋沿岸这个巨大的新月形的边缘地区由海路可以到达。海洋上的机动性是位于欧亚大陆核心地带游牧机动性的天然敌手。当考虑核心区域的游牧民族对边缘地区侵略扩张的原因时，是存在着明显的地理关系的持续性。

麦金德在进一步分析后得出的结论是：欧亚大陆上那一片广大的，船舶不能到达，但在古代却任凭骑马的游牧民驰骋，而今天又即将布满铁路的地区，就是世界政治的枢纽地区。这个地区从古到今，一直拥有适合一种具有深远影响而又局限性质的军事和经济大国实施机动的条件。俄罗斯取代了蒙古帝国，它对芬兰、斯堪的纳维亚、波兰、土耳其、波斯、印度以及中国的压力，取代了草原骑士向四面八方的袭击。麦金德认为，占领枢纽地区的国家向欧亚大陆边缘地区的扩张，使力量对比转过来对它有利。它将利用巨大的大陆资源建立舰队，那时这个帝国也就有望了。如果德国和俄国结盟，这种情况就可能发生。因此，这种形势和威胁将推动边缘地区的国家与强国结盟，来对付这种威胁。近东、中东和远东的问题与占据枢纽地区的大国与外部的海洋大国不稳定均势有关。

麦金德强调指出：他是以一个地理学家的身份来讲这番话的。在任何特定时间里政治力量的实际对比，当然一方面是地理条件——既有经济的又有战略的，另一方面也是对抗双方国民的相对数量、活力、装备和组织的乘积。随着对这些数量正确估计程度的提高，我们可能不必诉诸武力去调整差异。在计算时，地理的数量比起人文数量来可以更好地测定，更接近于稳定不变。因此，人们应当期望能找到既可用于过去历史，也可用于当前政策的公式。各个时代的社会运动，基本上都是围绕着相同的自然特征进行的，因为我怀疑亚洲的逐渐干燥——即使已被证明——是否在历史时期内已经重大地改变了人类的环境。在他看来，“帝国向西进军”一语是边缘强国围绕着枢纽地区的西南和西部边缘的一次短暂旋转。近东、中东和远东的问题与在边缘新月形这些部分的内部和外部强国的不稳定平衡有关，目前，那一带的当地力量是或多或少地无足轻重的。

麦金德在全书的结尾提出，如果有新的力量代替俄国控制了枢纽地区，将不会降低枢纽地区的政治军事意义。例如，假如中国被日本组织起来去推翻俄国，并征服它的领土，那时就会因为他们面临海洋的优越地位，并拥有巨大的陆地资源，这是俄国人所还没有的有利条件，那时就会构成对世界自由的威胁。

通观全书，麦金德的核心思想就是：随着哥伦布时代的过去，海权占支配地位的时代一去不复返了，陆权时代已经来临。陆权时代的自然中心就是西从伏尔加河流域，东至贝加尔湖，北从北冰洋，南至喜马拉雅山这一大片广阔无际的草原。这个区域是世界政治的真正支柱，在世界事务中将起着更大的作用。

美国的一位国际政治学者曾这样概括过麦金德的地缘政治论：“麦金德爵士认为，不管是哪个国家，谁控制了欧洲大陆的核心地带，谁就将控制世界政治。麦金德称这一地区为‘心脏地区’，这块地区反过来又被称之为‘边缘地带’的地区所包围。麦金德相信，统治‘心脏地区’的国家能够对‘边缘地带’的国家施加威慑力量，而且，由于前者占据着中心位置，便始终是稳操胜券。麦金德的结论是，一部欧洲历史就是不同国家企图攫取‘心脏地区’，而其他国家努力抑制这一攫取反复进行斗争的历史。”

麦金德认为，地理与历史之间有着密切的联系，人们第一次能够了解整个世界舞台上各种特征和事件与地理之间的因果关系，而且从中可寻到公式并能透视当时国际斗争中的对抗势力。人类与自然之间的关系是：起主动作用的是人类而不是自然，但是自然在很大程度上占支配地位，也就是说自然

▲《历史的地理枢纽》

本书包括英国近代地理学鼻祖哈麦金德的两篇论文:《地理学的范围和方法》与《历史的地理枢纽》。这两篇文章都是在英国皇家地理学会宣读的。《地理学的范围和方法》在1887年1月份宣读，立即在英国引起了很大的反应，把英国的地理教学推到一个新的阶段，并奠定了今日英国地理学的思想基础。这篇论文被认为是英国地理学的一篇经典文献。《历史的地理枢纽》于1904年1月份在英国皇家地理学会宣读，则影响到世界政治。《历史的地理枢纽》之所以能影响世界政治，被人们作出这种或那种评价，是因为麦金德在文章中提出了“心脏地带”的论点。

影响到世界历史。

如何看待地理环境与人类的关系，是地理学中的重大问题。麦金德从全球的角度分析世界的方法是新颖独到的，但他过分强调地理环境的支配地位，并且简单地把世界历史的发展与地理环境直接对应起来，陷入了地理环境决定论的误区。另外，麦金德由于时代的局限未能认识到制空权的巨大潜力，不能不说是其理论的一大缺陷。

现代战争，不失启示

——《总体战》

“第一次世界大战之后，各列强围绕着如何充实和改革本国的战争指导机构，以便适应总体战的要求问题，对战争指导与政治的关系议论纷纷，莫衷一是。在这一历史背景下，鲁登道夫提出的‘总体战’理论引起了一场轩然大波。尤其是对德国和日本的军事理论产生了重大影响，成为他们发动侵略战争的理论依据。”这是日本学者浅野佑吾对鲁登道夫的“总体战”理论地位和作用的评价。

鲁登道夫是一个典型的民族沙文主义者，是第一次世界大战期间与兴登堡齐名的德军著名将领。他出生在一个商人家庭。鲁登道夫的幼年正处在战争环境中。普鲁士在战争中接连获胜极大地调动了一些青少年的军国主义狂热和黩武精神。鲁登道夫从小就深受佩剑执戈精神的熏染，立志做一名叱咤风云的雄武军人。他 12 岁入军校幼年班，后转入中等武备学校，1881 年毕业授少尉军衔。1890 年，鲁登道夫又考入柏林军事学院。这两次入校，不仅使他获得了丰富的军事知识，而且也初步显露了他在军事方面的天资——鲁登道夫学业成绩一直名列前茅。1893 年，他毕业后不久，因头脑清晰、学识丰富、组织能力强，具有良好的军人风度，鲁登道夫被选调德军总参谋部供职。1908 年，鲁登道夫被提拔为总参谋部作战处处长，掌握全军的作战、训练和军务事宜，为他以后指挥数百万德军积累了知识和经验。

鲁登道夫熟谙将道，意志坚强，不畏压力，有超群的指挥才能。他说："一位将军是要能够负重的，而且需要坚强的神经。文人们常常有这样一种想法，以为战争好像算数学题一样，由已知来求未知。实际上完全不是如此。在这种斗争中，物质的力量和心理的力量是交织在一起，而数量居于劣势的方面尤为困难。在这种工作中，包括许多人员，其个性和观点都是各有不同的，其中唯一已知的常数即为将帅的意志。"为此，他很快赢得了德国当局的器重与信任。第一次世界大战中，他曾任西线第 2 集团军参谋处长、军需总监，东线第 8 集团军、第 9 集团军参谋长，东线德军参谋长等职。

1918 年德国战败后，鲁登道夫主要从事政治和写作。1924 年至 1928 年，他充当纳粹党国会议员，成为右翼代表人物。他的主要著作有：《我对 1914—1918 年战争的回忆》(1919 年)、《我的军事生涯》(1933 年)、《总体战》(1935 年) 以及回忆录等。

《总体战》是鲁登道夫的代表作，有多种文字译本，解放军出版社 1988 年出版中译本。"总体战"这一术语来自法文"TOTAL"，其原意是总体的、全体的、全面的。因此，"总体战"这个术语的字面意思是指全体的、全面的战争。

"总体战"是帝国主义准备和进行侵略战争的理论。它规定社会物质和精神生活的一切方面均须服从战争利益，并规定可以使用任何最残酷的斗争手段进行战争，以便侵略者大规模地消灭遭受进攻的国家的武装力量与和平居民。德国纳粹党军事专家希尔于 1929 年最早提出了"总体战"的基本原则。鲁登道夫的《总体战》一书是在希尔的基础上系统地阐述"总体战"理论的。鲁登道夫撰写该书的主要目的，是想证明德国有可能实现自己夺取世界霸权的计划。它阐述了所谓"总体战"的实质和原则。

鲁登道夫认为，现代战争是全面的战争，因为交战国的全部领土将变成战场；现代战争又是全体的战争，因为参加战争不仅有军队，而且还有全体人民。他曾写道："军队植根于人民，军队是人民的不可分割的

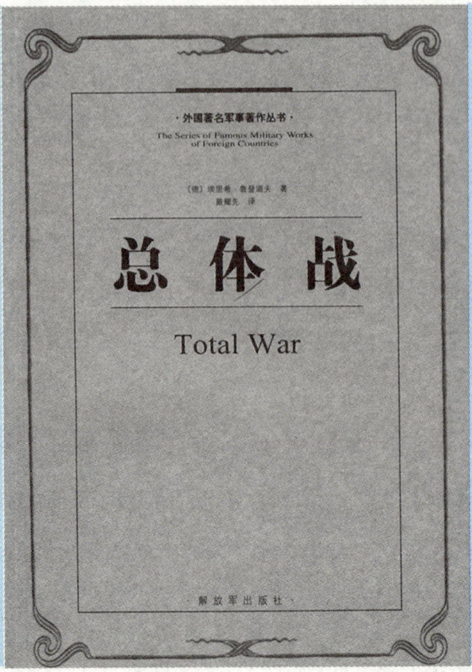

▲《总体战》

鲁登道夫，德国将军，军事战略家。他参加过第一次世界大战，并率部取得赫赫战功。他历任德军总参谋部作战处长、步兵旅旅长、集团军参谋长、东线德军参谋长、德国最高统帅部第一总军需长等职。第一次世界大战后，他被解除军职，从事政治和写作活动。他著述甚多，最著名的是《总体战》一书。《总体战》全书共7章。第一章“总体战的本质”，第二章“民族团结精神是总体战的基础”，第三章“经济与总体战”，第四章“军队的兵力及其内涵”，第五章“军队的编成及其使用”，第六章“总体战的实施”，第七章“统帅”。

组成部分；在总体战中，军队的状况决定于人民的体力、经济力量和精神面貌。精神上的联系归根到底决定生存斗争的结局，只有具备这种精神联系的人民，才是进行总体战的军队的支柱。”他还强调，“总体战”是唯一能保证德国夺取世界霸权的战争形式。

鲁登道夫的《总体战》既是总结过去，又是着眼未来。从总结过去的角度看，它是从帝国主义的立场出发，总结以往战争的经验教训，特别是德国在第一次世界大战中失败的教训，有许多深刻的反思；从着眼未来的角度看，它是从法西斯主义立场出发，为了发动新的侵略战争作军事理论上的准备；该书通过鼓吹民族复仇主义，主张加紧进行扩军备战，使国家高度军事化，以期东山再起。

从《总体战》的内容上看，全书共7章，约8.5万字。第1章“总体战的本质”，第2章“民族的精神团结是总体战的基础”，第3章“经济与总体战”，第4章“军队的兵力及其内涵”，第5章“军队的编成及其使用”，第6章“总体战的实施”，第7章“统帅”。该书系统阐述了总体战理论，要求国家生活的各个方面在平时就服从战争准备的需要，主张采取一切手段甚至极端野蛮的手段进行战争。

其军事思想的主要观点有：

（1）现代战争是总体战争

鲁登道夫认为，克劳塞维茨时代那种由政府及其军队进行的“内阁战争”已成为过去。第一次世界大战显示出与以往战争完全不同的特性。现代战争是一种全面的战争，战场已扩展到各参战国的全部领土；现代战争又是一种全体的战争，不仅双方军队相互厮杀，而且人民也同样遭受苦难并直接为战争效力。政治的本质已发生变化，像总体战争那样具有总体特性，政治与战争的关系也随之变化，克劳塞维茨在这方面的理论已不能成立。战争和政治都应服务于民族生存，而战争则是民族生存意志的最高体现，因此政治必须服务于战争。只有民族的精诚团结，才能最终决定总体战争的结局。

（2）实行国民经济军事化

鲁登道夫主张，为适应总体战争的需要，国家应干预经济，实现平时经济战时化。农业、工业和劳动力是战争的支柱。农业必须自给自足。战时，国家依靠本国资源提供的补给品、饲料和原料越多，对于民众和军队以及总体战争的领导来说越是幸事，总体政治也越易实施。粮食、服装、燃料维系着军队和民众的生活，和平时期就应大量储备。在总体战争中，军事装备的生产、补充和维修，其范围之广、数量之大难以想象，因此，不仅要重建被《凡尔赛和约》破坏了的军事工业，而且要扩大规模。这一切都需要财力的支持。财力对于战争的意义显而易见，应努力为总体战争建立坚实的财政基础。因此，应限制中央银行和发挥银行的独立性，将它们置于国家权力之下。

（3）建设一支平时就做好战争准备的军队

鲁登道夫强调实行普遍义务兵役制，凡年满 20 周岁身体健康的男子均应服兵役，编入战斗部队或后备军，并服役至最高年限。要对军队进行严格的训练和教育，重点训练军人的独立作战能力和责任感，同时要重视体魄和意志的锻炼。军事教育必须具有种族特色，焕发民族精神。要依靠军纪而不是誓言将军队凝聚为一个整体，在军队尤其是后备军中严格维护军纪。在维持民族生存的斗争中，必须依据法规对违反军纪者给以严厉、无情的制裁。军队没有等级和服从，就无军纪可言。军纪的基础是对种族遗产以及与其相适应的宗教生活和宗教意识的尊重。维护军纪的主要目的在于增强军队的精神力量，保证部队在紧张的战斗中坚韧不拔、果敢无畏。以军事为职业的士官和军官维系着新老兵的衔接，应成为性格突出的表率，具备出众的武德。人和技术是构成军队实力的两大因素。平时要给部队装备各种利于战胜敌人、保存自己和保护民众的技术器材。无论武器的作用如何巨大，人是决定战斗胜负的主要因素。军队由陆海空三军编成，各军种的价值因国家的不同而异。应建立后备部队，以便各军种战时不断获得新锐力量。

（4）重视统帅在总体战争中的地位和作用

鲁登道夫所谓的统帅系指以其头脑、意志和心灵为维持民族生存而领导总体战争的人。统帅的决断和意志必须在生活各个领域具有权威性，其主要职责是研究与战争有关的方针；采取措施使财政和经济符合总体战争的要求，以维持民众生活、保障经济发展以及民众和军队的供给；决定军队编制；统率全军，处理军队平时的训练和装备问题；发布战时动员令、军队展开指令和最初行动命令，统一军队行动；规定战时总体政治工作方针；关注军队装备和作战思想是否符合现实要求；关注并检查陆军作战部队以及兵站、后方部队、空军、海军和后备部队的军纪和精神状态；了解军队和民众各方面的生活及其内心世界，观察民众是否为军队和民族生存效力，是否与军队精诚团结，为维持民族生存而奋斗；将一切有害于军队和民众的现象消灭在萌芽状态；阅读有关敌军和敌国人民精神状态的报告。

统帅应具备下述基本素质：受过严格的教育和训练，具有充沛的精力、高尚的品格、坚强的意志、高度的责任感、广泛的军事知识、难以估量的创造力和意志力、使民众心悦诚服的伟人魅力；遇事沉着稳健，勇于负责，能做出对总体战争结局具有重大影响的决定；知人善任，识人长短，熟知人的心灵，洞察人的动机；迅速果断、机动灵活地指导战争。

（5）战争的突然性具有巨大意义

鲁登道夫认为，总体战争应当突然开始；德国由于所处的地理条件，不可避免地要进行多线作战。进攻是具有决定意义的作战类型，必须选定“最危险的敌人”为主攻方向，在寻求决战的地区投入最大兵力；依托工事和阵地进行的防御肩负着重大使命，能使己方在其他地区实施的决战较易取得胜利，但只有从防御转入进攻，才能取得决战的胜利；在战线的后方应保留预备队，以应付可能出现的危险；为了使战争不至于出现经济崩溃和民族分裂的结局，总体战争应力争速战速决。

鲁登道夫的军事思想中不少观点是依据第一次世界大战的经验教训和20世纪初工业生产、科学技术和武器装备的发展水平得出的。鲁登道夫仇视和反对社会主义革命，宣扬种族主义和民族沙文主义，其军事思想适应当时德国复仇主义重新瓜分世界的需要，是纳粹德国侵略扩张政策的重要理论基础。

事实上，在第二次世界大战中，希特勒和纳粹军方全盘接受了鲁登道夫的“总体战”理论。1939年，纳粹德国的《国防政策和国防科学年鉴》把总体战概括为：“各阶层居民参加战争的总体性，包罗人民一切生活领域的总体性，以及利用一切斗争手段的总体性。”纳粹德国国防军统帅部在《战争领导的组织问题》这个官方文件中把准备和进行未来战争的原因看作“总体战的原则”，它指出：“使用一切手段进行战争，不仅应用武器，而且借助于宣传和经济……必要时一切都是好的，这就是战争的指导原则。”

希特勒从他上台第一天开始，就在准备实行总体战。他把战争说成是“民族生存的手段”，把争夺欧洲和世界说成是德意志民族“生存意志”的最高体现。希特勒通过1933年的授权法和1934年的“国家元首法”，建立了适用总体战需要的法西斯极权政治体制；通过1934年的“德国经济有机建设条例”和“全国劳工管理法”，建立起了一套适应总体战需要的国家经济管理体制；通过进行疯狂的民族主义和军国主义教育以及极力向青年灌输纳粹思想、盲目服从“元首”的精神，从而在社会生活上基本完成了适应总体战需要的精神改造。鲁登道夫闪击敌国的思想也被德国法西斯军队加以发展。德国武装力量的指导思想是“总体战”的学说。

“闪击战”这一战略概念就是源于这一学说的。德国在第二次世界大战中，一般都是在本国做好了动员、集中、展开等一切准备后，一旦时机成熟，便不宣而战，选择出其不意的时间、地点，突然发起进攻。德国对他国的进攻都是采用这种突然袭击、背信弃义手法来开始的，所以有人说，“看懂了鲁登道夫的《总体战》，就明白了希特勒的作战路线”。细读此书，对于研究世界军事思想史和第二次世界大战中德国的战争理论及希特勒的

▲ 德国纳粹推行种族主义残害犹太人

种族主义是一种自我中心的态度，认为种族差异决定人类社会历史和文化发展。种族主义可以视作是一个社会问题，经常被政客作为政治工具来使用。种族主义从集合心理学的角度看，可以解释为一种情感上的现象。种族主义起源于19世纪末列强瓜分非洲的年代。当时非洲的资源被大量掳掠到欧美各国，包括人力资源。这些人被当作奴隶售卖。种族主义以德国纳粹政权和过去的美国为代表，德国纳粹政权视金发碧眼的白种人为最优秀的主宰种族，德国纳粹政权称之为雅利安人（现代称为北欧人种），而过去的美国则对所有有色人种都加以歧视和迫害，近些年已经不复存在。

军事战略，都有极高的参考价值。同时，该书对于我们认识和把握未来战争，也不失其理论上的启发作用和指导意义。

空军战略，开山鼻祖

——《制空权》

意大利将军朱里奥·杜黑是“制空权”理论的创始人。早在1909年，当飞机还处在气球和飞艇的时代，他就在《航空问题》一文中独具慧眼地提出“天空将成为重要性不次于陆地和海洋的另一个战场”的著名论断。他用10年时间构造其理论体系，并于1921年出版（1927年修订）《制空权》一书。

《制空权》是一部专门论述空军战略理论的著名军事著作，也是地缘政治理论中空权理论的代表作。该书从战略的高度来研究空军的建设与运用，勾画出了战争形态演变的曲线和崭新战争样式的概貌，冲破了传统军事思想的模式，曾在世界范围内引起巨大的反响。但当时的人们对此书的看法差异颇大，褒贬不一，而且围绕着他学术思想的争论一直持续到今天。有人称杜黑是“空军理论的奠基人”，有人则把《制空权》称为“空军制胜论”而全盘否定；有人认为第二次世界大战的实践与杜黑的理论“完全相符”，有人则认为第二次世界大战的实践“完全推翻了杜黑的学说”。然而，不管怎么说，该书中阐述的军事学术观点在军事学术史上所占有的重要地位是不可动摇的，对现代军事理论所产生的深刻影响是不可否定的。把杜黑看作是制空权理论的倡导者和空军学术理论的先驱，把他的《制空权》誉为西方空军军事理论的奠基之作是有一定道理的。

杜黑于1896年5月30日出生在意大利的卡塞塔。童年时期的他受到良好的家庭教育。少年时期的杜黑以肯钻研的精神在学业方面取得了良好成绩。后来，他又因对军旅生活的热爱步入都灵军事工程学校，毕业不久。杜黑又进入陆军大学深造，学习指挥艺术和参谋业务。

1903年，飞机在美国诞生。不久，它便在战争中充当了刺探对方军事情报的“间谍”和传递统帅命令的“天使”。1909年，杜黑以他锐敏的军事眼光认识到“飞机具备成为一种独特的军事手段的潜能，武装飞机可以在战场内外到处出现，在目标区内不易遭到对方防御手段的毁伤，并且具有攻击和摧毁地面及海上所有目标的能力。”他预言，飞机用于军事必将引起战争样式的革命，战争将从平面发展为立体。他形象地指出，战争演变曲线由这点开始中断了连续性，突然转向了一个完全不同的方向，它不再是革新，而是革命。据此，杜黑认为，战争舞台将出现新的武装力量——空军，新的战争领域——空中战场，新的战争样式——空中战争。他进而做出预测：空军的出现“将改变整个战争，也将改变陆战和海战的面貌”；未来“战争将从空中开始……甚至在宣战之前，就将进行大规模的空中行动”；过去“如果不首先突破敌人的防线，就不可能侵入敌人的领土”，而空中力量提供了“新的可能”，即“有可能不用首先突破坚固防线就能进入它的远后方”，直接打击敌人的心脏，“战场已扩大到交战国的整个国境”“空军正在引起战争样式的革命”。他在一篇文章中写道：“天空即将成为战场。现在所有的人都认识到了制海权的重要性，但在不久的将来，制空权的获得将是更为重要的。”杜黑强调指出，空中战场将是未来战争中的决定性战场。在未来战争中，哪个国家控制了天空并取得空战的胜利，哪个国家就能赢得战争的胜利。“掌握制空权就是胜利，没有制空权就注定要失败”，这就是杜黑所谓“夺取制空权就是胜利”的公理。

杜黑的这些见解和公理引起了人们的很大关注。1912年，杜黑被任命为意大利第一个也是唯一一个航空营营长，主持编写第一本航空兵作战使用教令，支持飞机设计师G. B. 卡普罗尼研制重型轰炸机。他对航空的爱好许多人都认为是“太过分了”，所以给他取了个“飞行狂”的绰号。飞机的运用和飞行的实践，使杜黑进一步印证了自己1909年提出的思想，同时使他鼓足

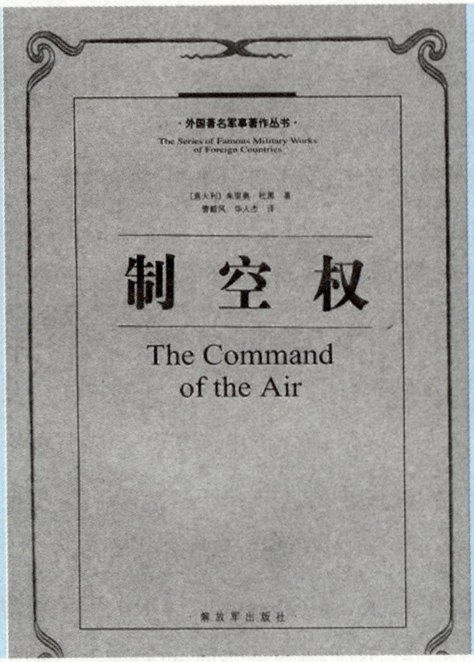

▲《制空权》

杜黑关于制空权的著作主要有4部：1921年修订的全面阐述其理论观点的《制空权》，1928年出版的强调新兵器在未来作战中作用的《未来战争的可能面貌》，1929年出版的论战性著作《扼要的重述》，1930年出版的描述未来欧洲大战可能面貌的《19××年的战争》。1937年，这4部著作被合编后以《制空权》为名在罗马出版。该书全面阐述了其制空权理论的基本观点，是资产阶级空军军事理论的奠基作。杜黑认为，制空权能带来以下一些优势：一是防扩一国领土领海不受敌人空中进攻，因为敌人已无力发动进攻；二是使敌人领土暴露在我方空中进攻之下，能对敌人的抵抗以直接可怕的打击，因为敌人已不能在空中活动；三是能保护本国陆军基地、海军基地和交通线，反而威胁敌人的这些方面；四是阻止敌人从空中支援其陆军、海军，同时保证对我方的陆军、海军给予空中支援。

了勇气，大胆地向他的上级说明夺取制空权的理论。

他认为，陆军和海军最好用于防御，而空中力量则可以全力发动进攻，摧毁敌方的物力资源和人民的意志，迫使敌人投降。因此，在未来的作战中，空中力量将是决定因素。这一理论的提出，立刻引起了当时各国军事家的注目。但是，由于当时飞机的技术性能和使用方法还很不完善，飞机的作战威力还没有显露出来，因此，那些患有“战略近视症”的人嘲笑杜黑是梦想家。意大利总参谋部也因此撤了杜黑的职。

为了彻底贯彻自己认为是正确的主张，杜黑不但不顾及他人的误解，而且就是受到毁损名誉的危险，他也无所畏惧。1915 年 5 月意大利参加第一次世界大战后，杜黑出任米兰步兵师参谋长。他曾建议组建一支由 500 架轰炸机组成的航空队轰炸奥地利军队后方，但未被采纳。1916 年，因批评陆军当局战略指导错误，杜黑被军事法庭判处一年监禁。1917 年 11 月，意大利军队与奥地利军队在卡波雷特区举行了会战，结果意大利军大败。意大利新政府和军事会议在总结这次会战失败的教训时，忽然想起了杜黑以前的建议书，便对他提出的意见重新做了调查。结果表明，杜黑的许多观点是正确的，而且此次作战的败北完全印证了杜黑看法的正确。1918 年初，杜黑被任命为意大利陆军部航空处主任，因工作难以开展，不久辞职。1920 年 11 月，经过意大利陆军、海军最高军事会议的再次审议，正式承认了杜黑的制空权理论。从此，杜黑便成为意大利显赫一时的人物。1921 年，意大利陆军部出版他的第一部著作《制空权》，同年晋升杜黑为少将。1922 年法西斯党上台后，杜黑出任航空部部长，1923 年辞职，专事著述。

杜黑早在 1909 年就提出，天空将成为重要性不次于陆地和海洋的另一个战场，制空权将变得和制海权同等重要；航空兵的重要性将日益提高，它不仅是一种辅助力量，而且是军事大家庭中的第 3 位兄弟。第一次世界大战结束后，杜黑全面研究此次战争的经验和军事航空技术的发展，同时研究未来欧洲战争及意大利的地理环境和国防态势，并撰写一系列著作，其军事思想由初期强调空军的重要性，发展为系统完整的空中战争论。

杜黑的军事思想主要观点包括：

①飞机用于战争，彻底改变了战争面貌，是战争发展史上的转折点。从此，战争将成为全民的、总体的、不分前方和后方、不分战斗人员和非战斗

人员的战争。

②未来战争中，夺取制空权的斗争极端重要。只有阻碍敌人飞行，才能保证自己飞行。掌握制空权就是胜利，丧失制空权就是战败。

③夺取制空权只能靠空军。因此，建立与陆军、海军并列的独立空军是绝对必要的。陆海空三军是构成国家武装力量不可分割的整体，但三军的发展应有所侧重。未来战争中，空中战场是决定性战场，空军的重要性将进一步提高，陆军、海军的重要性将相应降低。

④空军是一支进攻性力量，不适用于防御。空中力量应当集中使用。未来战争中，集中空军最大力量对敌后方城市和居民中心实施战略轰炸，即可摧毁其物质和精神的抵抗，迅速赢得战争胜利。未来战争是激烈的，也是速决的。

⑤建设强大的商业航空，作为空军的后备。发展民用航空，吸引民众关心航空建设。建立产品供出口的航空工业，以便使航空技术保持先进水平。

杜黑是空中战争论的主要创始人，有较强的预见性和创新精神。他的军事思想对空军理论的发展起了先驱作用，在近代军事思想史上占有重要地位。有人把《制空权》一书与美国海军理论家马汉的名著《海权对历史的影响——1660—1783》并列，称他为“空军的马汉”。巴尔波在《制空权》序言中写道：这些著作在军事研究方面是表现意大利人智慧的珍贵文献，有极大的现实意义。但也有人反对杜黑的论点，称之为“武断和空想”。

尽管各国对杜黑的军事思想评价不一，但它对许多国家的国防建设尤其是空军建设都产生过不同程度的影响。杜黑关于建立独立空军、夺取制空权、集中使用空中力量、空中进攻等思想，经过第二次世界大战的检验，已为许多国家所公认。但由于时代的局限，他夸大空军和战略轰炸的作用，如认为空中力量是决定性力量，空中战场是决定性战场，掌握制空权并进行战略轰炸就能赢得胜利等，都带有明显的片面性。

空中国防，奠基之作

——《空中国防论》

20世纪20年代，当杜黑在欧洲发表制空权理论的时候，威廉·米切尔在美国提出了空中国防思想，由此在美国军界乃至国会引起了一场历时多年的激烈论战，并最终以米切尔被军事法庭判决有罪而告结束。具有讽刺意味的是，在米切尔逝世10周年之后，米切尔又被誉为“美国空军之父”。从对米切尔个人名誉贬褒的戏剧性变化中，我们就可以看出他的空中国防思想对美国的国防政策和空中力量建设曾产生了不同寻常的影响。

《空中国防论》，原名《有翼的国防》，是西方空权理论的主要著作之一。作者威廉·米切尔曾是美国陆军航空勤务部队的一位高级指挥官。他与意大利的杜黑、英国的特伦查德，共同被称为“世界空军学术思想发展早期的最著名三位思想家”。

米切尔出身于贵族家庭其父是一位美国参议员。米切尔自幼刚毅，喜欢冒险。1898年美西战争中，他从哥伦比亚学院（后改为乔治·华盛顿大学）中途投笔从戎，不久就被委任为通信兵少尉，并随队开赴古巴驻扎，后又换防菲律宾。1899年，米切尔奉命回国，被任命为陆军通信兵中尉，1903年成为美国陆军中最年轻的上尉。同年，米切尔到“美国陆军知识中心”莱文沃思堡，在通信学校任助理教官。1916年，米切尔奉命到新组建的陆军航空处，负责振兴陆军航空兵工作，同年升为少校。1917年美，陆军部派他到欧洲作航空观察员。

当时，由于战争的压力，欧洲的空军发展很快，已经有了时速193千米

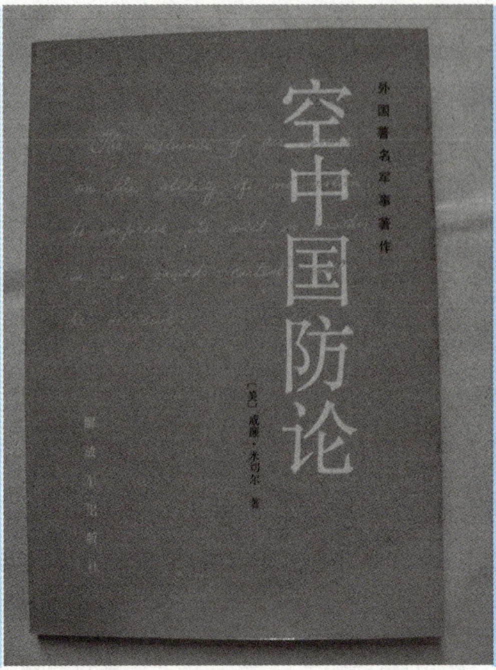

▲《空中国防论》

《空中国防论》这本书是米切尔在第一次世界大战后发表的若干篇文章和他在国会所作证词的汇编，共 11 章，约 14.4 万字。在书中米切尔阐明航空兵的出现改变了以往的作战方法。他认为在未来战争中，空中力量的影响将起决定作用，主张空军应取得与陆军、海军平等的地位。 米切尔是一位美国空军坚忍不拔和自觉的倡导者。但是，在这场争取重视空中兵种的战斗中，他没有打胜。他预见到了美国空军未来辉煌的前景，但是没有能看到第二次世界大战时强大的美国空军。1946 年，美国人终于认清了米切尔理论的价值。为表彰其对发展美国空军所作出的贡献，美国国会追授他特别荣誉勋章。

的战斗机和时速 137 千米的轰炸机组成的大型航空队。米切尔在法国全面研究了法国的飞机、作战方法、机场和编制情况，调查了法军侦察和空中照相情况，了解了法国关于空军轰炸的观点。

随即，他又访问了英国皇家海军航空兵驻敦刻尔克的联队。这个联队担负着轰炸德国境内目标的特殊任务。米切尔对英国当时最好的轰炸机进行了研究。

第一次世界大战期间，米切尔作为美国远征军的航空勤务队高级指挥官，被任命为第1集团军空军指挥官。同年9月，他成功地指挥部队使用近1500架飞机对圣米希尔突出部进行了大规模轰炸。10月，他在默兹阿尔贡进攻战斗中领导一支大型轰炸机部队进行纵深空中攻击。连续的胜利使米切尔不仅提出了组建“战术航空兵”和“战略航空兵”的计划，而且还多次成功地组织实施空战。到战争结束时，米切尔升为准将。

第一次世界大战后，米切尔出任航空勤务队的副司令。他利用地位和声望，不断地宣传其空战理论，强调航空兵的独特地位、制空权的重要价值，抨击当时陆军部和海军部所奉行的政策，先后出版了《我们的空军》《空中国防论》。结果，他的言论触犯了当权者，在1925年9月受到军法审判，第二年被迫从陆军退役。其后直到去世前10年间，他大多数时间用来讲课、写作，先后写成《大战始末》《阿拉斯加的开辟》《美国、空中力量及太平洋》和《空中之路》。其中，《空中国防论》是米切尔的主要军事著作。

纵观全书，米切尔的主要观点可概括为以下几个方面：

（1）“空中力量”关系到国家的安全、繁荣和发展

他认为：“空中力量已经带来一种新的战争学说，这种学说已导致现存国防体系的全部重新安排，也提出了和平时期使用空中力量的新的原则”。他强调：“空中力量已经剧烈地推翻了老式军种的传统，这种崭新的和支配的成分已经以最艰难的步伐朝着它自己的道路前进。未来，一个国家没有完善组织和装备的空中力量就不可被称为强国，因为空中力量不论从军事或经济的观点看，不仅控制了陆地，而且也控制了海洋。”航空一定要按照其自身的目标而不是作为其他现存的军种的辅助工具去发展，“这种发展不仅能保证整个国家的和平与安全，一旦发生紧急情况，一支经过很好发展的空中力量，就能阻止任何敌人空军寻机飞越国界和袭击我们的国家，而且也能阻止任何敌人舰船寻机跨越海洋威胁我们的海岸。与此同时，我们的空中力量

在平时还能被用于某些有用的目的。”

（2）航空兵的出现改变了战争面貌

他认为，航空兵的出现不仅仅是炮火的延伸，而是改变了战争的面貌，并导致作战方法的变革。他说，“由于空中力量可以进行远距离的打击，在它控制天空并击败了对方空中力量之后，就能够飞到敌国领空的任何地方。这种威胁如此之大，以致使一个国家在是否参与战争上犹豫不决，或者是已经参加战争，但战争更加激烈，更带决定性和更快地结束”“未来渡海作战将是飞机掩护下由岸对岸的方式进行。像第一次世界大战那样的渡海远征将不再可能”“必须制订指导战争的一套新规则，负责指导战争的人必须学习一整套新的战略思想：进行战争已不再仅限于用陆军和海军部队来衡量了”。

（3）拥有空中力量优势和夺取制空权是取得战争胜利的先决条件

他指出，“一个国家与另一个国家发生武装冲突时，在将己方意志强加给另一方的能力中，空中力量的影响是起决定作用的”“为夺取制空权而进行大规模作战将是未来战争的一条规律。一旦制空权被建立起来，飞机就能在敌国国土上随心所欲地飞行”。他强调：“不论是陆军还是海军，如果不控制它们上面的天空，它们就不能存在。而且，空军是今日唯一能独立作战的部队。”

（4）空军的任务是进攻而不是防御

米切尔认为，空军的任务应该是进攻性的。他说：“飞机必须采取进攻性行动。飞机不可能像步兵在地面所做的那样，在空中挖个壕沟进行防御。”他还说：“欧洲战争已经证明，对空中攻击最有效的防御方法是在空战中打击敌人空军部队……迫使敌人在本国领土上进行防御。待在自己的国土上等待别人来，会在作战还没有开始就挨打。”同时，他从德国对法国沙隆的空袭中还看到了空中轰炸的另一种更新的作战效能。他指出：“不仅要看到轰炸的物质影响，这种影响还在不断增加，而且要看到轰炸对民心的影响，这种影响更大，能使妇女和儿童吓呆了。这是一种全新的威胁。”

（5）主张攻击敌方心脏地区

米切尔认为，攻击敌方心脏地区是赢得战争的关键。他说，战争的目标是使对方屈服于己方的意志。要做到这一点只能靠夺取、控制敌方生死攸关的中心区或使其瘫痪，也要靠控制敌人的大城市、原材料来源、工厂、食物、产品、运输手段以及它的铁路线和水上航线。“空中力量可以直接攻击敌国生死攸关的中心区，完全摧毁它们或者使它们彻底瘫痪。”他认为，现代城市中的现代工业经济和民众士气极端脆弱，两者都将在飞机轰炸下迅速瓦解，从而使握有制空权的一方迅速取胜。

（6）在使用空军力量方面，强调集中兵力和歼灭空中敌机

他指出，“欧洲战争证明，要有效地防御敌人的空袭，只有在空中战役中把敌空军部队击败”“空中是如此之大，要在地面上用火炮将飞机从天空击落，几乎是不可能做到的。尤其是敌机总是借云层、阳光或夜暗作掩护的。一旦己方飞机在空战中将敌机击败，则没有东西能阻止我们战斗”。

在提出了以上观点的同时，米切尔还提出了“把航空队分为战术和战略两大类”“把制空权引入海战领域”等学术观点。鉴于对空中国防理论的深入研究和深刻认识，米切尔还企图敦促美国政府充分认识到空中力量对国家军事和外交政策的重要影响。他最早指出，空中力量的出现将会动摇自美国建国以来依靠地理上的隔离状态作为防御手段的国防政策。米切尔呼吁美国必须在国家军事和外交政策上把大力发展空中力量放在优先地位。他在1924年就预见到空中力量将彻底改变太平洋地区美国和日本军事力量的对比，认为美国在太平洋的领地和利益的主要希望在于阿拉斯加，强调将阿拉斯加作为一个对付日本的空中作战基地的战略价值。他不仅正确地预见到日本总有一天要向美国开战，而且还具体地描绘了开战的方式和地点：日本将用舰载

▲ 米切尔和他的战机

米切尔，美国陆军准将，空军理论家。他1898年从军，参加美西战争。1909年毕业于陆军参谋学院，第一次世界大战中任美国远征军航空兵司令，指挥盟军1500架飞机参加10余次空战。1919年他任陆军航空勤务部队副司令。翌年晋准将。他1921年至1923年进行轰炸军舰的试验，证明飞机可以击沉任何舰艇。因与陆军、海军的传统观念发生矛盾，他1925年被调往得克萨斯州的圣安东尼奥任职。同年9月“谢南多亚”号飞艇失事后，他公开指责陆军部、海军部无能和失职，被军事法庭判处停止军职5年。1926年2月，他辞去军职后，继续为建立独立空军进行游说并著书立说。1946年，美国国会表彰其对发展美国空军所作的贡献，追授他特别荣誉勋章。著有《我国的空军》《空中国防论》《空中之路》。

飞机在某个早晨天刚破晓的时候向珍珠港、斯科菲尔及美国有关舰空基地发动突然袭击。十几年后珍珠港事件的爆发简直就是他这一预言的写照。

不仅如此，米切尔在20世纪20年代关于空中力量对美国太平洋的防御和进攻行动的影响所做的一些评价也是基本正确的。在第二次世界大战中，制空权确实是历次太平洋战役中的重要因素，没有制空权，任何一个岛上阵地的防御都很难维持下去。

米切尔还对航空技术的未来发展和战术运用提出过大量的预测和建议。如：关于建立独立空军的主张、关于海军应配有一支航空兵的思想、关于制空权的重要性、关于集中统一使用空中力量的原则等等，后来都为美军所采纳。

他在 1930 年还预见到：他自己的下一辈将会看到航空成为国防和世界上快速运输最重要和主要的手段，并且可能超越我们所处的世界进入外层空间。他还预言，随着轰炸机的发展，将使防空系统面临的任务异常艰巨，并提出使用一套未来的预警与防御系统，使之既能对空袭提供预警，又能引导驱逐机与来犯之敌交战。

米切尔这些非凡的预言也都先后在几十年后成为现实。世界军事界和美国各界对米切尔的才华佩服不已，视他的《空中国防论》为经典。他的“空中国防理论”对美国的军事思想和空中力量建设产生了深刻的影响。今天，我们仍能从美国空军建设和空中国防战略中看到米切尔理论的影子。米切尔被视为美国空军的奠基人，《空中国防论》被视为美国空中国防战略的奠基之作是当之无愧的。

总之，米切尔对空中力量发展的见解，在一定程度上反映了带有普遍性的战争规律。但书中对空中力量过分夸大，对夺取制空权的艰苦性和现代战争中制空权的相对性认识不足。

机械化战，扛鼎之作

——《装甲战》

19 世纪末 20 世纪初是军事思想十分活跃的时期。伴随着坦克、潜艇和飞机等新型作战武器的出现，陆军、海、空 3 大军种的建设和作战理论相继问世，逐步形成各自的理论体系。与意大利杜黑的“制空权论”和美国马汉的“海权论”齐名的，是富勒率先提出的“机械化战争论”。

富勒（1878 年—1966 年）是英国著名的军事理论家、军事史学家。少年时期，他对自然科学有浓厚的兴趣，崇拜牛顿。中学毕业后，富勒进入皇家军官学校。1898 年，20 岁的富勒于桑德赫斯特皇家陆军军官学校毕业后任初级军官，曾参加英布战争。1902 年战争结束后，他又随军驻屯印度。在那里，富勒开始研究军事学术，出版了几本有关步兵训练的小册子。同伴们对他涉猎广泛、孜孜写作感到不解时，他说：“军人光有发达的肌肉不行，还要有丰富的大脑。”

1911 年，富勒利用军官休假之机，赴德国北部考察。当时，英法与德奥两大帝国主义集团之间瓜分世界的矛盾日趋尖锐，一场世界大战已是山雨欲来。这种形势使富勒强烈地感到研究军事艺术的重要。从此，他决心“像哥白尼研究天文、牛顿研究物理、达尔文研究自然界那样，用科学的方法研究战争”。当年秋天，富勒从德国返回英国，入参谋学院深造。他从研究拿破仑战争史入手，开始探索军事科学的奥秘。

经过一年废寝忘食的博览与思考，富勒提出了被认为有普遍意义的六项军事原则（1915 年又补充了两条）。从 1920 年起，他总结的这些作战指挥原则相继被英国、美国等国军队列入训练和作战的条令。

第一次世界大战爆发后，富勒主动请缨上前线，被分配到在法国作战的一支重型机枪部队当了一名指挥官。这场席卷了整个欧洲的大战本来是以机动战开始的，可是很快就陷入了持久的阵地僵持战。尽管双方均力求速战速决，但因囿于传统的作战方式，仍无法扭转这种局面。

根据战争需要，英国的温斯登发明了坦克。在首先投入战场之时，这种前所未有的“战场怪物”虽然取得了一些战绩，但也出了不少洋相，就连法军元帅福煦也不无讥讽地说：“这种发明，当当玩具还可以。”然而，富勒慧眼独具。他认为，这种崭新的兵器虽然眼下性能尚差，但它把火力、机动力、防护力三者融为一体，无疑是军事技术领域的一个飞跃；只要积极地加以改进和完善，它的前途是无量的。他由此预见以后的战争应该是以坦克战为主的大规模机械化战争；为适应这种转变，军队的编制体制和整个作战理论必须来一番重大变革。

1916 年 12 月，富勒被任命为英军坦克部队参谋长。他根据索姆河战役中英军首次使用坦克的经验，提出使用坦克的新思想。次年 11 月，英军在比利时境内首次大量使用坦克，发起了康布雷战役。富勒是这场战役计划的制订人。他改变惯例，不经炮火准备，就以坦克集群为前导发起冲击。此战取得了战术上的成功。英军一天内突入德军防线纵深 6 公里。只是由于那时尚无利用坦克突击效果把战术突破发展为战役突破的经验，战局又恢复到原来的僵持状态。不过，富勒却从这次被看作“平淡无奇”的战役中坚定了对坦克战的信念。

第一次世界大战后，他继续在坦克部队任职。

1923 年至 1925 年初，富勒于英国坎伯利参谋学院任主任教官。当时，西方各国军队都大量装备了坦克和其他装甲战斗车辆。但如何运用这种新式兵器，还没有成型的理论作指导。当时英国陆军的《野战条令（二）》也没有着重论述机械化部队作战问题，所以富勒想在下一本条令《野战条令（三）》中反映机械化部队的特点与战术。富勒的这本《装甲战》实际上是《野战条令（三）》的蓝本。用他本人的话说，这本书是以《野战条令（二）》作为基本材料写成的，"是第一本完整地写机械化部队作战的书"。

在这本书中，他系统地阐述了机械化军队及其作战在现代战争中的地位、作用和使用原则。他的理论虽然过分夸大了坦克等新式兵器的地位、作用，但他却尖锐地指出了大工业时代的战争方式不能停留于蒸汽机时代的水平，以及今后战争中应集中使用坦克实施深远纵深的快速突击等观点。这在军事上无疑是正确的。

遗憾的是，当时响应的人寥寥无几，无论在英国还是在法国等盟国，那些执掌军界权柄的年迈将帅们，却一味迷恋于在第一次世界大战中给他们带来过胜利荣誉的传统作战方法。他们指责富勒这些观点是"战车狂热"，是"异想天开的梦说"，并且对其本人开始压制、排斥。然而，富勒没有因坎坷而丧志，仍继续宣传机械化战争理论。历经千辛万苦，《装甲战》一书终于 1932 年在英国出版。本书受到西方各国军界的普遍重视，不少国家争相翻译，并作为一些军事院校的基本教材。然而，此书在它的祖国军界上层却无人问津。

据说，德国是最先接受这本书的西方国家，一次就出版了 3 万册，被当成坦克兵的"圣经"在军官中广为流传。原来，德国军界早就开始密切注视并大胆吸取富勒机械化战争理论的思想营养，在此基础上涌现出古德里安、隆美尔、曼施坦因等一大批坦克战专家。古德里安读了此书后非常兴奋地说："从富勒的书上，我学会了装甲兵的集中使用……我对于这些观念发生了极深刻的印象。于是，我企图将它加以发展，以期适用于我们的陆军。"1936 年德军大演习时，希特勒就曾亲自邀请富勒观看指导，并当面征求意见。1939 年，第二次世界大战爆发了，纳粹德军在战争初期运用富勒的机械化作战理论取得了 27 天灭亡波兰，23 天占领挪威，18 天迫降比利时，

▲《装甲战》

《装甲战》于1932年在英国首次出版。富勒写的这本《野战条令（三）》讲义，实际上就是《装甲战》的蓝本。因为书名“装甲战”是出版时，出版者加的。1943年美国再版此书时，作者根据当时正在进行的第二次世界大战的作战经验，对原书的一些内容以注释的方式作了补充说明。这是一部完整叙述机械化部队作战的书，而且对军队指挥和一些军事原则，以及装甲兵在各种战斗中的运用都有精辟的论述。此书曾在不少国家出版，并作为一些国家军事院校的基本教材。

39天征服法兰西等一连串的胜利。

苏军对《装甲战》给予了相当重视，在抗击德国法西斯入侵时，也把此书作为每个军官的日常读物。铁木辛哥甚至说，只有克劳塞维茨的《战争论》和杜黑的《制空权》才能与它相提并论。直至此时，英国军界的上层元老们才真正认识到了富勒多年来所呼吁的“机械化作战理论”和《装甲战》

▲ 机械化战争

机械化战争论是一种主张陆军实行机械化和依靠机械化军队取胜的军事理论，亦称坦克制胜论。坦克在第一次世界大战中使用以后显示出很强的突击力，英国坦克军参谋长富勒首先总结了在这次战争中使用坦克的经验。他在1918年5月拟制的《1919年计划》中，提出了建立和使用机械化军队的新观点之后，又在《世界大战中的坦克》(1920年)、《论未来战争》(1928年，中译本名为《机械化战争论》)等著作中进一步作了阐述，创立了机械化战争理论。

的真正价值。

《装甲战》是第一本完整地叙述机械化部队作战的书。全书共分16讲，从第1讲到第16讲，标题分别是“武装部队、部队指挥与军事原则”“战斗部队及其特点和武器装备”“参战的战略准备”“作战”“情报”“防护”“防护（续）”“进攻”“进攻（续）”“防御”“防御（续）”“夜间战斗”“不发达国家和半开化国家中的战争”“海运，陆运和空运”“命令、指示、报告和电函”以及“内部通信联络”。1943年美国出版此书时，富勒根据当时正在进行的第二次世界大战的经验．对原书的一些内容以注释的方式作了补充说

明

在该书中，富勒对军队指挥和一些军事原则以及装甲部队在各种战斗中的运用都有精辟的论述。他概要地分析了汽车、坦克、飞机、毒气等现代武器的出现对战争性质、武装部队的编制体制、战术、后勤、指挥、计划、纪律、军事原则的影响，并提出了一些重要观点。

富勒认为：工业是机械化的基础，是战争的决定性因素，将来只有工业国家才能成功地进行有组织的战争；由于组建费用大，机械化部队的规模将受到限制；游击战这种初级作战形式可能再次被广泛采用；应组建受严格训练的职业部队；装甲战要求将军们亲临前线指挥作战；作战计划的核心应是在不失去控制的情况下充分发挥积极主动性，拟定各种备用方案。

富勒认为，为了适应机械化战争的需要，英国应组建一支小型机械化部队，应重视战争初期用飞机进行战略侦察，应发展两栖坦克以执行海外作战任务。根据对战争本质和战争手段的分析研究，富勒指出，“战争的目的是用武力来维护一种政治主张，这通常以作战来实现。作战的真正目的不在于摧毁物质力量，而是要在精神上压倒敌人。‘作战的最终目标在于歼灭敌人’是一种有害的观点，它否定了战争的真正目的——建立更加美好的和平生活。因此，战争必须由武力争斗发展到谋略与士气斗争的阶段，必须用指挥艺术取代暴力，用瓦解士气或精神上的打击代替武力争斗或肉体攻击。为此，部队必须高度机械化、小型化。部队的摩托化与机械化有助于改变部队的编制体制，充分发挥指挥艺术的作用”。

在本书中，富勒还根据机械化战争的特点，对战争中的情报原则、侦察原则、保密原则等进行了更加精辟的论述。富勒的坦克制胜论（亦称为机械化战争论）的主要特点是强调坦克、机械化军队在作战行动中的主导作用，主张建立少而精的机械化军队，在陆地战场上以装甲坦克为决定性力量，在其他军兵种配合下，赢得战争胜利。

其主要观点是：

（1）强调机械化军队的地位和作用

兵器技术的发展必将引起战争形态乃至军事体制的全面变革。富勒认为，由于文明国家的主要产业已不是农业，而是机器工业，因此可以断定，军队将逐渐以当时出现的民用发动机改变军队的编制装备。今后的战争将是一种纯粹的机械化活动。工业是机械的基础，将来只有工业国家才能成功地进行有组织的战争。缺乏工业、制造能力和机动车辆的国家将无力抗击外国的入侵。富勒还指出，战争是武器的争斗，冷兵器时代一人即一武器，所以能用于战场的人员愈多，即指挥官能集中于重点的武器愈多。而工业革命后诞生的坦克战车则能以同等人力得到较大的效果，机械化军队比原来传统的步兵、骑兵将起到以一当十的巨大作用。

（2）强调军队的机械化建设

第一次世界大战后期，新型坦克越来越多，装甲兵的使命也发生了变化。富勒在总结装甲兵建设经验的基础上，提出了建立“少而精”的机械化军队主张。他认为，工业革命就是速度革命。现代化军队要适应工业革命的发展，就必须实现整个军队的机械化。由此，富勒提出：“部队必须高度机动化，并须尽可能小型化。具有一支编配均衡、机动灵活的小型军队，一支能适应紧张激烈运动且不经常在固定的交通线上活动的军队，指挥官的指挥才能就可得到高度发挥，就能运用智谋指挥作战，而不只是把作战当成一种流血的行动”。为了适应作战的需要，必须组建职业部队，取代由短期服役的应征士兵组成的部队，并在平时对机械化军队进行严格训练。

（3）强调从机械化军队的特点入手指挥机械化军队作战

富勒在对机械化军队的特点进行了全面分析之后，提出了“集中使用、高速突破；以机动实现奇袭；破坏敌人的组织，除去敌人的‘头脑’；注重协同作战，发挥整体威力”等作战指挥原则。

不论从该书的内容来看，还是从该书的观点来说，富勒对机械化军队建设和机械化军队作战方针、原则、方法的论述，都是非常全面和精确的。在此书问世之前，没有哪本书能够达到如此全面、透彻的程度。因而我们可以说，《装甲战》是“第一本完整地叙述机械化部队作战的书”。但书中明显存在片面强调机械化战争的倾向。

俄苏革命，军事指南

——《列宁军事文选》

列宁重要军事著作的中译文集《列宁军事文选》，由中国人民解放军军事科学院编辑，战士出版社 1981 年 10 月出版。该文集共选收列宁的军事著作和涉及军事问题的著作 125 篇，约 56.5 万字，编为 1 卷。其中，全文 64 篇，节选 61 篇。

文集所收著作按写作或发表时间的顺序编排，书末附有注释和人名索引。文集选收了 1905 年至 1907 年第一次俄国革命高潮前后至十月社会主义革命时期的著作 70 篇，十月社会主义革命胜利后苏俄内战和外国武装干涉时期及和平时期的著作 55 篇，其中的代表性著作有《旅顺口的陷落》《革命军队和革命政府》《莫斯科起义的教训》《社会主义与战争》《无产阶级革命的军事纲领》《战争与革命》《大难临头，出路何在》《沉痛的但是必要的教训》《无产阶级革命和叛徒考茨基》《大家都去同邓尼金做斗争》和《为战胜高尔察克告工农书》等。

文集较系统、全面地反映了列宁关于战争的产生与消亡、战争与经济、战争与政治、战争与革命、暴力革命和武装起义、建设革命军队的原则与要求，以及有关人民战争及其战略战术等方面的基本理论观点，具有极高的理论价值和现实指导意义。

▲《列宁军事文选》

《列宁军事文选》共收入列宁有关军事的著作125篇，编为1卷，约56.5万字。他在这些著作中深刻地阐述了帝国主义和无产阶级革命时代的马克思主义军事理论，制订了无产阶级革命的军事纲领，奠定了苏维埃国家军事学说的基础。列宁科学地论证了帝国主义时代战争与政治、战争与革命的关系，创造性地制订了世界上第一支无产阶级革命军队的建军原则，深刻地阐述了无产阶级军事学术的基本原理，指出：人民群众在战争中起决定作用；军事学术依赖于国家的社会制度和经济发展状况；战争结局取决于经济、社会政治、科学技术、精神、军事等诸因素，谁在这些方面占优势，谁就能赢得胜利。

其基本思想主要体现在以下几个方面：

（1）唯物辩证的战争观

列宁在继承了马克思、恩格斯战争观的基础上，对战争的起源、本质、功能以及战争同其他因素的关系等基本问题作了科学的阐述，形成了唯物辩证的战争观。

①“现实的战争产生于帝国主义”。19世纪末至20世纪初，资本主义发展到了帝国主义阶段。列宁通过对新的历史条件全面分析，明确提出了“现时的战争产生于帝国主义”的科学论断，深刻揭示了帝国主义时代战争发生、发展的客观规律。列宁指出：“目前的帝国主义战争是由帝国主义时代的种种条件造成的，这就是说，它不是偶然的现象，不是例外的现象，不是违背一般常规的现象。”在列宁看来，帝国主义战争的发生和不可避免性，有其客观的历史条件和深刻的社会根源，由此决定了帝国主义战争是一种合乎规律的社会历史现象。

②“战争总是同一定阶级的政治有不可分割的联系”。列宁军事思想的最为重要的贡献之一，是在同第二次国际机会主义者的斗争中以阶级分析的方法，批判地改造了克劳塞维茨关于战争是政治通过另一种手段的继续的观点。首先，他深刻揭示了“政治”的概念，认为政治是经济的集中表现，是阶级之间的相互关系。他指出：“战争总是同一定阶级的政治有不可分割的联系”，因此必须把战争看作是各有关国家、民族及其内部各阶级政治的继续。在此基础上，列宁进一步强调指出：“战争不仅是政治的继续，而且是政治的集中”“一切战争都不过是各交战国及其统治阶级在战前几年或几十年内所推行的那一政治通过暴力手段的继续”“应该研究战前的政治，研究正在导致和已经导致战争的政治。”

③“弄清战争的性质是马克思主义者决定自己对战争的态度的必要前提。”在对待战争的态度上，列宁曾明确指出：“弄清战争的性质是马克思主义者决定自己对战争态度的必要前提。”在这里，列宁把战争的性质视为决定战争态度的首要和基本的依据，也就是说，在表明对待战争的态度时，必须首先弄清战争的性质。与此同时，他还明确地指出：“永远一概拒绝参加战争是荒谬的”“永远一概赞成、拥护和参加战争也是荒谬的”。

列宁根据战争的不同性质，认为存在着各种不同的战争，归纳起来，有两种基本的类型：正义的、非掠夺性的、解放性的战争，其目的或者是保卫人民抵御外来的侵犯和奴役人民的企图，或者是把人民从资本主义奴隶制度下解放出来，或者把殖民地和附属国从帝国主义者压迫下解放出来；非正义的、掠夺性的战争，其目的是掠夺和奴役别的国家和别国人民。列宁明确主张拥护第一种类型的战争，而坚决反对第二种类型的战争，对当时非正义的帝国主义战争，列宁更是主张一贯明确的、彻底的、坚决的和毫不妥协的反对。

④“战争是对每个民族全部经济力量和组织力量的考验”。列宁根据马克思、恩格斯关于决定战争进程和结局要靠多种因素的论述，具体地提出了决定战争胜负的因素，即“战争是对每个民族全部经济力量和组织力量的考验”；谁在经济、政治、科学、技术、精神和军事方面占有优势，谁就能在战争中获取胜利。他同时指出，经济因素不但是政治的基础，也是其他一切因素的基础，“在现代战争中，经济组织是有决定意义的”。就战争实际依赖的人力、物力因素而言，谁的后备多，谁的兵源多，谁的群众基础厚而能长久地支持下去，谁就能在战争中取得胜利。

⑤消灭私有制和阶级是消灭战争的根本。列宁始终坚持把战争同私有制和阶级相联系，以此来分析消灭战争的社会历史条件和途径方法。他认为要想彻底消灭战争，就必须从根本上消除战争赖以产生和存在的社会历史条件。但是，他同时指出，无产阶级要想在全世界彻底消灭战争，还有很长的路要走，要等到具备无产阶级在政治、军事、经济等方面取得对消灭私有制和阶级的成熟条件。

（2）暴力革命和武装起义的理论

列宁在继承马克思和恩格斯关于暴力革命和武装起义革命学说的基础上，深刻分析和系统总结了当时帝国主义时代的战争规律和革命特点，并在与俄国的具体革命相结合的实践中取得了伟大胜利。

①暴力革命是无产阶级革命的一般规律。列宁认为，无产阶级夺取政权

的方法有两种：一是“和平地取得政权”；二是“用革命的方法夺取政权”，即用暴力手段夺取政权。他认为，用和平的方式夺取政权只是在极特殊的情况下才能实现，而采取暴力方式夺取政权才是较为普遍的方式。

②变帝国主义战争为国内战争。俄国第一次大革命时期，列宁针对沙皇俄国参加镇压中国义和团运动的侵略战争，提出要利用战争造成的形势以和平的方式进行革命。当战争暴露出沙皇专制制度腐败无能的时候，列宁指出：“只有人民自己才能够解脱这种绝境，而且只有以摧毁沙皇制度作为代价。”列宁此时的论述已经包含有依靠人民反对帝国主义战争、进行革命的思想。随着革命的日益发展，列宁以革命反对帝国主义战争的策略思想更加明确。他不仅提出了以武装的人民和武装斗争反对帝国主义战争的问题，而且还做出了“革命就是战争”的论断，认为革命“是历史上一切战争中唯一合理的、正当的、正义的、真正伟大的战争”。同时，他还强调说：“帝国主义战争向国内战争的转变，也不能‘制造’，这种转变是从帝国主义战争的各种各样的现象、方面、特征、特点和结果中产生出来的。”归纳起来，这些条件主要是：第一，实现无产阶级革命的条件已经完全成熟；第二，交战国军事上的多次失败；第三，群众革命情绪的产生和革命形势的形成。要实现这种转变，还须加上主观方面的条件，这就是革命阶级能够发动足以打倒（或严重削弱）旧政府强大的群众革命行动。

③集中力量进攻是武装起义的基本指导原则。列宁在总结俄国武装起义指导原则时，多次强调在革命形势到来之际必须立即发动起义，因为拖延起义就等于死亡。列宁把起义的艺术概括为几条主要原则：任何时候都不要玩弄起义，在开始起义时就要切实懂得必须干到底；必须在决定性的地点，在决定性的关头，集中强大的优势力量，否则，更有准备、更有组织的敌人就会把起义者消灭；起义一开始，就必须以最大的决心行动并且一定要坚决地采取进攻，防御是武装起义的死路；必须在敌军还分散的时候抓住时机，出其不意地袭击他们；每天都必须取得胜利，即使是不大的胜利；无论如何要

▲ 演讲中的列宁

列宁，原名弗拉基米尔·伊里奇·乌里扬诺夫，列宁是他的笔名。世界著名的革命家、政治家、思想家、理论家、实践家。他是世界上第一个社会主义国家——苏维埃政权的缔造者，布尔什维克党的创始人，俄国十月革命的领导人，担任过苏联中央人民委员会主席。他传承了马克思主义，并形成列宁主义。被全世界的共产主义接班人认同为“国际无产阶级革命的伟大导师和精神领袖”。

保持精神上的优势。这几条原则所阐释的思想，集中到一点就是集中力量勇敢地进攻。

（3）无产阶级军队建设思想

列宁在领导俄国革命和军队建设的实践中，把马克思、恩格斯关于军队建设的基本思想同俄国革命和军队建设的实际相结合，提出并形成了系统的无产阶级建军学说，丰富和发展了马克思、恩格斯的建军思想。

①革命军队是革命的必要前提。列宁从俄国革命开始时，就非常重视革命军队的创立问题，多次肯定和强调建立革命军队的重要性。他在总结历史经验时说："革命军队所以必要，是因为只有强力才能解决伟大的历史问题，而在现代斗争中，强力的组织就是军事组织。"他认为，革命军队是进行革命和保卫革命政权的支柱，无产阶级如果不学会使用武器，拥有武器和建立自己的革命军队，那它只能被资产阶级当作奴隶；在任何时候和任何情况下，要战胜和消灭剥削阶级，没有别的办法，只有用革命的军队去战胜反革命的军队。

②建立以工农为主的强大正规军。早在二月革命之前，列宁就把军事问题和革命军队视为决定革命成败的基本条件。他认为军事问题和革命军队"如果不是提到首位，至少也是提到首位之一"。十月革命胜利后不久，面对白卫分子的颠覆和国外帝国主义武装干涉的威胁，列宁命令"实行劳动者武装，建立社会主义工农红军，解除有产阶级的全部武装"。在随后召开的全俄中央执行委员会，莫斯科苏维埃、工厂委员会和工会联席会议上，列宁向全党全国和各级组织提出把军队问题放在首位的任务。1918年底，针对第二国际机会主义者们散布的种种谬论，列宁进一步阐述了建立革命军队的重要性和必要性。列宁还认为，随着新型军队的诞生，军队的社会基础和阶级成分必然地要起变化；新的工农武装应该而且必须由优秀的分子组成，必须由有觉悟的工人和农民来组成。

③确立建军的基本原则。列宁建设新型革命军队的基本原则，是俄国无产阶级武装起义和国内战争的经验总结，是根据社会发展规律和战争规律制订出来的。其具体内容是：党领导军队的原则；军队政治工作的原则；加强军队纪律建设的原则。在苏维埃工农红军创建初期，列宁就非常尖锐地提出了军队的纪律建设问题。

④强调军队建设中科技因素的重要作用。列宁认为，革命军队只有实际运用军事知识和军事手段才能取得战争的胜利，才能解决民族和阶级今后的

整个命运。因此，他主张，当进行武装斗争和发动国内战争的条件具备的时候，无产阶级及其政党，不仅应当把军事问题“提到首位”或“提到首位之一”，而且还应当“把研究军事问题和使人民群众了解军事问题当作当前的任务”。与此同时，他一再强调革命武装要经常进行军事训练和军事教育，学会军事斗争的艺术，领会起义的军事技能。

（4）科学性与艺术性相统一的战争指导

列宁认为，无产阶级在进行现代武装斗争的实践中，必须懂得现代的作战原则和现代的军事学术，尤其需要坚持战争指导的科学性与艺术性的辩证统一。

①坚持正确的战争指导原则。在领导和指挥工农红军武装保卫苏维埃的斗争中，列宁多次强调，要取得胜利，首先必须坚持正确的战争指导原则。其中，尤应坚持和把握以下基本原则：必须坚持对武装力量实行政治领导和军事领导的统一，必须针对作战实际情况果断而及时地做出战略决策，必须全面考察并利用战争的客观规律和国家的政治、经济、军事等条件，必须建立巩固的有组织的后方基地和集中管理国家的一切力量及资源，必须采用革命的武装斗争方法来夺取政权，必须重视人民群众在战争中的决定性作用，必须注重军队战略行动的计划性和目的性。

②正确的决策和谋略是战争制胜的关键。列宁认为，有效的作战指挥大都与正确的决策和谋略是分不开的，正确的决策和谋略是战争制胜的关键。为此，在革命斗争和战争实践中，要善于利用敌人的矛盾，争取一切可以争取的同盟力量，各个击破敌人；要科学判断所遇到的主要危险，正确确定主要突击方向；要力求掌握敌人已经拥有或可能拥有的一切斗争武器、一切斗争方法和手段；要在实际作战中根据不同的情况采取不同的作战方式与方法。

③灵活运用战略战术。列宁认为，任何战略战术的运用，虽然要靠军队本身的客观基础，但是指挥人员的主观条件起着重要作用。为此，他制订了

许多具有方法论意义的行之有效的战略战术原则。诸如，他强调，必须在决定时机和决定地点拥有压倒优势；必须在战争中始终努力争取并保持作战的主动权，积极主动地进攻；必须要善于避免同绝对优势的敌人公开作战，又要善于利用敌人的迟钝，在敌人最难料到的地方和时间攻其不备；必须在作战过程中及时地向主要战线派出战略预备队，既要勇敢坚决地采取进攻行动，实施突然袭击，又要在学会进攻的同时学会正确地退却，要及时巩固并不断扩大业已取得的胜利，灵活机动地变换战略战术。

领率机关，参谋必读

——《军队大脑》

《军队大脑》是苏联元帅、著名军事家沙波什尼科夫的军事理论力作。该书集中反映了沙波什尼科夫的军事思想，特别是关于总参谋部职能与建设等一系列重要问题的看法，对于推动苏联红军参谋工作质量和指挥艺术的提高发挥了重大的作用，同时也为后人留下了关于军队参谋工作的传世财富。直至今日，很多国家的参谋教科书中，仍然引用了他的很多理论观点。可以毫不夸张地说，《军队大脑》一书现在仍在“为军队大脑充电”。

1882 年 10 月 2 日，沙波什尼科夫出生在兹拉托乌斯特（今属车里雅宾斯克）。不知是一种天性使然，还是他所生活那个充满战争的时代对其影响所致，沙波什尼科夫自幼对战争表现出了极大的兴趣——他几乎是痴迷般地研读军事著述。凡是他所读过的兵书，沙波什尼科夫都密密麻麻地在上面画记着许多别人看不明白的符号。平时沉着有余的沙波什尼科夫一旦谈起战争，就滔滔不绝，眉飞色舞；平时冷静得有些过分的沙波什尼科夫一旦听说俄军在前方打了败仗，就顿时激动得不能控制。

1901 年，不足 20 岁的沙波什尼科夫加入了俄军。他非凡的军事言论和在军事上所表现出的灵活很快得到上司的赏识，被作为俄军中的潜力人才送到军事院校深造。1903 年和 1910 年，沙波什尼科夫先后毕业于莫斯科军事学校和总参军事学院。在校期间，沙波什尼科夫更加如鱼得水——他把所有精力都倾注在军事学习和研究之中。他不仅很善于思考，而且非常认真地向教官请教教学中的疑难之点，有时把教官问得不知所云。

▲ 沙波什尼科夫签署协议

鲍里斯·米哈伊洛维奇·沙波什尼科夫（1882年10月2日—1945年3月26日）1918年参加苏军。1901年开始在沙皇俄军中服兵役，毕业于莫斯科军事学校和总参军事学院。他参加过第一次世界大战。1917年10月起任上校团长、该年12月升任师长。国内战争时期，他历任最高军事委员会司令部作战部部长助理、情报部长、作战部长；国内战争后，从1921年2月起历任工农红军第一副参谋长、列宁格勒军区司令、总参谋长、苏联副国防人民委员等职务；卫国战争期间，历任西战略方向参谋长、总参谋长；副国防人民委员、总参军事学院院长。他获3枚列宁勋章，2枚红旗勋章，1枚一级苏沃洛夫勋章，2枚红星勋章，奖章多枚。在《军队大脑》一书中作者从宏观决策的高层次，深入探讨了“战争与政治”“战争与经济”乃至“战争与综合国力”等课题之后，提出了“武装力量应具有统一的军事领导体制”的科学结论。

毕业后，沙波什尼科夫曾在土耳其斯坦军区和华沙军区担任过指挥和参谋职务。他的出色工作深得上司欣赏。俄国十月社会主义革命后，沙波什尼科夫受革命真理的感化，看到了新兴苏维埃政权的生机和活力，于是转向苏维埃政权，并于1918年参加苏联红军。此时，他对改进和强化部队的训练及作战提出了很多合理化建议，并在自己所领导的师里进行大胆试验，取得很大成功。沙波什尼科夫的理论和实践，对促进苏军战斗力的提高和军事理论的发展起到了一定的作用。他曾得到列宁亲自接见和表彰鼓励。

苏俄内战和外国武装干涉时期，沙波什尼科夫曾先后任最高军事委员会司令部作战部长、军区司令、红军参谋长、总参谋长、副国防人民委员、总参军事学院院长等职。在这些重要的智囊位置上，沙波什尼科夫的才能得到了淋漓尽致的发挥。他对战场情报掌握之全面，对战情判断之准确，都使最高参谋部的同仁及上司们感到惊奇不已。在作战计划的制订中，他胆大心细，既不迎合权威也不墨守成规，有时，为了使计划更加科学，他干脆亲临前线实地考察和验证。

对于军事上的不同观点，他从来不作简单的否定和肯定，总是细心地听取别人讲明白“为什么”。当然，当他确信自己是正确的时候，也从来不予让步。正因为如此，苏军取得了更大的作战主动权，减少了伤亡。

正是由于他在制订作战计划中所表现出的聪明才智和军事天才，沙波什尼科夫被誉为“苏联红军的大脑”。斯大林曾经说：如果没有沙波什尼科夫在我的周围，我真不知道这仗该怎么打。

沙波什尼科夫戎马生涯40多年，具有丰富的司令部工作和军队指挥经验，在巩固和发展苏联武装力量、培养军事干部、进行国内战争和卫国战争等方面，都做出了自己的贡献，并为发展苏联军事科学和总结国内战争作战经验做了大量的工作。

《军队大脑》正是他根据自身的作战经验与司令部工作经验写成的一部军事力作。《军队大脑》一书是在1927年至1929年期间陆续完成和出版的。

当时，几个帝国主义大国已开始着手为新的世界大战作准备。为了备战，它们十分注重总结第一次世界大战的经验，加紧从理论上研究现代战争和军队建设问题，改革德国式的总参谋部，成为当时各国军队面临的一项紧迫任务。苏联红军不仅同样面临这个问题，而且要更彻底地消除旧沙皇军队残余，建立无产阶级的新型军事统帅机关。

正是针对这一现实任务，沙波什尼科夫研究和撰写了这部80余万字的军事理论巨著。本书共分8章，即“关于总参谋长的几点想法”“一切质量取决于它”“对内政策与总参谋部”“经济与战争”“对外政策与战争”“战争计划与对外政策”“动员是战争的序幕”“联盟战争”，另有一篇前言。

书中论述的主要观点是：

①无产阶级“要创立新的、能与当今世界上形成的社会关系相适应的军事体系形式”，其中之一就是建立新型“军队大脑”；

②德国式的统帅体制已彻底破产，现代战争要在“国家首脑集体”和“集体指挥机构”的领导下准备和实施；

③必须把总参谋部建设成为政治素质高，工作能力过硬，意志和性格坚强，对一切问题经常进行深入细致研究的健全指挥机构；

④现代军队不能脱离国内政策而存在，总参谋部必须“随时熟悉国内政策并在制订一切预案时将其估价进去”；

⑤总参谋部要关注战争经济问题，“对其中每一个问题都加以考虑并予以支持”；

⑥战争是政治的继续，军事必须服从于政治，战略计划要与战争的政治性质和目的相适应；

⑦现代战争具有联盟性，必须在政治和军事上解决好联盟的统一战略与共同作战计划问题。

沙波什尼科夫在撰写这部著作时，首先悉心研读了马列主义关于战争和政治的论述，并以马列主义的思想、立场、方法认真研究和深刻分析了第一次世界大战的经验教训和参战军队的翔实资料，特别认真阅读了奥匈帝国军队总参谋长康拉德·冯·赫岑多夫撰写的回忆录。在这个基础上沙波什尼科夫提出了几个重大的课题：科学预测未来战争，正确评估第一次世界大战的经验教训，苏军总参谋部平时和战时的工作职能，它在国家指挥体系和军事体系中应占有的地位，怎样开展工作才能取得“大脑”应有的成果。为有效解决这些重大课题，他从宏观决策的层面，深入探讨了“战争与政治”“战争与经济”以及“战争与综合国力”的关系等问题。在该书中，沙波什尼科夫深刻指出：“唯有正确评估本国和敌对国的经济实力，弄清其发展经济的各种因素，才能正确预测未来战争的性质”“未来战争不可避免地要引起一场经济斗争……生产力的发展必将给交战双方提供比平时改型换代更具有杀伤破坏力的兵器。”“我们将利用最先进的技术兵器来取得胜利，同时，由于使用新武器必将产生新的战法”。沙波什尼科夫还强调指出，“未来的战争将涉及社会生活的各个领域，它要求动员全国的人力、物力。由此可见，战争只能由整个国家进行，决非单一武装力量所能胜任”。

作为一部完成于20世纪20年代的军事著作，《军队大脑》一书确实是非常富有创见的。与当时研究总参谋部问题的其他著作相比，《军队大脑》的突出特点是既批判了流行于西方各国的军国主义思想，又吸取了这些国家军队建设与作战的经验教训，在一些重大军事理论与实践问题上提出了新颖深刻的见解，为苏联建立和完善无产阶级军队的新型统帅机关提供了比较系统的理论根据和专门知识。

尽管书中部分内容受限于当时战争与军队的实际发展状况，对一些问题的认识和研究也有浅显之处，但其基本思想和主要观点至今仍不失参考价值。正因为如此，《军队大脑》一书出版后，引起了强烈反响。《苏联军事百科全书》在谈及本书时给予高度评价，认为“这部具有重大价值的著作，阐述了关于未来战争性质的基本观点，深刻揭示了指导现代化战争的特征，提供了作为最高统帅部指挥武装力量机关的总参谋部的作用、职能和机构的广泛知识。伟大的卫国战争年代总参谋部的活动，证明了这部著作中所提出的基本思想和观点的正确性”。苏联元帅华西列夫斯基和扎哈罗夫在谈及这部著作的现实意义时指出：“这部著作问世至今虽已过去40余年之久，……但沙波什尼科夫当时在该书中提出的基本论点和理论原则至今仍未失去其现实指导意义”。苏联《真理报》称赞“沙波什尼科夫在这部巨著中充分表现了他作为最杰出的军事家的全部特征：学识渊博、胸怀大略、明察秋毫、远见卓识，具有大将风度”。

闪击作战，应运而生

——《坦克——前进！》

随着科学技术的发展，20世纪初期飞机、坦克这两项新式武器装备相继问世，并以新的姿态在第一次世界大战中大出风头。战后，伴随着这两项新式武器装备战术技术性能的不断改进和完善，以及西方国家军事理论界经过对第一次世界大战实战运用的经验教训总结和概括，军事学术界先后确立了“制空权”和“机械化战争”理论，古德里安的“闪击战”理论也应运而生。它的形成和发展，对第二次世界大战作战方式方法的变革产生了极其深远的影响。

《坦克——前进！》正是古德里安在对第二次世界大战中德国坦克部队作战经验进行全面总结的基础上，深入阐发他的“闪击战”理论的一部重要著作。

海因茨·威廉·古德里安（1888年—1954年）是德国装甲兵和“闪击战”理论的创始人，在第二次世界大战中曾任德国装甲兵总监和陆军参谋总长。古德里安生于东普鲁士维斯瓦河畔库尔姆市的一个职业军人家庭，曾就读于柏林军事学院等军事院校，1908年起在部队服役，官至德军陆军元帅。

古德里安军事生涯的大部分与坦克为伍。他与坦克有特殊的感情，并运用坦克创造了很多作战奇迹。他认为，坦克武器有三大特征：装甲、运动和火力。不论是在普通官兵还是在高层将帅以至于在希特勒面前，他都不失时机地宣扬自己的坦克作战理论——凡是要准备进行激烈战斗的一切坦克，都

▲ 前进中的坦克

《坦克——前进！》是古德里安的最后著作，到他去世时还没有完成，最后由德军少将门泽尔编辑成书。书中总结了德军装甲兵组建的历史经验及其在第二次世界大战时的战斗经验，并着重介绍了坦克部队、分队在各种战斗中的行动和坦克兵与其他兵种协同动作的组织，还谈到了战后装甲兵的发展及其在现代战斗中的作用。原书为德文版，1956年在慕尼黑出版。这个译本是根据1957年莫斯科出版的俄文版翻译而成。本书作者海因茨·威廉·古德里安与曼施坦因、隆美尔，被后人并称为第二次世界大战期间纳粹德国的“帝国之鹰”。

应当具有相当强度的装甲，能够不为对方的防御火力所击毁；要想取得胜利，尽量使用坦克，运动迅速，不顾敌火的阻挠，一直向前运动，使敌人无法建立一个新的防线，最后把攻势深入敌人的后方；火力是坦克武器的最重要特征，它的火炮在坦克静止和运动时都可以开炮射击，坦克前进时，可以把它的火力携带着一起行走。他还主持改进和试制新型坦克，如“虎”式坦克、“豹”式坦克。

正是由于古德里安对坦克的过于宣扬，无形中贬低了其他武器的作用，有意无意地得罪了其他兵种的将领，因而他本人连同他的军事理论、建议和实践经常遭到其他高级将领们的故意反对。古德里安就是不屈不挠不信邪地与别人拼命争论，有时甚至争执到动手打人的程度。但由于希特勒看中了古德里安的这一性格，同时由于古德里安训练的摩托化部队确实具有强大的作战能力，他得到了希特勒的赏识。希特勒曾多次说："这就是我所希望的东西！"

1934 年，德国成立装甲兵司令部，希特勒任命古德里安为参谋长。在古德里安苦心经营下，德国装甲兵得到了迅速发展。第二次世界大战爆发后，古德里安曾先后担任装甲师师长、军长、集团军司令、装甲兵总监等职务。他作为希特勒侵略扩张的急先锋，几乎参加了纳粹德国在欧洲战场上的所有重大行动，并一直指挥坦克师、坦克集团军作战，创造了坦克群作战战术。正因为他亲自指挥坦克作战，所以古德里安对坦克在战争中的地位和作用有直观的认识，并总结提出以坦克群作为进攻主要兵器的"闪击战"理论。1944 年，古德里安升任德国陆军总参谋长，但不到一年就被革职。

古德里安一生著述很多，如《装甲兵及其与其他兵种的协同》(1937 年)、《注意！坦克！》(1937 年)、《西欧可以防御吗？》(1950 年)、《一个士兵的回忆》(1950 年）和遗著《坦克——前进！》(1956 年）等。《坦克——前进！》是古德里安的最后一部著作，是由德军少将奥斯卡·门泽尔帮助整理、编辑的，作者死后才正式出版。

本书以坦克兵常用的口令"坦克——前进！"命名有两个原因：一是为了更好地表明坦克适用于进攻的特点，二是为了表达对古德里安这位与坦克有不解之缘的"德国装甲兵之父"的怀念。

本书共 4 章。第 1 章"坦克战斗运用的一般原则"，第 2 章"坦克在特种条件下的行动"，第 3 章"坦克与其他兵种的协同"，第 4 章"坦克的今天和明天"。此外，还有展望坦克兵前景的"结束语"和附录等。

古德里安虽然称不上是西方高速机械化战争理论的创始人，但他将第一次世界大战中出现的新技术与利德尔·哈特和约翰·富勒等人的军事思想结合起来，创造了一种与以往不同的作战战略，并付诸实践。

本书集中反映了他的上述思想，其主要观点有：

（1）认为大量而且集中使用坦克对进攻战役和整个战争的胜利起着重大作用

装甲兵的任务是进攻，即便在防御过程中也是如此。装甲兵运用的基本原则是任何情况下都要尽可能地集中，其力量越分散就越容易遭到敌人攻击。

（2）主张在狭窄正面集中大量坦克，迅速突破并不停顿地向纵深发展

为此，他要求组建诸兵种合成部队，该部队内所有单位都要具备相同的越野机动能力，并且要求指挥官在前线指挥，以便根据战局的变化积极扩大战果。

（3）根据现代战争的新特点，展望了坦克兵的未来

他指出，今后军队的机动性和指挥的灵活性开始起到决定性的作用，各兵种需要保持更加密切的协同，特别是航空兵的支援是取得重大胜利必不可少的条件。

在本书中，古德里安特别论述和强调了协同作战的重要性。他指出：第一次、第二次世界大战都证明，各兵种必须密切协同动作。协同就像一个乐队的演奏，根据作品的格调，有时是以这种乐器为主，有时又必须以另外一种乐器为主，有时还要有独奏。不过，只要是合奏，就必须有一种乐器领奏，其他乐器配合。作战的乐队又何尝不是如此呢！无论是音乐会还是战斗，它是否成功，都要看指挥人员是否能得心应手地掌握全面，是否能使各种乐器及时起到作用。一个乐队的乐器越多，种类越杂，越能弥

▲ 古德里安

海因茨·威廉·古德里安（1888年—1954年），被称为“德军装甲兵之父”。1936年至1937年，古德里安出版了一本名为《注意！坦克！》的书，且阐明了德军以后将要在战争中付诸实践的“闪击战”理论，古德里安的闪击战和坦克集群仅用近一个月的时间便攻占波兰全境，更在一个多月令法国战败投降。敦刻尔克大撤退让希特勒吃惊闪击战的速度，以为有诈，不允许进攻，命令休整。若非如此，33万英法联军也许会被他完全消灭。他获得荣誉骑士十字勋章、坦克突击银质勋章、橡叶骑士铁十字勋章、骑士铁十字勋章等荣誉。

补某些乐器的不足之处。兵团指挥拥有的技术兵器越多，越容易克服作战中的困难，但是指挥官的任务却更加繁重了，因为他没有像乐队指挥所掌握的那样的现成的乐谱。指挥官只能依据上级的指示和个人的经验，并考虑到不断变化的情况、地形性质和所属部队的变动情况，来正确选择开始战斗的时机。指挥官往往不能一眼看清他的整个“乐队”。指挥官常常要在敌人威胁之下和恶劣天气中指挥自己疲惫不堪的军队。同时，他还往往难以得知，他所选定的“乐器”此时此刻是否已做好“演出”的准备。一个乐队演奏的机会越多，队员们的音乐造诣越深，乐队的演出水平也就越高。诸兵种合成兵团也是如此，每个兵种的运用越熟练，完成受领的任务越快，战果也就越好。

在本书中，古德里安还根据实战的经验，制订了“战前装甲兵条令的基本原则”：

①长官应以自己的素养、要求和信念使部队服从于自己。长官应与部属共同生活，同甘共苦；应摸清部属的心理，争取他们的信任，了解他们的思想、感情并经常给予关怀。只有受到部属的信任和爱戴的长官才能向部属提出更高的要求。纵容姑息的态度对指挥军队危害极大。

②随时准备承担责任是长官的优良品质。但是，长官不得不顾全面情况而擅自定下决心，自信判断情况正确；也不能不服从上级的调遣。机断行事不等于自行其是。

③战时士兵的可贵之处，除体力和军事训练好以外，还在于士气和意志。训练士兵的任务也正在于提高士气和锻炼意志。

④发扬弟兄之间的互助精神，以使部队在任何情况下都是团结的集体。每个士兵不仅要对自己负责，而且要对队友负责。强者和能者应帮助经验不足的弱者，并率领他们去战斗，这样才能产生真正的战友之情，上下级之间和同级之间都要有这样的感情。

⑤参战的军人应能独立思考，坚决、勇敢而合理地利用战机，并应确信：为取得胜利，各自都要出力。必须要求全体军人，从新兵开始，在战斗中都要付出最大的精力和体力。

⑥永远要左右敌人。必须专门训练部队，使其具有较高的机动能力并能高速运动，包括在难以通行的地形高速运动，还要善于伪装、善于利用地形和夜暗条件、善于对敌实施突然袭击和将其诱入歧途。

⑦战时行动坚决果断是军人的第一戒条。不管是高级长官还是普通士兵

都应懂得，疏漏和渎职的错误要比为执行命令而错误使用兵力严重得多。

本书 1956 年在慕尼黑首次出版，引起世界上许多国家的注意，苏联于 1957 年译出了俄文版。1982 年中国人民解放军战士出版社出版了刘名于根据俄文版转译的中文本。

精简部队，强军固防

——《建立职业军队》

《建立职业军队》是法国著名军事家、政治家，被誉为“自由法国旗手”的戴高乐的一部代表作。

夏尔·戴高乐于1890年11月22日出生在法国北部里尔市的一个具有强烈民族意识的教师家庭。童年时代的戴高乐经历了1870年普法战争的惨败。法国民众心里有一股重振军威、洗雪耻辱的精神，戴高乐深受这种民众意识的影响。1909年，不满19岁的戴高乐考入了著名的圣西尔军校，毕业后分配到步兵第33团——该团团长正是在此后不久的第一次世界大战中驰名于世的贝当。戴高乐的干劲、抱负、真才实学和办事效率，深受贝当的赏识和器重。阅历深广、经验丰富的贝当对青年戴高乐的成长给予了积极的影响。第一次世界大战爆发后，时任中尉排长的戴高乐随所在部队赴比利时阻击德军。他作战英勇，3次负伤。戴高乐在第3次负伤后被德军俘虏，经历了2年8个月的战俘生活。他曾5次越狱失败，一直到战争结束才获释。

1919年，戴高乐被调往波兰军事学院任战术教官。此时，他敏锐地觉察到坦克的出现所具有的革命性意义，提出了步兵和坦克在空军配合下协同作战的思想。1922年，戴高乐又以优异成绩考入高等军事学院。两年毕业后，戴高乐到一个部队司令部任职，其后又调最高军事委员会副主席贝当那里当办公室任参谋。这期间，戴高乐犀利的文笔始露峥嵘，撰写了大量的军事学术著述。1927年，戴高乐晋升为少校，被派去指挥精锐的第19轻型步兵营。

1932年，戴高乐在国防委员会秘书处任职，进行了为期5年的战略研究工作。在这段没有烽火的岁月里，戴高乐不间断地进行军事学术研究，连续出版了《剑刃》《建立职业军队》《法国和它的军队》等著作。

1937 年，戴高乐被晋升为第 507 坦克团团长。第二次世界大战爆发后，他受命组建第四装甲师，抵抗德军入侵，一度战果显著，受到法军总部嘉奖。然而，由于法国军备落后、最高统帅部战略指导错误，只知固守马其诺防线，结果被德军钻了空子。德军绕道比利时，从法国西北部攻入腹地，打得法军一败涂地。当时，戴高乐人微言轻，对战局的发展无能为力。

1940 年 6 月 5 日，在法军面临崩溃，德军兵临城下之际，戴高乐被提升为国防部副部长。6 月 14 日，德军进入巴黎，贝当政府投降，当了德国的傀儡。主张抗战的戴高乐旋即赴英国，并于 6 月 18 日在伦敦广播电台向法国人民发出抗击法西斯侵略的呼吁。他发起“自由法国运动”，成立国民委员会，组建武装力量。

贝当对戴高乐的出走和“反叛”十分恼怒，指控戴高乐犯了叛国罪，并由法国第 17 军区军事法庭缺席判决他死刑。但戴高乐正义的行动，得到了法国人民的响应，不少人从法国逃出来投奔他。

1940 年 11 月，他领导的部队发展到 35000 人，并开赴近东和非洲对德国和意大利的部队作战。

1943 年，4 个师的“自由法国”部队参加了在意大利的战斗行动，1944 年参加了解放西欧的关键一役——诺曼底登陆战役。1945 年，戴高乐当选为法兰西政府总理，翌年辞职。

1946 年至 1958 年，法国政界陷入无休止的党派争斗，内阁平均半年改组一次，先后换了 23 任内阁。在这期间，戴高乐出访过法国的大多数海外殖民地，领导“法兰西人民联盟”活动。1958 年，戴高乐当选为法兰西第五共和国总统，期满后获连任。1969 年，戴高乐因内政问题辞职，1970 年 11 月 9 日逝世。

法国人民对戴高乐怀有崇高的敬意，认为他在 1940 年拯救了法国的荣誉，在1944年领导法国走向了胜利，在1958年使法国避免了内战。他在战后一直维护着法国的尊严，提高了法国的国际地位。

《建立职业军队》是戴高乐为了维护法国的安全，针对当时法国最高当局采取消极防御的作战思想，保持一支规模庞大但效能低下军队的弊端而写成的，于1934年出版。全书分为六章，分别为“防卫需求”“技术需求”“政治需求”“编制体制”“作战运用”“高层指挥”。

该书主要论述了以下观点：

①法国无险可守，物质和精神条件又无法和对手抗衡，只有建立一支职业军队，实施进攻防御，靠打赢小战来制止大战，这样才能确保法国的安全。戴高乐指出，“我国门户洞开，没有任何隐身避难之所，毫无防备的躯体暴露在攻击之下，那么，除了军队之外，到哪儿还能找到保护它的方法？在争端中，剑不仅是最后的论证手段，而且是弥补虚弱的仅有办法。诸如边界、政体不合理等任何问题的解决，最终要靠战争的艺术、军队的威力及其战士遭受的磨难。”他强调：“后备队和征兵是我国国防的主力，但却不易召集，运用起来也不灵活，只有在危机达到最高程度时才运用其巨大的力量。现在已经是时候了，我们必须另外再加上一支可以立即调遣的机动力量；也就是说，我们必须有一支常备的、团结的、所向披靡的部队。没有一支职业军队，就没有法国的国防。”

②以坦克为代表的技术兵器的数量和性能的提高，必然要对兵员的素质、战备训练水平和时间保障等问题提出新的要求，必须建立一支体制编制、兵役制度与之相适应的职业军队，才能充分发挥技术兵器和装备的威力以提高军队的作战效能。戴高乐指出：由于武器装备被充分地利用，士兵必然受其制约。除非综合利用操纵装备功能的一部分，无论是其勇敢还是其技能都不再能完成任何任务。作战已不再是使人感到手臂力量的问题，而是一个操纵管子、箱子和轮子的问题。以前，军队是由人彼此相连、严密组织而结成的一个有机体，以最大限度地确保肌肉和心脏的协调一致；当今，它是

▲ 戴高乐检阅军队

戴高乐在《建立职业军队》一书中指出，在德军大量装备坦克、飞机和舰艇的情况下，法国不能再靠临时动员抵御最初的打击，必须建立一支10万人左右的职业陆军。地面部队应实现装甲化和摩托化，炮兵部队应装备机械牵引的全方位角火炮，担任侦察和警戒任务的轻装师应具有更强的机动力。此外，地面部队必须有强大的空军配合。士兵应服役6年，以便掌握专门技能，养成进取精神和集体观念，一旦需要就能充当新兵队或后备队的干部。他认为，建立上述特种兵团将引起国防政策、军队组织形式和军事技术的深刻变化，因此建立职业军队的任务应由政府完成。这种军事改革只是国家革新事业的一部分，但国家的革新必须从军队开始。他以由职业技术人员组成的海军和空军为例，竭力主张陆军也必须由一批既有献身精神又有专业技术的人员组成。

由行动一体化的机器以及工作于其中的成员组成的。如果相关的设备功能降低，引起装备的运作缓慢，军事力量就会立即失去协调；就像一个工厂会因电流中断而瘫痪，一个炮兵连会因观察站被摧毁而变哑。现代军事行动的物质条件要求不断提高作战人员的技术水平。武器装备的力量已无所不在，需要有天赋、有经验、有擅于使用它的人来操纵，这是变革的结果。精选士兵和各种专业工作人员的时代已经到来。

③军队建设模式要和未来政治斗争的需求以及可能的战争形态相一致，建设职业军队和具有突发性、速决性的有限局部战争形态的需求相一致。

④职业军队应是一支与现代化、社会化的生产方式相适应的兵员高度专业化的军队，是一支整体素质较高的质量效能型军队，是一支由志愿兵组成、兼顾后备的常备军队。

⑤建立职业军队的方法包括：采用募兵制度精选兵员，军事训练引入竞争机制，采取多种措施加强军队的团队精神等。

⑥职业军队的作战方式是在空军配合下，进行快速突击，深远迂回，同时利用其强大的震撼力瓦解敌军。

⑦职业军队的指挥要贯彻快捷高效的思想，与之相适应，指挥员要有深厚的文化底蕴。指挥员的培养要注重创新能力的提高。

第一次世界大战后，随着武器装备的发展，作战方式也发生了重大变革，并进而对军队建设各个方面提出了新的要求，这是戴高乐提出“建立职业军队”的直接动因，也是全书的主线。

戴高乐“建立职业军队”的理论，深刻反映了军事运动的客观规律，对当时及战后各国军队建设产生了深远影响，尤其是当时的德国，其参谋部在一本论述机械化战争的机密手册中，竟原原本本地引用了《建立职业军队》一书的观点。

“间接路线”，战略创新

——《战略论》

从19世纪下半叶到20世纪上半叶是军事理论发生巨大变革的时代。在这一时期，由于科学技术的飞速发展，不仅带来了社会生产力的巨大进步，而且使武器装备的发展出现了一系列革命性变化，一大批现代武器如飞机、军舰、坦克以至导弹、核武器先后投入战场，使得战争领域不断扩大，战争面貌大为改观。这就促使人们从更高的层次和更广阔的背景上去思考战略问题，从而导致了以使用新式武器为基础的战略理论相继问世。其中，影响较大的有马汉的“海权论”、施里芬的“速决和歼灭战略”、杜黑的“制空权理论”、富勒的“机械化战争论”、鲁登道夫的“总体战论”等。利德尔·哈特的“间接路线”战略思想也是这一时期具有重要影响的战略理论流派之一。

利德尔·哈特祖籍英格兰，出生在法国巴黎。自少年时起，他就对军事历史，特别是对战术史产生了浓厚兴趣。中国古代的精妙战争艺术，尤其是在东方国家享有“兵家万世师表”之誉的《孙子兵法》，使他格外仰慕。从那时起，他就立志“致力于战争研究”。18岁时，利德尔·哈特考入剑桥大学。

第一次世界大战爆发后，他终止学业，毅然入伍，随部队赴欧洲西线参加对德军作战。在索姆河战役中，利德尔·哈特遭德军毒气杀伤，在就医期间开始研究军事。战后，利德尔·哈特参与修订《英国步兵训练手册》，提出“洪水泛滥”式进攻战术，强调在进攻中坚决插入敌人阵地，以渗透性进攻扩大战果，20年代出版《步兵战术学》等专著。

▲《战略论》

在《战略论》中，利德尔·哈特以深厚的军事理论和战史研究功底，通过分析世界历史上自希波战争到第二次世界大战的30场战争、280多次战役，得出一个结论：间接路线战略是最具效果、最为经济的战略形式。看似最远和最弯曲的路线，往往才是真正的"捷径"。在任何竞争中，只有击败对手才能获胜。而在未克服对手的抵抗之前，应首先减弱他的抵抗，最有效的方法就是将其引出自己的防线之外。这就是间接路线战略的精髓所在。因此，"间接路线"不仅是战争的定律，更是一个哲学上的真理，在战争之外，于人类生活中的政治、经济活动等各个方面，都有着广泛的应用。它还强调降低对手的抵抗力。双方都追求战斗力盈余最大化，即战斗力盈余＝自身战斗力－对手战斗力。

1927年，利德尔·哈特因健康原因以陆军上尉军衔退役后，先后任伦敦《每日电讯报》军事记者、《泰晤士报》军事专栏评论员和《不列颠百科全书》军事编辑。1937年，他任陆军大臣L．霍尔·贝利沙的军事顾问，致力于军事改革，因与某些英军将领意见分歧而辞职。

从此，利德尔·哈特专心从事军事理论、军事历史的研究和著述，著有

30 多部军事著作和大量论文。利德尔·哈特主要代表作是以论述“间接路线战略”为主要内容的《战略论》。该书 1929 年出版，原名《历史上的决定性战争》，1941 年增订本改名为《间接路线战略》，1954 年修订本改为《战略论》。中译本 1981 年由战士出版社出版。

在《战略论》中，利德尔·哈特通过对 2000 多年间西方战争史上的 30 场战争、280 多个战役进行全面研究，发现其中只有 6 个战役是凭借直接路线而获得了决定性战果，而那些直接路线中仍不乏若干潜在的间接因素。所以他得出结论认为，间接路线实为最有希望和最经济的战略形式，“最完美的战略也就是那种不必经过严重战斗而能达到目的的战略”，“间接路线比直接路线优越得多”。

由于他首先将“间接路线”引入战略领域并进行了深入的研究，所以利德尔·哈特以为他的《战略论》是“最完美”的战略论。为了全面论述间接路线战略，利德尔·哈特在《战略论》一书中明确提出要在“新的基础上面建立一座战略思想的‘新大厦’”。

利德尔·哈特所构造的战略思想新大厦，其内容极为丰富，涉及战略理论的各个方面。纵观全书，它所阐述的主要观点有：

①战争的根本目的是获得巩固的和平，而不是追求绝对的胜利，战争的实行要用理智来控制；

②战略是一种分配和运用军事工具以达到政治目的的艺术，一个成功的战略必须把目的与手段正确地协调起来；

③战略的目的在于造成一种最有利的战略形势，即破坏敌人的稳定性，使之在心理上和物理上失去平衡，这样只要继之以会战，就一定可以获得决定性战果；

④在战争中，使敌人丧失稳定性的最有效方法就是采取间接路线，主要是结合运用四种战略行动，即破坏敌人的部署、分割敌人的兵力、危害敌人的补给系统、威胁敌人的交通线；

⑤作战指导要遵循8条原则，即根据手段来选择目标、时刻记住既定的目标、选择敌人期待性最小的行动路线、沿着抵抗力量最小的路线采取行动、选择可以同时威胁敌人几个目标的作战线、部署要具有灵活性、不要全力进攻已有所戒备的敌人、进攻失利后不要再按照原来的路线和部署发动进攻。

利德尔·哈特指出，“间接路线”这种战略的目的就是要使战斗行动尽量减少到最低限度，其主要原则是避免正面强攻直撞的作战方式。在战略上，最漫长的迂回道路常常是达到目的地的最短途径，因此，在战争和战役中，应避免同敌人做直接的硬拼，而要使用各种手段，力求出其不意地震撼敌人，使其受到奇袭，在物质上遭受损失，在精神上丧失平衡，然后再视情况实施进攻。他还指出，在大多数战争中，使敌人在心理上和物质上丧失平衡，常常是最后打败敌人的一个重要前提。

作者认为，在人类历史的发展过程中，保障优秀统帅夺取胜利最有效的间接路线，大致有以下几种：一是避免采取断然的行动，避免进行坚决的会战，要等待敌人的失算，利用敌人的失算来促使他的失败，而使自己不必花费最大的力量，不致遭受重大的牺牲；二是不要从正面进行突击，如果达到突然性的因素不能获得保证的话，而要从期待性最小的方向实施进攻；三是承认战区范围内机动具有决定性的意义；四是突击敌军的接合部和薄弱地段，攻击其基地、交通线和政治经济中心，进行海上封锁；五是采取政治措施，以破坏敌人后方的稳定性，涣散敌人的士气和纪律，散布虚假情报迷惑蒙蔽敌人，运用军事计谋；六是使用新的武器装备。据利德尔·哈特考证，历史上许多具有决定意义的战争和战役差不多都是采取这种间接接敌方法取胜的。

《战略论》中所阐发的理论观点对第二次世界大战前后整个西方世界的军事思想和战争实践产生了重大的影响。第二次世界大战时期许多声名显赫的欧美名将都公开宣布自己是利德尔·哈特的信徒，并引以为荣。巴顿曾说过：“我长期从利德尔·哈特著作中汲取营养，受益匪浅。”隆美尔曾说：“如果英国在战前就重视利德尔·哈特所揭示的现代战争理论，那它就不至于遭到如此多的失败。”以色列前参谋长亚丁自称是利德尔·哈特的学生。他认为，像以色列这样一个与周边众多阿拉伯国家抗争的小国，之所以每每获胜，究其原因是采用了“间接战略”。英国军队在北非战场上击败了由“沙漠之狐”隆美尔指挥的德国－意大利轴心国联军之后，前线将领甚至特意向利德尔·哈特写信致谢，并把北非战局的胜利归功于他的理论指导。

《战略论》在现代资产阶级军事科学中占有一定地位，曾被广为翻译出版，一直受到西方军界的重视。一些著名将领把它奉为经典，西方国家还把《战略论》一书列为必读的军事名著和教科书。

总的来看，利德尔·哈特的间接路线理论主要是对西方的战争经验，特别是英国军事传统的总结，也在一定程度上反映了带有普遍性的战争规律。但他将间接路线推崇为至高无上甚至唯一的战争法则，以“间接路线”完全否定“直接路线”，这又是简单机械的。

军事宝库，重要文献

——《斯大林军事文集》

斯大林重要军事著作的中译文集《斯大林军事文集》由中国人民解放军军事科学院编辑，战士出版社 1981 年 7 月出版。该文集共收入著作 93 篇，编为 1 卷，约 38 万字。收入文集的著作大部分为全文，少量为节录，按写作或发表时间顺序编排，卷末附有注释和人名索引等。

《斯大林军事文集》收录了俄国 1905 年革命至 1917 年俄国十月社会主义革命时期斯大林发表的著作共 8 篇。其中，代表性的著作有《武装起义和我们的策略》《两次搏斗》《论俄国革命胜利的条件》等，主要阐发了无产阶级政党应成为起义的领袖，注意加强武装工作和组织红色队伍，按照统一计划组织武装起义，并在起义中采取进攻策略等理论观点。它收录了苏俄内战和外国武装干涉时期以及和平建设时期斯大林发表的著作 35 篇。其中代表性的著作有《关于建立共和国的战斗预备队》《论俄国共产党人的战略和策略问题》《在党的第十八次代表大会上关于联共（布）中央工作的总结报告》等，主要阐发了必须建立一支正规军，加强国防建设，战略和策略，现代战争根源等理论观点。文集收录了苏德战争时期斯大林发表的著作 41 篇。其中代表性的著作有《广播演说》《国防人民委员命令》（第五十五号）、《伟大的十月社会主义革命二十七周年》等，主要对第二次世界大战的形势，夺取战略主动权，适时转入战略反攻和进攻，争取战略同盟军，决定战争命运的主要因素等进行了分析和论述。

它收录了第二次世界大战结束后斯大林发表的著作 9 篇。其中代表性的著作有《在莫斯科市斯大林选区选举前的选民大会上的演说》《给拉辛同志的复信》《苏联社会主义经济问题》等，主要对第二次世界大战的根源和性质，苏联在卫国战争中获胜的原因，第二次世界大战结束后的形势，总结战争经验，发展苏联的军事科学等问题进行了分析和论述。

《斯大林军事文集》较充分地反映了斯大林关于战争观、无产阶级军队建设、社会主义国防建设、战略战术以及作战指导等方面的理论，内容丰富，具有较高的理论价值，是无产阶级军事理论宝库中的重要文献。

其基本思想主要体现在以下几个方面：

（1）马克思主义战争观

斯大林全面继承和发展了马克思主义战争观，并根据列宁对帝国主义战争的有关论断与科学分析，进一步阐述了现代战争的深刻根源，提出了制约战争的基本因素，揭示了现代战争的某些规律。

①帝国主义争夺世界霸权是现代战争根源。斯大林认为，现代战争的根源于帝国主义争夺世界霸权，首先是由帝国主义时期发展不平衡的规律决定的。他认为，在整个帝国主义时期，各个帝国主义国家的发展是不平衡的，“一些国家通过跳跃式的发展超过另一些国家，一些国家很快地被另一些国家从世界市场上排挤出去，以军事冲突和战争灾祸的方式周期性地重新瓜分已被瓜分的世界。”在对帝国主义时期历史发展的实际情况进行考察的基础上，他明确指出：“帝国主义时期发展的不平衡是在加强和加剧起来”，帝国主义阵营内的冲突是不可避免的，这种冲突“是不可能用和平方式解决的”，必然发展成为军事冲突而爆发战争。其次，斯大林认为，帝国主义争夺世界霸权，必然使帝国主义的各种矛盾尖锐化，从而导致帝国主义战争和民族解放战争。

这些矛盾，斯大林概括为：“各主要帝国主义国家之间的矛盾”；“帝国主义国家同殖民地和附属国之间的矛盾”；“帝国主义国家同社会主义国家之

▲《斯大林军事文集》

《斯大林军事文集》是约瑟夫·维萨里奥诺维奇·斯大林的主要军事著作的中文本选集。斯大林在著作中阐述了马克思列宁主义军事理论，制订了国防建设方针，提出了打败法西斯、夺取卫国战争胜利的斗争纲领。第二次世界大战结束后，他总结了战争的经验教训，指出：这次战争是世界各种经济和政治势力在现代垄断资本主义基础上的必然产物；战争是不可避免的，要消除战争的不可避免性，就必须消灭帝国主义；苏联红军必须在战争经验、军事科学和军事技术的基础上不断地发展现代军事学术。斯大林的军事理论著作是无产阶级军事理论宝库中的重要文献。

间的矛盾”；“资本主义国家资产阶级和无产阶级之间的矛盾”。斯大林认为，上面提到的前三种矛盾“必然会引起一个基本的危险——新的帝国主义战争和干涉的危险”。

②暴力革命是完成社会制度更替的必需手段。斯大林十分明确地提出：“一种社会制度被另一种社会制度所替代的过程，在共产党人看来，并不简

单地是自发的和平的过程，而是复杂的、长期的和暴力的过程。”他认为旧的社会制度不会自行崩溃，旧的阶级力量也不会自行退出历史舞台，必须采取革命的暴力的方式来实现。

同时，他还指出，暴力革命必须具备一定的客观条件才能顺利实现，这种客观条件就是：必须有党的坚强领导；必须有足够的武装力量；必须实施严密的组织指挥；必须采取坚决的进攻政策。

在这些客观条件已经具备的条件下，进行革命还需要付出一定的代价才能获得成功。

③综合的战争制胜观。斯大林认为，决定战争命运的基本因素主要有经济、政治、军事和主观指导等方面。他在 1942 年 2 月 23 日发布的命令中指出：“现代战争的命运不会由突然性这种偶然因素来决定，而是由那些经常起作用的因素——后方的巩固性，军队的士气，师的数量和质量，军队的装备，军队指挥人员的组织能力来决定。”关于经济，他指出：“除了我国军队的无比英勇的精神以外，还必须有完全现代化并且数量充足的武装，有很好的而且也是数量充足的供给。”关于政治因素，他强调：“不能把战争问题同政治问题分开”“战争是政治的表现”。

关于军事和主观指导方面的因素，他认为：“军事在不断地、迅速地发展着。红军应当不仅跟上军事的发展，而且推动它前进”。“人才，干部是世界上所有宝贵的资本中最宝贵最有决定意义的资本。……‘干部决定一切。’”

（2）无产阶级的建军学说

斯大林和列宁一起创立了世界上第一支无产阶级的军队，但由于列宁逝世过早，系统地创立无产阶级军队的建军思想是斯大林在指导苏维埃红军逐步建设成为一支强大现代化、正规化革命军队的军事实践中完成的。

①重视军队的政治领导。斯大林认为，政治觉悟和纪律是军队的力量源泉，政治素质是军队战斗力的思想基础。鉴于此，他明确提出要把红军建设

成为“一支充满纪律精神、又组织得很好的政治部、并且一接到命令就能奋起杀敌的正规军”。他认为，军队必须具有3个基本特征：一是“解放了的工农的军队”“无产阶级专政的军队”；二是“巩固我国各民族间兄弟关系的军队”“解放各国被压迫民族的军队”“保卫我国各民族自由和独立的军队”；三是培养、巩固和充满国际主义精神的军队。这3个特征集中体现和高度概括了无产阶级军队的政治性、阶级性和革命性。

除此之外，斯大林还采取颁发各种勋章、奖章和授予英雄称号等手段鼓励部队，提高部队战斗力；建立政治工作机构，设立政治委员等措施，有力地保证部队政治工作的开展，使部队的政治工作逐步走向普遍化、经常化、制度化。

②强调按实战需要进行军事训练。针对如何进行军事训练，斯大林在总结红军建设和作战实践经验的基础上，提出了“战争中需要什么，军队就训练什么”的重要指导原则。这不仅为苏联红军的训练指明了方向，而且也为马克思列宁主义的建军学说补充了一项极为重要的内容。

卫国战争开始后，斯大林鉴于红军缺少实战锻炼，缺乏丰富作战经验的情况，要求部队及时总结积累实战经验，并结合实战经验加紧训练部队。他说，要经常地、深入地研究卫国战争的经验并迅速地在军队中推广这种经验。

③重视武器装备对战斗力的作用。斯大林认为，军队的战斗力不仅仅取决于人员本身的能力素质，还在于武器装备及其他必备物资的数量、质量和供应。他指出：“军队没有现代化的武器是不能作战和胜利的”。斯大林强调：“红军拥有头等的武器装备，这是它的战斗实力的基础”。

同时，他还强调在提高现代化武器装备水平时，加强各兵种、军种建设，使人与武器完善并协调地发展，共同致力于部队战斗力的提高。

（3）灵活的战略战术思想

斯大林指出，战略不是一成不变的，是随着历史的变动而改变的。战略的任务是规定基本打击方向。关于战略与策略两者之间的关系，斯大林认为策略是战略的一部分，它服从并服务于战略；评价策略的作用与效果，不应着眼于它本身和它的直接效果，而应着眼于战略的任务和可能性。

①战略的任务是规定基本打击方向。关于战略的基本任务，斯大林明确而肯定地说：战略的任务是正确地规定基本打击方向，“规定无产阶级革命运动应当遵循的总的道路，总的方向”。关于如何正确规定基本打击方向，斯大林曾指出：“要在每个一定的时机找出事变过程中的特殊环节，抓住了这个环节，就能掌握整个链条，为取得战略胜利准备条件。”他认为，这个“特殊环节”就是基本的打击方向。斯大林还认为，科学规定基本的打击方向，必须客观地全面地考察敌我双方的政治、经济、军事、地理、民情等等各方面的情况，进行综合分析，权衡利弊，择优而从。

②策略和战术服从于战略。斯大林认为，战略问题的解决，“预先决定整个战争十分之九的命运”，战略的任务就是从全局上正确地指导战争，规定各次战役、战斗的性质，并制订相应的策略和战术。因此，他把战略看作是军事学术中最高层次的东西，看作是决定战役原则、战术原则的一个最高范畴。他说：“策略是战略的一部分，它是服从于战略，服务于战略的”；“策略最重要的任务是规定最适合于某一时期具体情况的并能最有把握地准备战略胜利的斗争方法和手段，斗争形式和方式。”

关于战略和策略的关系，斯大林从3个方面作了分析：第一，策略的胜利有时可以促成战略任务的完成；第二，策略胜利的直接效果十分辉煌，但这种胜利和战略的可能性不相适应，因而会造成了对整个战局有致命危险的“意外”局势；第三，不得不放弃策略胜利，有意识地承受策略劣势和失败，以便保证以后取得战略优势。

③主张组织和实施战略性战役。组织和实施一系列战略性战役，是斯大林军事战略思想的重要组成部分。斯大林认为，在强大的敌人面前，只靠零敲碎打、小部突击是不能从根本上解决问题的，必须集中兵力兵器发动一系

▲ 斯大林参加会议

约瑟夫·维萨里奥诺维奇·斯大林 ，苏联共产党中央总书记、苏联部长会议主席、苏联大元帅，是在苏联执政时间最长（1924 年—1953 年）的最高领导人。斯大林在任期间，全力进行社会主义工业化和农业集体化，使苏联成为重工业和军事大国，但同时也导致了乌克兰大饥荒。他还发动了大清洗的“肃反运动”。他第二次世界大战中领导苏联红军，与盟军协力击败轴心国。战后，他扶植了社会主义阵营，在冷战中与以美国为首的北约对峙。1953 年 3 月 5 日因脑溢血去世。著有《斯大林全集》。

列带有战略性的战役才能战胜敌人。1943 年 2 月 23 日，斯大林在其命令中指出：“红军统帅部不只是从敌人手中解放苏联国土，而且通过实施堪称军事学术典范的围歼敌军的重大战役而不让敌人活着逃出我们的国土。”在战略防御性战役中，斯大林强调建立宽正面、全纵深的梯次防御，以反冲击和反突击来打乱敌人的进攻，配备和正确使用战略预备队，力求稳定局势，并适时地转入反攻和进攻。在战略性进攻战役中，斯大林认为，必须正确选择主要突击方向，集中压倒敌人的优势兵力兵器，采取一翼突破或两翼突破的方法，向纵深发展或向心突击，建立对外正面战场和对内正面战场，对敌实施围歼。

④重视灵活用兵。灵活用兵是斯大林坚持的一个基本的军事原则。他一向主张实行灵活机动的战术，反对墨守成规和拘泥于一般的原则。另外，斯大林还非常注重提高指挥员的指挥艺术，要求指挥员在组织战役战斗过程中，一旦情况与战前的预想不一致时，计划和战术也要随之变化。

⑤主张通过积极防御赢得优势。在强敌面前，斯大林一向是主张积极防御的。在俄国两次大革命时期，斯大林和列宁一起创造武装起义的各项必备条件，然后“从武装斗争的防御形式过渡到进攻形式”。他坚决反对不经过积极防御阶段，在不具备武装起义胜利的条件下轻率地发动起义。谈到实行积极防御的必要性时，斯大林援引列宁的话说：“不学会正确的进攻和正确的退却就不能取得胜利”，并说积极防御的目的“就是要赢得时间，瓦解敌人，养精蓄锐，以便后来转为进攻”。

（4）社会主义国防建设思想

斯大林认为，苏联由于时刻面临帝国主义国家政治攻伐和军事入侵的危险，加上经济落后，为积极应对外来威胁，就应该以发展经济为基础，迅速、全面地加强国防建设。

①推迟战争、积极备战的“慎战”思想。苏联建国后，其建设事业的成败取决于帝国主义国家发动战争时间的早晚。面对国内薄弱的经济基础，斯大林认为，苏联的重要战略任务之一是尽量推迟战争发生的时间，以便积累同帝国主义国家作战的强大物质基础。为此，要尽量利用帝国主义阵营内部的矛盾推迟战争，采取一切办法保持同帝国主义国家暂时的和平关系。

同时，为了赢得足够的经济建设、国防建设时间，苏联在对外关系上尽量保持谨慎的态度，不让战争的灾难轻易地落到苏联的头上。同时，斯大林主张，苏联争取和平的国际环境必须依靠：日益增长的经济、政治和文化实力；苏维埃社会在道义上和政治上的一致；苏联境内各族人民的团结；属于苏联人民自己的强大的红军和所奉行的和平政策；国际上维护和平的各国劳动者在道义上的支持以及帝国主义内部一些不愿破坏和平的国家和人民的态度。

②优先发展国防经济。斯大林认为，苏联的和平时间是短暂的，经济力量是进行反侵略的基础。面对时刻存在的帝国主义战争的威胁，必须实行国防经济建设为先的经济建设策略，优先发展重工业和军事工业，尽快建立国防经济基础。为了在未来反侵略战争中立于不败之地，斯大林克服种种阻力，高速度地实现了国家工业化和农业集体化，采取了优先发展重工业，降低轻工业和消费品生产的措施。这样虽然给人民生活带来了损失，产生了一些弊病，但历史最终证明，没有这些强而有力的措施，苏联就不可能在短时间内创立强大的军事经济基础。另外，他还认为，必须迅速地发展国民经济，创造一切技术上和经济上的必要前提来最大限度地提高国防力量。同时，斯大林还积极寻求与西方资本主义国家建立各种形式的经济合作，引进先进技术和设备，加强国防建设。

③致力于建设巩固的后方。斯大林认为，后方的巩固是决定战争命运的经常起作用的因素之一，没有稳固的、不断提供各种人力物力支援的战略后方，任何一支军队都不可能将战争顺利进行，更谈不上能够取得战争的胜利。

苏联要建立巩固的后方，就要巩固社会主义制度，增强各族人民的友谊，教育人民和军队提高警惕性并坚定保卫社会主义祖国的意志，运用无产阶级专政惩办敌对分子，同时还要开发苏联广阔的并且资源丰富的东部地区，建设战略后方基地。

④加强常备军建设和全民国防教育。斯大林非常重视武装力量在夺取、巩固政权的激烈斗争中所起的作用。他强调指出，要使全党和全国人民像爱护眼睛一样爱护武装力量和国防力量，切实加强常备军建设。要坚决克服在

常备军建设问题上的取消主义情绪，坚定不移地满足军事部门的要求，改进军队供给，改进武器装备，加强军队训练，不断提高部队战斗力，以保卫社会主义建设成果免受外来侵犯。

同时，他还强调要使全党认识到巩固国防的事业是全体劳动人民的事业，要使全体人民在帝国主义武装进攻面前做好动员准备，切实加强对全民的国防教育。斯大林认为，民众因素是从事军事活动、支持战争的根本力量，他明确提出，决定战争命运的归根到底不是技术装备，而是正确的政策和千百万人民群众的同情和支持。

灵活反应，快速机动

——《音调不定的号角》

《音调不定的号角》是美国“灵活反应战略”的创始人马克斯威尔·泰勒的代表作。原书 1960 年由美国纽约哈珀兄弟出版公司出版。书名源自《圣经》上的一句话：“若吹不定的号声，谁能准备打仗呢？”该书的主旨是抨击艾森豪威尔政府奉行的“大规模报复”战略，指出美国国防体制的弊端，并提出“灵活反应”的战略主张。

泰勒于 1910 年 8 月 26 日生于密苏里州的基特斯维尔。他曾先后毕业于西点军校和陆军军事学院。1937 年，泰勒任美国驻华副武官，1942 年任步兵第 82 师（后改为空降师）参谋长。第 82 师是美国陆军组建最早、训练有素，经验最为丰富的空降师，能到这个师里担任参谋长的人，都是被美军重点挑选的重点人才。

1943 年 5 月，根据战争的需要，这支王牌部队被从美国本土调往摩洛哥的卡萨布兰卡，6 月底进驻突尼斯。泰勒以冷静的头脑和准确的方案保证了第 82 空降师在西西里岛登陆战役和萨莱诺登陆战役的胜利。在意大利南部战役、意大利中部战役中该师表现也相当出色。

1944 年，泰勒在临危之时被任命为空降兵第 101 师师长，率部参加西西里岛登陆战役、诺曼底登陆战役、“市场－花园”战役和阿登战役。泰勒与他组织指挥的空降兵第 82 师、第 101 师一样因战绩卓著而在美国享有崇高声誉，很多美国官兵称他为“飞天泰勒”。

第二次世界大战后，泰勒于 1945 年被任命为西点军校校长。

▲ 马克斯威尔·泰勒在军队中

马克斯威尔·泰勒（1901 年—1987 年）美国四星上将，第二次世界大战时期的 101 空降师师长，参加过美军在欧洲的所有空降战役。战后，他历任西点军校校长，驻朝鲜第 8 集团军司令，美国陆军参谋长，约翰·肯尼迪总统军事顾问和美国参谋长联席会议主席等职务。他在《音调不定的号角》一书中提出了著名的灵活反应战略，是军中少有的理论与实践融为一体的人物。在第二次柏林危机、古巴导弹危机和参与越南战争等决策上，他是著名的鹰派人物。

在任西点军校校长期间，他虽然已是一位既具有丰富的作战经验，又具有扎实的理论造诣的军事理论家，但他并没有因此而放松学习和研究。泰勒工作作风扎实，治校严肃认真，注重军事理论的研究和军事人才的选拔使用。泰勒发起组建了一个实力雄厚的军事战略理论科研组织。在他的领导下，这个科研组织始终站在世界军事科学的前沿，对未来的军事战略进行深入研究，出了一大批理论成果。泰勒的“快速反应”军事战略理论也于此初始成形。

1949年，泰勒担任美国驻欧军队参谋长，1951年又任陆军副参谋长。1953年，泰勒被任命为侵朝美国第8集团军司令，并晋升为上将。自1954年担任美国驻远东军队总司令起，他根据国际政治经济和军事斗争形势的发展及对未来的预测，为美国决策层提供了很多建设性意见，对调整美国的亚太战略起了很大作用。

丰富的驻外军事工作经历。使泰勒对世界军事发展和未来战争的认识更加系统和全面，他的“灵活反应”和“特种作战”军事战略理论也在此期间得到了极大的丰富和发展。

1955年至1959年，泰勒出任美国陆军参谋长。在此期间，他集中精力对国际政治经济尤其是军事形势及发展态势作了战略的分析和宏观的研究，并将他的研究成果和战略思想进行了系统的整理，出版了《音调不定的号角》一书。该书首次完整地提出“灵活反应”这一新的战略理论，极力主张以“灵活反应”代替“大规模报复战略”。这一成果在当时引起了军事界的轰动，各路人士褒贬不一。虽然一些颇有声望的军事理论专家对此进行了大力的赞誉和宣传，但一些习惯了传统作战思路的将帅采取了极度藐视的态度和极力反对的行为。在拉锯式的争论中，颇具战略眼光的时任美国总统肯尼迪充分认识到了这一理论的战略价值。他于1961年任命泰勒为自己的军事顾问，并赋予他很大的权力负责策划“特种战争”的规划和实施。随着战后世界军事斗争形势的发展和局部战争的此起彼伏，手持霸权执杖的美国军队采取“灵活反应”和“快速机动”战略取得了一系列胜利。泰勒的理论也逐渐被更多的人所接受。1962年，泰勒又被任命为美军参谋长联席会议主席，1964年至1980年又任美国驻越南大使、总统特别顾问、国防分析研究所所长等职。

泰勒的军事战略理论对美国的战略调整一直起着基础性的指导作用。据有关战略问题专家分析，美军之所以能迅速超越世界各老牌军事强国而成为

▲《音调不定的号角》

《音调不定的号角》出版后引起巨大轰动。肯尼迪当选为总统后，采用泰勒所提出的“灵活反应战略”作为美国的国家军事战略，并逐步予以完善，使之形成完备而成熟的理论体系，成为美军的战略指导原则。不仅如此，以后的美国历届政府的军事战略，如约翰逊奉行的“灵活反应战略”、尼克松奉行的“现实威慑战略”、里根奉行的“新灵活反应战略”、布什和克林顿奉行的“地区防务战略”等军事战略尽管在提法上有些变化，但无一不体现着泰勒所阐明的“灵活反应战略”的基本思想。这一思想对前苏联、北约、华约及世界主要国家的军事战略思想也产生了巨大影响。泰勒因此成为首倡“灵活反应战略”的一代“战略大师”。

今日的世界军事霸主，一个重要原因就是由于他们尽早地接受了泰勒的新军事战略理论。在其他军事强国尚未认识到“灵活反应”和“快速机动”理论的价值的时候，美军已经开始了这项战略工程，并逐步建立起了“灵活反应”“快速机动”的军队编制体制。美军从陆军到海军、空军，都走上了“快速机动”和“灵活反应”的轨道，尤其是近年来美军特种部队的建设，几乎完全是按照泰勒的设想展开的。在以后美国对巴拿马作战、袭击利比亚、海湾战争、科索沃战争中，都以美军的灵活反应和迅速机动性的胜利印证了泰勒战略理论的正确性。

《音调不定的号角》全书共9章，前4章主要是批评艾森豪威尔政府奉行的“大规模报复”战略。作者指出，大规模报复政策来源于意大利人杜黑的空权论和美国空军的战略轰炸决胜思想。这种政策在1953年为艾森豪威尔政府正式接受后，立即引起三军内部的争论。美国空军在当时的国防部长和参谋长联席会议的支持下，竭力主张贯彻此种政策。空军认为，美国只要在“战略打击能力方面经常远远超过苏联”，就不仅可以“遏制大战的爆发”，而且由于苏联害怕因局部战争而导致世界大战，也可以“遏制小战的爆发”。因此，空军主张大力发展战略空军，削减常规部队。以泰勒为首的陆军认为，战略轰炸调查局的报告说明：第二次世界大战期间对德国军火工业的轰炸并不是“赢得胜利的决定因素”；朝鲜战争再次证明，“地面战线的变化是衡量战争胜负的标准”。自大规模报复政策被美国政府正式接受以来，世界形势已经发生了变化，“相互威慑时期”已经出现。目前最可能发生的冲突，首先是“冷战”，其次是“大战以外的军事冲突”，最后才是“大战”。因此，“原子威慑力量已经变成击退敌人原子攻击威胁的盾牌”“只起消极作用”；而“进行有限战争的部队则是一把用来进行刺杀和攻击的灵活的宝剑”“是积极的因素”。根据这一论点，泰勒主张采取“全面的灵活反应的战略”；反对“短暂战争”的思想，主张在使原子报复力量现代化的同时，加强进行有限战争的能力；主张各军种、特别是陆战队，能在有限战争中起一定作用，但不能代替陆军；主张建立实施有限战争的统一的司令部；建立足够的战略空运和海运力量；反对“美国堡垒”思想，主张保持海外驻军和通过军援加强“主要盟国”的地面部队。

在第5章至第7章中，作者着重指出了美国国防体制存在的缺点。他认为，规定国防方针的“基本的国家安全政策”是一份“内容广泛、措辞笼统”的文件，可以作许多不同的解释，而参谋长联席会议的内容又一直未能就这样一些基本问题做出决定：

①“大规模报复”和“灵活反应”战略的冲突；

②对原子武器的依靠程度；

③大战和有限战争的定义；

④各种“专职部队”的编成和数量。

在最后两章中，作者归纳了前7章中的论点，根据他对当时形势的看法，提出了美国应当采取的战略方针以及据此而来的建设武装部队的方向。

他说，目前已经出现了一些新的因素：一是美国“已经丧失了在许多武器方面所具有的对苏联的技术优势”“导弹差距”已经出现；二是在“整个或大部分导弹差距时期”，美国“没有有效的导弹防御”；三是在常规部队方面也处于劣势；四是美国不能“继续信赖遏制大战的能力”，而必须作好在大战中求生的准备。

为了适应这种形势的变化，他要求采取如下“应急措施”：一是改进有限战争的计划和措施；二是充分利用中程弹道导弹；三是改善对战略空军司令部的保护；四是有限度的防微粒掩蔽部计划。

总之，泰勒认为，在相互威慑时代，“大规模报复政策已经走进了死胡同”。因此，他反对片面发展空军和过分依靠原子武器，主张三军平衡发展，鼓吹在准备原子大战的同时，强调打有限战争，也即以所谓的“灵活反应的战略”代替“大规模报复政策”。这些战略主张为肯尼迪所重视和采纳，成为美国军事战略的主要趋势。

综上所述，该书的主要观点是：

①在“相互威慑”的时代，“大规模报复”战略必须被“灵活反应”战略所取代；

②应区分战争样式，重点是打赢有限战争；

③必须根据进行有限战争的需要确定武装部队的建设方向；

④应采用适应“灵活反应”战略的新的国家军事计划。

《音调不定的号角》虽然已经出版近30年的时间，美国军政首脑1971年也已宣称“灵活反应”战略已被新的“现实遏制（威慑）”战略所取代，但“灵活反应”战略的基本原则并未过时，而且从冷战结束后的美国军事发展战略中，我们仍然能够看到它的影子。这部著作，对于我们研究美国军事战略思想有一定的帮助。

战略创新，观点独特

——《战略入门》

《战略入门》是现代西方军事界有关战略学的一部基础理论专著。作者安德烈·博弗尔（1902 年—1975 年）是法国著名军事理论家，曾任法国陆军上将。他 1921 年入法国圣西尔军校，结识了当时任教官的戴高乐，后又就学于政治学院和军事学院。1935 年，安德烈利·博弗尔在法国陆军参谋部工作。第二次世界大战末期，他任“自由法国”第 1 集团军作战处长。战后，他历任法国第 2 摩托化步兵师师长、赴苏伊士作战的法军地面部队总指挥、驻德法军副司令、欧洲盟军最高司令部主管行政和后勤的副参谋长、北约驻华盛顿常设小组法国首席代表。

1961 年退出现役后，安德烈利·博弗尔专门从事战略研究，著有《战略入门》(1963 年)、《1940 年法国的陷落》(1965 年)、《北约与欧洲》(1966 年)、《历史的本质》(1974 年)等。他的多数著作有英译本，在西方有一定影响。他的战略观点集中体现在《战略入门》一书中。该书由英国军事理论家利德尔·哈特作序。中译本 1989 年由军事科学出版社出版。

《战略入门》全书共 5 章，约 8 万字，各章分别为“战略概述”“传统军事战略”“核战略”“间接战略”和“总结论”。

本书的第 1 章主要阐述了战略的定义、目的、手段、样式、分类、原则与应用。主要观点是：

①利德尔·哈特 1929 年给战略下的定义太局限于军事，战略的定义应是：“两个对立意志使用力量解决其争执时所用的辩证法艺术。”

▲《战略入门》

《战略入门》探讨了战略的内容、分类、原则和运用等问题。作者认为，战略是“两个对立意志使用力量解决其争执时所用的辩证法艺术”。作者这里所说的“力量”是指政治、外交、经济、心理等各种力量，作者十分推崇“间接战略”，即“使用军事胜利以外方式取得某一结果”。全书共5章，另有引言和利德尔·哈特所作的序，约8万字。第一章，战略概述；第二章，传统军事战略；第三章，核战略；第四章，间接战略；第五章，总结论。这是西方资产阶级军事理论中颇有影响的一种流派。

②战略的目的是“对于所能动用的资源作最好的利用，以达到政策所拟定的目标”。

③战略的手段“包括从核轰炸到宣传鼓动或贸易协定这个范围的所有物质和精神手段”。

④战略的样式依据双方所能运用的相对资源及目标的重要程度可分为“直接威胁”“间接压迫”“蚕食”“长期斗争”和“军事胜利”这5种。

⑤战略的类型可分为“总体战略”“全面战略”和“分支战略”。

⑥战略的原则可简化为“必须合理地节约兵力，才能获得行动自由，然后才能达到决定点”。

⑦战略的样式可分为两种，直接战略与间接战略。其中“直接威胁”和“军事胜利”属于直接战略。其基本思想是军事力量为主要武器，实现胜利或威慑靠军事力量的使用或维持。“间接压迫”和“长期斗争”属于间接战略。其基本思想是，不直接利用军事力量之间的冲突，而只用不太直接的方法来决定斗争的胜负。“蚕食”既可归入直接战略，也可归入间接战略。在核时代，由于直接战略可能引起的全面战争将会导致相互毁灭，所以间接战略越来越受人重视。

第 2 章着重阐述了传统军事战略，尤其是陆战战略的演进情况。他指出：从本质上说，会战的战略是简单的。其所以会变得复杂起来，是因为其工具是人而不是机器，尽管有时人也许是为机器服务的。一支军队就是一群有组织的人，而维系其内在团结的因素是纪律和互相信任，所以与一切以物质因素为基础的计划不同，会战的艺术更多地强调维持和加强我方部队的心理团结，同时破坏敌人的心理团结。陆上战略的目的是瓦解敌人的组织，所以它凭借计划和谋略来实现决定。空中战略则纯粹以物质性的毁灭为目的，所以在很大程度上以工业潜力作为计算基础。在我们对于现代战争的思考中，这两个观念既互相冲突，又互相结合。

第 3 章重点探讨了核战略，其中包括核战略的演进情况。安德烈利·博弗尔说，在核时代，武力的使用通常只限于两种不同类型的战争：一是在要害地区内，行动可能只限于速战速决的形式，其目的是首先造成一个既成事实，然后立即继之以谈判。二是在外围地区内，斗争则可能采取长期消耗的形式，紧张程度较低，并采取常规作战或游击战的方法。随着核威慑战略的发展，有行动自由、可在其中使用部队的区域越来越小。为了相互威慑，已经消耗了国家很大一部分精力和资源，所以今后实际的、公开的冲突将只会限于范围非常有节制的外围行动。这种外围行动的目的，也许就是让一方能估量另一方的资源储备和士气。所以即使战争爆发，也应该有良好的机会使战争控制在有限范围内，并能取胜。

第 4 章专门探讨间接战略。其主要观点是：所谓间接战略，就是使用军事胜利以外的方式取得某一结果，在一种“非常特殊的幌子”下实现行动自由。当今，核武器的威慑作用使我们在有限的范围内获得了行动自由。间接战略可以最好地利用这个范围。在间接战略中，第一件事是确定行动自由的范围有多大，然后维持甚至扩大这个范围，同时尽量缩小敌人的行动自由。实现行动自由主要依靠在有争议的地理区域外的行动，即“外部动作”；而不依靠这个地区内的军事行动。下一步是制订在希望达到一定结果的地理区域内的行动方案，即“内部动作”。行动方式主要包括“蚕食法”和“腐蚀法”。与此同时，还要采取一定的对策对付敌人的“外部动作”和“内部动作”。安德烈利·博弗尔指出，尽管间接战略在外表上具有一种特殊的色彩，但间接战略并不是特殊形式的战略，而且也并未和直接战略完全分家。其主要的概念，还是像所有的战略一样，就是行动自由，唯一不同的是获得这种自由的方法。要想获得行动自由，则必须发挥主动性并注意安全。间接战略之所以有这样的不同点因为行动自由范围（也就是安全的极限）决定于这个冲突地区之外的行动，而不是该地区之内的行动。这是其最大的特征，也正是这一特征赋予它以间接的性质。安德烈利·博弗尔指出：武力本身并无善恶之分。它是善是恶，要看为什么原因使用它而定，换句话说，要看政策本身是因善还是恶而定。在人类的历史上，武力在斗争中一向都居于重要的地位，这个客观事实是回避不了的。

在最后的总结论中，安德烈·博弗尔更加明确地阐明了自己的思想观点与主张。他说：“我主张水平划分：画一条横线，把政策放在线的上面，把总体战略放在线的下面。这样可以正确地区分不同层次的责任，同时每个层次所包含的思想方法就都可以看成一个统一体。不过在政策这个层次之下，当然还有各种不同层次的战略，它们构成一座完整的金字塔：顶点是总体战略，其任务是协调每一个领域的全面战略；而这些全面战略又负责协调在其领域内的作战战略。在整个战略金字塔下面才是战术和技术。军事战略仅仅是全面战略中的一种形式而已。战略如同音乐一样，可以按两种不同的调式演奏。大调式就是直接战略，其中兵力是主要因素。小调式就是间接战略，其中兵力退居幕后，取而代之的是心理与计划。自然，任何战略都可以使用这两种不同的调式，而在音阶上加以变化，结果就形成了许多战略的‘样式’。”

在书的最后，安德烈·博弗尔强调：运用战略和下棋不同，战略的棋子并无永久的、固定的价值。战略倒是很像烹调之道，必须把各种不同的配料混合一起，才能做出菜来，配料是根据菜的不同而经常改变的。战争必须使用物质力量，其能力由那个时代中可能利用的物质装备来决定；它同时又使用精神力量，而精神力量是与统治当时文明的思想分不开的。因此，战略必然是一个连续不断的有创造性的思想过程，其基础是一些假定，而这些假定究竟是正确的还是错误的，则又必须等到实际行动时才能知道。在这样一个思想过程中，任何判断的错误，必将收到失败的苦果。这就是战略运用的巨大困难所在，在我们这个迅速演进的时代尤其是如此。

该书虽然名曰“战略入门”，实际上着重阐述了总体战略思想，并提出了许多独特的观点。利德尔·哈特评价说：“事实上，他（博弗尔）的书是迄今所出版的一本内容最丰富、态度最严谨的战略专著，在许多方面都超过了过去的任何著作。这本书可能成为这门学问方面最优秀的一本教科书”“读懂了《战略入门》，你不仅可以在战略领域‘入门’，还可能成为一个战略理论家”。

推崇武器，核弹制胜

——《军事战略》

《军事战略》由苏联著名的军事家索科洛夫斯基元帅主编，15 名将校级军官集体编写。该书于 1962 年由苏联国防部军事出版社出版，1963 年修订再版，1968 年出版增订第 3 版。1963 年，中国人民解放军军事科学院出版了第 1 个中译本，1965 年世界知识出版社根据俄文第 2 版出版了第 2 个中译本，1980 年战士出版社根据俄文第 3 版出版了第 3 个中译本。

该书主编索科洛夫斯基 1897 年出生于沙皇俄国的格罗德诺省（今波兰比亚韦斯托克），1918 年加入苏军，毕业于工农红军军事学院和高级速成班。国内战争时期，索科洛夫斯基随东方面军、南方面军和高加索方面军参加作战，历任连长、团长、旅长、师长。1938 年 4 月，他任莫斯科军区参谋长。1941 年 2 月，索科洛夫斯基任副总参谋长。

卫国战争时期，他历任西方面军参谋长，西方面军司令、乌克兰第一方面军参谋长、白俄罗斯第 1 方面军副司令。1943 年初，索科洛夫斯基指挥西方面军部队，与加里宁方面军协同，胜利进行了肃清勒热夫—维亚济马希特勒匪徒基地的战役。1943 年夏，他又率部参加了奥廖尔战役和斯摩斯克战役，突破了敌人的强大防御，后参加了维斯河——奥得河和柏林诸战役的准备和实施工作。因在柏林战役中指挥有方，索科洛夫斯基被授予苏联英雄称号。战后，索科洛夫斯基曾任前苏军驻德军队集群副总司令，1946 年 3 月起任总司令。1960 年至 1968 年，索科洛夫斯基任苏联国防部总监组总监。1953 年斯大林逝世后，苏联加速发展火箭核武器，1954 年核武器开始装备部

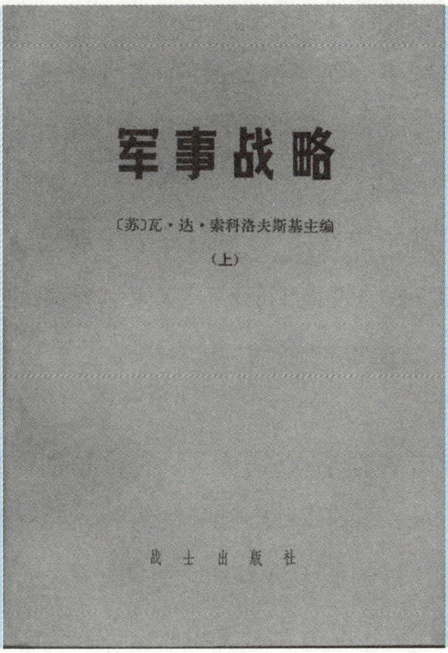

▲《军事战略》

20世纪60年代初，苏联出版了《军事战略》一书。这本书问世，就如同爆炸了一枚核弹一样，立即震惊了世界。全书共分8章，涉及军事的各个领域，反映了苏联的军事理论正经历从传统的军事战略向火箭核战略的巨大转变，使沉闷的苏联军事学术气氛空前活跃了起来。这部书之所以为世人瞩目，原因有三：一是其内容，它讲的是怎样使用核武器来打第三次世界大战；二是苏联军界要员公开谈论苏军将如何打核战争的观点；三是这部书的作者不是科幻小说家，而是索科洛夫斯基主编，15位苏军将领集体编写。

队，1957年成功发射洲际弹道导弹，1960年建立战略火箭军。20世纪60年代初，苏军基本形成较完整的火箭核战略理论。索科洛夫斯基正是在这种背景下主编了《军事战略》一书。

第1章“绪论”，重点阐述了战略学概论，战略与政治，战略与经济，战略与精神政治因素、战略与军事学说，资产阶级战略学的阶级本质和苏联战略学的阶级本质等问题。

第2章“帝国主义国家的战略及其对新战争的准备”，重点论述了两次世界大战期间各主要帝国主义国家的战略，美国和北大西洋公约组织的现代战略，以及帝国主义国家对新战争的准备状况和主要方向。

第3章“苏联军事战略学的发展”，重点阐述了国内战争和外国武装干涉时期的苏联军事战略学，苏联和平时期战略学理论的状况，以及卫国战争时期的苏联军事战略学。

第4章“现代战争的性质”，重点论述了现代战争及其产生的条件和原因，现代武器及其对战争性质的影响，未来世界大战的战略特点。

第5章“军队的建设问题”，重点论述了军队建设的决定因素和基本方向。

第6章“作战方法”，重点阐述了以往战争的作战方法，帝国主义国家的战略计划及其可能采取的发动新战争的方法，并对战略行动进行了分类：

①火箭核突击，目的是破坏和消灭敌国军事经济潜力、国家机关和军事领导机关、战略核武器和敌军主要集团。

②陆战场的军事行动，目的是彻底消灭敌军。

③保卫国家后方和军队免遭核突击。

④海战场的军事行动，目的在于消灭敌海军。

第7章“国家对反侵略的准备”，重点从军队、国家经济、居民、民防等方面论述了国家对反侵略的准备。

第8章“军队的领导”，重点阐述了各主要资本主义国家、苏联武装力量的军队领导问题，论述了统帅在领导军队中的作用。

可以说，读懂了《军事战略》，就基本上了解了苏联的“火箭核战略”。但该书反映20世纪60年代的苏联军事战略具有很大片面性。例如，强调未来战争必然是火箭核大战，否定有限战争和常规战争；强调战略进攻，否定战略防御；强调火箭核突击，贬低诸军种协同作战；主张争夺火箭核优势，贬低常规军备等。

“常胜将军”，回首战争
——《回忆与思考》

《回忆与思考》又名《朱可夫元帅回忆录》，是苏联元帅朱可夫写的一部自传体战争回忆录。此书于1969年出版，在苏联国内外引起了强烈的反响，博得了读者的广泛赞誉，被称为“是一部优秀的苏联军事回忆录”“是直接参加者描写这次人类历史上最大战争（指第二次世界大战）的战役和战斗的900多部书中最好的一部”。

朱可夫是第二次世界大战苏联卫国战争期间的著名将帅，曾被他的顶头上司约瑟夫·斯大林称为“常胜将军”。斯大林说：“朱可夫是我的麦克莱伦（美国南北战争时期的著名将领），和麦克莱伦一样，他总是要求多给些人，多给些枪炮，还多给点飞机。他总觉得不够。但他从来没有打过败仗。”在战争中，不论是哪个战役出现危机还是遇上军事失利，在危难时刻，斯大林就把朱可夫派到那里。只要朱可夫一到，就会出现转机，就能反败为胜，因此朱可夫被称为战场上的“消防队长”和“救火英雄”，也有人称他为“战场救星”。

朱可夫1896年11月生于卡卢加州斯特列尔科夫卡村一贫苦家庭。1915年，他应征加入俄国军队，参加第一次世界大战，获乔治十字勋章2枚。1918年，朱可夫参加红军，1919年加入俄共（布）。国内战争时期，朱可夫历任骑兵排长、连长，参加平息白卫军叛乱的战斗。内战结束后，他曾进骑兵指挥人员进修班和红军高级首长进修班深造，历任骑兵团长、旅长、工农红军骑兵监助理、骑兵师长、驻西班牙军事顾问、骑兵军长、驻华军事顾问

▲ 朱可夫视察军队

格奥尔吉·康斯坦丁诺维奇·朱可夫，苏联著名军事家，战略家，苏联元帅。1943年1月18日，朱可夫被授予苏联元帅军衔，是苏德战争中继斯大林后第二位获此殊荣的苏军统帅。因其在苏德战争中的卓越功勋，他被公认为是第二次世界大战中最优秀的将领之一，也因此成为4次荣膺苏联英雄荣誉称号的仅有的两人之一，深受俄罗斯人民的拥戴和敬爱。他著有《回忆与思考》《在保卫首都的战斗中》《库尔斯克突出部》《在柏林方向上》等军事著作，记述了第二次世界大战苏德战场的许多著名战役，并阐述他的军事思想。

和军区副司令等职。1939年夏，朱可夫调任驻外蒙古（今蒙古国）苏军第1集团军级集群司令，在诺门坎事件中组织指挥苏蒙联军反击日军，围歼日军重兵集团。1940年6月，朱可夫任基辅特别军区司令，晋升为大将。

1941年1月至7月，朱可夫任苏联副国防人民委员兼总参谋长。苏德战争初期，作为最高统帅部代表，他同西南方面军首长一起组织数个机械化军在布罗德市地域实施反突击，把德军坦克兵团阻滞在罗夫诺和杜布诺地区。1941 年 8 月至 9 月，朱可夫任预备队方面军司令，指导实施叶利尼亚战役，击溃德军突击集团。这是苏军自开战以来实施反击和进攻的第一个成功战例。

9 月 11 日，在列宁格勒（今圣彼得堡）处境危急之际，朱可夫任列宁格勒方面军司令，率方面军与波罗的海舰队共同作战，并组织劳动人民积极支援，粉碎德军夺取该城的企图。10 月，他调任西方面军司令，参与指挥莫斯科会战，经过艰苦奋战阻滞了德军向莫斯科接近地的进攻；尔后转入坚决反攻，与加里宁方面军和西南方面军协同作战，将德军击退 100 公里 ~ 250 公里。

1942 年 8 月起，朱可夫任第一副国防人民委员和最高统帅部副最高统帅，积极参与制订最高统帅部的战略计划，并在前线直接组织实施了一系列重大战役。他先后协调了参加斯大林格勒会战、突破对列宁格勒的封锁作战、库尔斯克会战和第聂伯河会战的各方面军行动，指导、参与制订并监督实施这些战役的计划。

朱可夫因功绩卓著于 1943 年 1 月晋升为苏联元帅，1944 年 3 月至 5 月任乌克兰第 1 方面军司令。同年，在组织实施白俄罗斯战役时，他负责协调白俄罗斯第 2 方面军和第 1 方面军的作战行动，与负责协调白俄罗斯第 3 方面军和波罗的海沿岸第 1 方面军、第 2 方面军作战行动的最高统帅部另一代表 A. M. 华西列夫斯基一起，为粉碎德军中央集团军群和解放白俄罗斯做出重大贡献。

1944 年 11 月，起朱可夫任白俄罗斯第 1 方面军司令，翌年初指挥该方面军与乌克兰第 1 方面军协同作战，共同实施维斯瓦河—奥得河战役，歼灭德军“A”（中央）集团军群，解放波兰大部地区，攻入法西斯德国境内。

1945 年 4 月至 5 月，他指挥该方面军与乌克兰第 1 方面军和白俄罗斯第

2方面军协同作战，胜利实施柏林战役，歼灭法西斯德军重兵集团，攻克柏林。5月8日夜，朱可夫代表苏军最高统帅部接受法西斯德国投降。

战后，1945年6月他任苏军驻德军队集群总司令兼苏联军管局总指挥。1946年3月至7月，他任武装力量部副部长兼陆军总司令。1953年3月，朱可夫任苏联国防部第一副部长，1955年2月至1957年10月任国防部部长。1957年10月，被免除党内外一切职务，1958年3月被迫退休。1966年，他恢复名誉。

《回忆与思考》是朱可夫被解除一切职务之后，赋闲在家时所作的回忆录，1969年由苏联出版社出版。全书共76万余字。几十年来已被翻译成几十种文字，在世界各国具有广泛影响。苏联元帅、朱可夫的亲密战友华西列夫斯基在为该书作的序言中写道："直接参加者描写这次人类历史上规模最大战争的战役和战斗的书，有900多部。但朱可夫的回忆录是其中最好的一部。这部书最充分、最全面地展现了战争的全景，以及战争的政治、社会和军事侧面。"

在《回忆与思考》一书中，朱可夫从他的童年生活、在沙俄军队服役的生活写起，一直写到第二次世界大战结束，其中重点写他在参加苏联红军到苏德战争期间的亲身经历。书中全面、系统地介绍了战争期间最高统帅部的组成、职能和领导各方面军事活动的情况，对人们了解苏联卫国战争的决策的制订和实施提供了宝贵的资料，也为研究苏联军事战略提供了丰富的素材。

书中还涉及苏联军事学术的许多领域，如阐述了作者对于战争和政治的观点、对部队训练重要性的认识、对集中指挥军队原则的理解、对制订作战计划要点的看法，从一个侧面反映了苏联的军事学术成就。

难能可贵的是，在书中，朱可夫并没有回避最高统帅部活动中的失误和苏军在战争初期失败的原因，而是坦率地承认错误并分析其原因，从而使本书更具客观性。

现代战争，重视初战

——《战争初期》

《战争初期》一书是 20 世纪 70 年代苏联出版的一部专门研究战争初期问题的军事理论著作，由原苏军著名将领、总参军事学院院长谢·帕·伊万诺夫主编。此书一问世，即在世界军事界引起了关注。该书共 25.6 万字，附有战例图，比较全面地总结了 19 世纪到 20 世纪 40 年代期间几次主要战争（重点是第二次世界大战）的历史经验，研究了战争初期的一般规律。

谢·帕·伊万诺夫是苏联军界一位较有影响的人物。他生于 1907 年，1926 年参加苏联红军，曾参加过苏芬战争。在第二次世界大战中，伊万诺夫参加过斯大林格勒会战，库尔斯克会战，解放乌克兰、匈牙利、奥地利、布达佩斯、维也纳等战争和远东战役。他曾担任过排长、连长、营长、团长和集团军参谋长、方面军参谋长。1945 年苏军对日作战时，伊万诺夫任远东苏军总部参谋长。

第二次世界大战后，伊万诺夫一直在苏军最高指挥机构总参谋部工作。1968 年起，他被调往总参军事学院任院长。

他的军事思想，特别是关于闪击战、战争初期和首次突击的论述，在苏联军事学术界有一定的代表性。自 1970 年起，他发表了大量的军事理论著作，如《伟大卫国战争期间苏联的战略思想》《库尔斯克会战的经验对战略学和战役学发展的影响》等。其中，《战争初期》是伊万诺夫军事著作中影响最大的一部，也是他的代表作。

《战争初期》全书共分 3 篇、14 章，外加前言和结束语。第 1 篇“从

▲《战争初期》

远东战役是第二次世界大战后期苏联出兵中国东北、朝鲜北部、千岛群岛和南萨哈林，歼灭日本关东军的一次战略性进攻战役。伊万诺夫曾在远东战役时期任远东苏军总部参谋长，远东战役的战场辽阔，地形复杂。为实现大纵深和快速度的进攻，苏军以压倒优势的兵力对日本关东军发动了突然袭击，实施重点突破，东西夹击，并在第一梯队集中大量坦克和机械化兵团迅猛推进，在短短的10多天里歼灭了号称百万大军的日本关东军，从而迫使日本最终接受无条件投降。远东战役是苏军在第二次世界大战中首次实施突然袭击、开辟新战场的大规模的战略性进攻战役，完全具备闪击战的所有特性。

十九世纪到二十世纪四十年代关于战争初期观点的形成与发展"，包括第1章至第3章。第2篇"第二次世界大战前夕和战争初期各国战略计划的制订和武装力量的展开"，包括第4章至第8章。第3篇"战争初期战略性战役的经验"，包括第9章至第14章。该书着重阐述了各资本主义国家的军队在初期战局和初期战役中的目的和企图，资本主义国家武装力量战略展开的方法、在欧洲和太平洋地区发动侵略战争时的伪装，法西斯德国在反苏战争中的企图和计划；苏联抗击法西斯侵略的准备，欧洲战场战争初期进攻战役的特点，波兰和西欧战略防御的崩溃，卫国战争初期苏军战略防御的特点、准备并实施首次突然突击，太平洋战争初期诸战役的特点，战争初期夺取制空权的问题和国家对空防御的组织等。

在该书中，伊万诺夫以大量的史实材料阐述了第二次世界大战前各主要资本主义国家和苏联关于战争初期的理论及实践。他指出，在两次世界大战间隙时期，基于科学技术的进步和第一次世界大战的经验教训，正在形成新的军事理论和战略原则。产生于20世纪初的力求在战争初期采取积极行动达成战争目的的思想在德国、意大利、日本统治集团中又获得了热心的拥护者，这实际上就是在这些国家风行一时的总体战和“闪击”战理论的核心思想。坦克和飞机这些具有良好机动性能的兵器的蓬勃发展，为这种在“第一次世界大战”时期尚难奏效的理论的实施创造了可靠的前提。这种理论表现在战略上就是，还在战前就实行过去作为战争初期主要内容的那些准备措施，而战争一开始，就最大限度地集中兵力兵器实施首次突击，使敌人遭到毁灭性的失败。

在该书中，伊万诺夫以大量篇幅列举了许多战例，证明闪击战是入侵别国最有效的手段，并且详细地总结了德国在第二次世界大战中进行闪击战的经验，以及有关国家在德军的闪击战面前节节失利的教训。他还引用德国将军鲁登道夫的观点，说明闪击战的理论实质是“利用攻击的突然性、兵力兵器的优势等因素，从战争刚开始起就给敌战略第一梯队以决定性杀伤，然后向敌国腹地迅猛进攻，在敌人动员和使用其军事和经济潜力之前将其粉碎”。伊万诺夫认为，对别国进行闪击战的好处是，既可缓和本国人民群众的不满情绪，又可弥补国内经济力量不足的缺陷。为了取得闪击战的胜利，伊万诺夫十分重视战争初期的进攻战役，认为它对战争的进程和结局具有决定性的作用。

在该书中，伊万诺夫根据自己对战争的观察，认为德国和日本在第二次世界大战的初期战役中之所以取得重大战果，首次突击在其中起了决定性作用；苏军在1945年进行的远东战役之所以能够迅速取胜，也是强大而突然的首次突击起了决定性作用。他还认为，要使首次突击发挥震撼敌人整个防御体系、瘫痪敌人国家和军队指挥的强大威力，除了集中强大的兵力兵器外，“决定性因素是首次突击的突然性”。

在该书中，伊万诺夫还整理归纳了各主要资本主义国家和苏联加入第二次世界大战的资料，研究了“准备和实施战争初期战役的一般趋势”。他认为，透过第二次世界大战的实践可以看出，帝国主义者为了达到战争初期的军事及政治目的，准备和实施“闪击战”的方法（也是他们的主要战略观点）有如下10个方面：一是实施突然而强大的首次突击；二是最大限度地集中兵力兵器；三是实施宽正面、大纵深、高速度进攻；四是进行深远的迂回机动，达到对敌合围；五是夺取与掌握制空权；六是详细制订作战计划；七是严密伪装，隐蔽企图；八是秘密动员，提前集中和展开；九是在敌后搞破坏活动；十是加强经济力，保障“闪击战”顺利实施。

纵观《战争初期》全书，其主要观点是：

①在第二次世界大战中，战争初期通常是一个特定、较短的阶段。在这个阶段里，为达到当前战略目的而在战争爆发前展开的所有兵团和军团，进行着大规模的进攻战役和防御战役。与此同时，交战国一面采取各种紧急措施动员国内资源用于战争；一方面对敌国、盟国和中立国进行一系列外交活动，巩固自己的国际地位。

②战争初期的主要内容是诸军种联合实施的战斗行动，战争初期的有机内容是加速实现军事经济的动员计划。

③初期战役的经验表明，战役的成败取决于能否从战争之初起就夺得制空权。

④战争初期证明，战略防御这种战略行动和战略进攻同样存在是完全合

乎规律的。而且，战争初期还为战略防御增添了不少新的内容。

⑤战争初期揭示出，侵略国往往竭力在首次突击中最大程度地使用兵力兵器，以便达到当前的战略目的，其中包括夺取制空权，在海洋战区夺取制海权。

⑥战争初期还表明，对初期战役的进程和结局来说，精神政治因素的作用，尤其是军队心理训练的作用大大提高了。

案头常备，压卷之作

——《战争指导》

《战争指导》是英国著名军事理论家富勒晚年的一部重要军事理论著作，于1961年出版，被称为富勒的“压卷之作”。全书共分14章，从三十年战争（1618年—1648年）写起、拿破仑战争、美国内战、苏俄革命战争，直到第二次世界大战，作者深入探讨了战争指导的得失，总结了战争指导的原理、原则。

在第1章“专制国王的有限战争”中，作者认为，15世纪意大利的战争是“仁道的有限战争”。与此相反，1618年至1648年的三十年战争是“野蛮的无限战争”。16、17世纪的一些思想家，如格劳秀斯、霍布斯和伏尔泰等人纷纷著书立说，攻击了无限战争的破坏性，主张战争中的暴力与破坏行为应有所节制。在宗教改革的冲击下，罗马教皇的权力受到削弱，专制国家的权力得到加强，常备军制度也建立起来了。

18世纪是有限战争的年代。有限战争的主要特点是：一是迂回作战之风十分盛行；二是围城战术风行一时；三是平民生活与战争是完全脱离的；四是战略的手段是消耗敌人，而不是歼灭敌人，战略打击的目标主要是敌人的补给线与要塞，而不是敌人的军队。

在第2章“无限战争的再生”中，作者分析了卢梭的民主思想对法国大革命的影响。富勒认为，法国大革命的到来结束了有限战争年代，把“战争的拍卖场变成了屠宰场”，把“国王的战争”变成了“人民的战争”。实行征兵制后，军队与平民的分化消失了，世界进入了全民皆兵的时代，总体战代

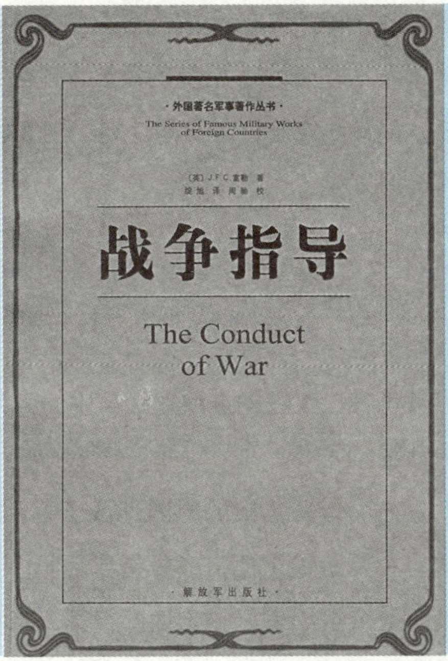

▲《战争指导》

《战争指导》一书是英国战史大师富勒继《西洋世界军事史》后的另一力作。书中分析了1789年以来世界各国政治、经济和社会等方面的重大革命对战争所造成的影响，并指出了20世纪战争指导的谬误和缺失，以及今日寻求和平时所应具有的战争指导观。作者约翰·弗雷德里克·查尔斯·富勒，英国军事理论家、军事历史学家，主要著作有《1919计划》《战争科学基础》《装甲战》《西洋世界军事史》《亚历山大大帝的统帅艺术》和《战争指导》。

替了有限战争。

征兵使军队的战场、后勤、战术发生了一系列变化。富勒认为，以征兵制为基础的革命军队同以雇佣兵制为基础的皇家军队相比，在战略战术方面拥有压倒优势，但在政治方面有一个严重的缺点。在一个全民皆兵的国家，无法维持长久的和平，因为失败者是强迫接受和约的，这种和约是不合理的。失败者一旦有了机会，就会企图推翻和约，所以休战是不稳定的。

在第3章“拿破仑战争”中，作者总结了拿破仑战争的特点、经验与教训。富勒认为，拿破仑战争的成功主要取决于 3 个要素：第一，拿破仑有实施统一指挥的权力；第二，拿破仑有卓越的指挥才能与军事才能；第三，拿破仑在每次战役之前，都要预先制订周密的计划。

拿破仑的主要作战原则是：

①重视进攻；

②依靠高速机动；

③实施有效的战略奇袭；

④在战场上，尤其是在决定性的进攻点上集中优势兵力；

⑤注意建立保护系统。

同时，富勒也对拿破仑最后失败的原因进行了深入的分析。他指出，拿破仑之所以最后失败，主要是由于他在战争指导上犯了 3 个错误：第一，在指挥上过于集中，没有一个组织良好的参谋部；第二，在政治上采取了不现实的政策，没有处理好同英国及其他国家的关系；第三，在大战略上犯了错误，赖以实现其政策的方法不妥，最多只能导致暂时的休战。

在第 4 章“克劳塞维茨的理论”中，作者重点分析了克劳塞维茨的理论。富勒认为，克劳塞维茨主要贡献在于：回答了什么是战争这个问题；区分了绝对战争与现实战争；论述了战争与政治的关系；提出了大战略与重心理论；总结了战争的一些基本原则；认为攻势防御是一种较强的作战形式；肯定了决定性会战的作用；阐述了人民战争理论。而克劳塞维茨的最大错误在于，他从来没有认识到，战争的真正目的是和平而不是胜利，和平应该是政策中的主要思想，胜利只不过是达到这个目的之手段。

在第 5 章“工业革命的影响”中，作者主要论述了始于 18 世纪后期的工业革命对人类文明、社会、军事的影响，并介绍了马克思、恩格斯的一些军事思想。

在第 6 章“1861 年—1865 年的美国内战”中，作者专门探讨了工业革命对美国的影响、美国内战的性质、南北双方的战略、美国内战中战术技术的发展、战争的残酷性与野蛮性以及战争的结果。

在第7章“毛奇、福煦和布洛克”中，作者介绍了毛奇、福煦和布洛克等人的军事思想。

富勒认为，毛奇的主要贡献在于：他认识到了铁路的战略意义；善于处理战争同政治、外交的关系；最先认识到前装式步枪的防御威力，并由此推论，正面进攻成本太大，要寻求胜利，就要采取包围方式；认识到由于军队规模与活动范围的扩大，运动工具的改进与运动速度的加快，要求指挥分散化。他在战争指导上的成功主要表现在1866年普奥战争与后来1870年至1871年普法战争。这两次战争之所以能迅速结束，原因主要是：战争目的有限，普鲁士参谋部占优势，普军运动速度快，普军战术胜过敌军。这两次战争不同于美国内战，不是征服战争，更不是歼灭性战争，战争的有限目的一旦实现，就能以和平方式结束战争。

关于福煦的军事思想，作者批评了他过分重视进攻和强调精神优势的观点，肯定了他对战争原因的分析。

富勒还指出：布洛克对战争的看法与福煦完全不同，他认识到了防御作为一种作战形式的重要意义。在此章中，富勒还对未来战争作了十分准确的预见。

在第8章“浩劫的根源”中，作者着重分析了19世纪末西欧一些国家以及俄国、日本的对外殖民扩张，论述了1870年至1903年的军事发展情况：一是普遍采用了使用无烟火药的小口径弹仓式步枪；二是改进了机关枪；三是使用了速射炮。

富勒总结了美西战争、英布战争和日俄战争的得失，分析了第一次世界大战前夕的欧洲局势。

在第9章“第一次世界大战的指导”中，作者主要探讨了第一次世界大战中协约国与同盟国双方在战争指导上的得失，其中包括双方的政治目标、作战计划、战略战术和战争结果等问题。

在第10章“列宁和俄国革命”中，作者主要分析了列宁在二月革命和十月革命中的思想、政策与实践。

在第11章“苏联的革命战争”中，作者比较了列宁与克劳塞维茨的观点，介绍了第三国际的建立，攻击了苏联的和平政策。

在第12章“二十年战争”中，作者首先批评了第一次世界大战后战胜国的错误政策。富勒认为，它们的目的是要征服对方，它们采用的手段是强迫。这样，战争的手段垄断了战争的目的，结果战争便以另一种方法进行，这样当然不会有持久的和平。富勒指出，德国是被迫接受和约的，一直没有放弃复仇的努力。战胜国用经济封锁的办法围攻德国，更加激起了德国的反抗。富勒接着叙述了希特勒的对内对外政策及德国的战争准备情况。最后，作者一一分析了第二次世界大战前夕德国、英国、法国和俄国的战术理论，指出了英国、法国、俄国等国忽视坦克、飞机的错误。

在第13章“第二次世界大战的指导”中，作者分析了第二次世界大战中同盟国和轴心国双方在战争指导上的经验教训。

在第14章“和平问题”中，作者回顾了自拿破仑战争到第二次世界大战期间的一些情况，分析了核武器对战争的影响，论述了美国、苏联在核时代的政策，并对第三次世界大战作了展望。

综观全书，我们可以明显看出，富勒把战争指导看成是一个历史的、动态的过程：他分析了政治、经济、军事、社会诸因素在不同历史时期对战争指导的影响，强调从综合的、变化的角度研究战争指导问题；他把军事理论同军事实践有机地结合起来研究战争指导问题，既评价了克劳塞维茨等人的军事思想，又分析了拿破仑等人的军事实践，从而做到了理论与实践的有机结合；他利用战例分析，对战争指导问题进行了具体研究，对历次战争中战争指导的经验教训进行了思考和研究，并以史为鉴，得出了自己的一些看法。

《战争指导》是近代资产阶级战争理论的代表作之一。它有相当丰富的内涵和某些独到的见解，特别是在战争指导的问题上做出了比较详尽的叙

▲ 约翰·弗雷德里克·查尔斯·富勒

约翰·弗雷德里克·查尔斯·富勒，英国将军，军事理论家，机械化战争论创始人之一。他 1899 年开始服役，参加过英布战争。他第一次世界大战期间，任坦克军参谋长。1929 年起任旅长，次年晋升少将。他后来一直从事军事历史研究和军事理论著述，对第一次世界大战中守旧的军事思想及传统展开了猛烈的抨击，创造性的提出了以装甲部队纵深突破造成敌人战略瘫痪为核心的一整套在机械工业时代准备和进行战争的理论，并深刻地影响和应用于第二次世界大战。此外，他以深厚的哲学底蕴，把军事作为艺术和科学的统一体加以深入研究，在军事理论和历史方面作出了划时代的贡献。

述。该书不仅从军事角度来观察战争的指导，而且同时从政治、经济和社会的发展来考察它们对战争的影响；不仅从正面论述了战争的指导，而且更多的是考察论述了错误的指导，很有启迪教育作用。特别是富勒关于战争的理论和指导战争的观点，都是经过反复探索和深思熟虑的，虽然其中有些看法或结论未必完全正确，但是毕竟能够自成一家之说，是值得读者认真加以思考的。这部著作对于研究西方的军事思想和战争指导原则具有较大的参考价值。美国前总统肯尼迪就曾将其作为自己案头常备的8本书之一，该书对其外交和军事政策也产生了重大影响。

核弹时代，战略应对

——《有限战争》

罗伯特·奥斯古德是美国的著名学者，美国有限战争理论倡导者之一。他 1921 年出生于美国圣路易斯，1952 年毕业于美国哈佛大学，曾在芝加哥大学、华盛顿外交政策研究中心等从事教学与研究工作，是美国著名的外交政策学者和专家。奥斯古德著有《美国对外关系中的理想与自身利益》《力量、正义与秩序》《联盟和美国的外交政策》《有限战争》《重温有限战争》《日本与美国在亚洲的地位》等，其中《有限战争》是奥斯古德的代表作。

《有限战争》是就核时代的常规战争问题进行研究的早期作品之一。20 世纪 50 年代，美国拥有绝对核优势，奉行“大规模报复”战略，企图利用强大的核优势进行讹诈。后来，由于苏联相继爆炸原子弹和氢弹并在投掷工具方面超过美国，世界局势呈现美苏“相互威慑”的局面，从而使“大规模报复”战略走进了死胡同——美国处于既不敢打核大战，又无力应付局部冲突的两难境地。在这种情况下，美国政治理论界开始纷纷探讨核时代下如何使用军事力量来保证国家安全的问题。

《有限战争》就是这种探索的产物之一。它系统地论证了核时代常规有限战争发生、发展的各种条件，进行常规有限战争的必要性等问题，奠定了美国有限战争理论的基础。奥斯古德强调，在工业革命巨大的经济与技术发展中，由于受战争物质手段的限制，有限战争可以说是有限目标的自然产品。但是，现代国家拥有巨大破坏力，要对战争进行限制，就不仅需要限制战争进行的区域，还必须要对战争使用的武器以及针对的目标进行限制。如

▲ 杜勒斯发表“大规模报复”战略

1954 年 1 月 12 日，国务卿杜勒斯发表演说，公开而详尽地对大规模报复战略进行阐述。他宣称，美国目前的基本决定主要依靠一支庞大的报复力量，它能够用我们选择的武器在我们选择的地方马上进行报复。这一战略主要把赌注押在核武器上，认为未来战争必定是一场核大战，而战略空军的远程轰炸机和陆基洲际弹道导弹将是其主要倚重的力量。外交上提出要执行比杜鲁门的遏制政策更有利、更主动的“解放”政策，即把社会主义国家从共产党的领导下“解放”出来。该战略建立在美国具有核垄断和核优势基础之上。随着核垄断地位的丧失和苏联核力量的迅速增长，美国自己也被置于核武器的威胁之下。

果对所拥有的手段不加控制，即使是一开始只运用于一个较小的地区，那么不论敌对各方如何精确地计划限制它们的目标，要想有效控制政治企图还是颇令人怀疑的。

《有限战争》共分 3 个部分 10 章。其主要观点包括：

①战略对军事力量的合理运用应能达到两个目的：其一是慑止类似于能引发全面战争的重大侵略的发生；其二是慑止或击败只能使用全面战争以外的手段应付的较小规模侵略。

②美国必须制订有限战争的战略，这主要是由于存在着“扩张主义”的共产党国家集团和核武器、生物、化学等大规模杀伤性武器，美苏都拥有摧毁对方的能力等因素。

③有限战争的基本问题是军事力量与国家政策间的关系问题。这主要取决于3个方面的原因：战争本身不是目的，而只是实现目的的手段；有限战争提出了道义与作为权宜之计的问题，这一问题必须在一个人对于力量与国家政策关系的正确理解基础上加以回答；可行的有限战争战略必须建立在可为美国和共产党领导人共同接受的限制条件基础之上。

④纯粹的军事上的胜利不仅可能会有助于国家政策的实现，甚至可能会危害国家政策目标的实现；为使军事力量成为推行国家政策的有效工具，必须“经济地使用”军事力量，就是使投入的军事力量与要达到的政策目标相适应；为使军事和战争行为与国家政策相一致，必须要将战争的整个过程严格地置于政治的控制之下。

⑤战争不仅是物质和技术手段的较量，也是意志的对抗。要确保将战争限制在一定范围内，则必须作政治上的努力。

⑥战争的目的与手段之间存在着必然的联系。战争的手段与战争的规模、强度等息息相关。战争物质手段的不断提高使对战争进行有效政治控制变得日益艰难。

⑦第二次世界大战后实际上就是有限战争的时期，美国和苏联形成了核“恐怖平衡”的僵局，这一局面使发生全面战争的可能性变得极小。美国应制订有限战争战略，使美国同时具备应付全面战争和有限战争的能力。

在这部著作中，奥斯古德对有限战争和全面战争的概念进行了科学的界定。他指出，所谓有限战争就是敌对双方在冲突中对他们的目标进行严格和明确的限定，而不是使用他们拥有的最大力量，从而使冲突最终能通过谈判得到解决。有限战争一般只有两个敌对势力，作战限定在一定的地区，目标也是严格限定的，主要是直接针对重要的军事目标。它只需敌对各方运用有限的部分人力和物质资源——他们的经济、社会和政治生活仍能照常进行而不受严重的影响。而全面战争是特指20世纪的无限战争，敌对各方动员和使用各自拥有的所有人力和物质资源，目标是针对对方的全体国民。

在战争史中，极端的手段与极端的结果是相伴的，一场强度、范围和破坏力极大的战争会刺激过度的目的，加上其他因素，战争的全面性就会抵消限制和控制的有效性，当然，这并不是说一场全面战争一定不受任何限制。人们必须认识到，即使是在一场全面战争中，也必须留有一定余地以指导政治策略和军事行动达到有限的、合理的战争结果。当然，进行类似控制的一个必要条件是，在制订和追求的政治目标方面进行有意识的考虑，允许敌对各方能在免遭全面失败或灭亡的情况下结束战争。奥斯古德在这部著作中明确地指出了军事力量与政治策略的关系和依据。他指出，战争并不是目的，它只是达成目的的一种手段。所以，从理论上讲，战争结局的性质应该对进行战争的方法产生一种富于控制力的影响。同时，也必须依据可获得的手段来规划战争的结局。所以决定战争手段实际上就是在一个更高层次，即在“国家战略”的高度上平衡目的与手段的问题。

当然，国家战略的主要目的不是进行战争，而是在可能的情况下不用战争就实现国家战略目标。一个国家是否能成功地达到这一目标，在很大程度上取决于它准备打的战争的类型、准备进行战争的环境、准备达到的战争目的和准备进行战争的方式，也即取决于这个国家关于战争与国家政策关系的总体认识，而这一认识将会以国家战略使用军事力量、并将之与其他力量要素结合起来以实现国家目标的形式反映出来。

在谈到有限战争与道义的关系时，奥斯古德认为：有限战争也提出了道义和它作为权宜之计这类基本问题，而且必须要在一个人对于力量与政策关系的正确认识基础上来做出回答。一方面，一个人不可能认为战争会与道义无关，那么他们就必须相信任何战略都是建立在道义基础上的，是把军事力量作为国家政策的工具来使用的；另一方面，他们又不能无视战争与军事力量对国家利益的影响，那么他们还必须将国家战略建立在能有效地运用军事力量的坚实基础之上。力量与政策结合中有关道义和作为权宜之计的一般问题已超越了有限战争战略的现实问题，但也不能将现实问题与它们割裂开，认为它是孤立起作用的。

他指出，可行的有限战争战略必须要建立在能为美国和共产主义国家领导人都接受的限制条件的基础上，因为除非冷战中的主要对手能遵守这些限制战争的条件，否则美国的有限战争战略就不能实现。

这一事实具有非常重要的意义，因为对战争有意加以限制是建立在一种对力量与政策关系的认识上，而这种认识又在许多方面有悖于美国对外关系的观念和主张。事实上，有限战争战略就是对美国战争的传统方法要进行根本的修正。

奥斯古德认为，有限战争和国家战略政治目标的问题不能与限制军事手段的问题相分离，如果没有军事政策、武器、技术和战术共同支持有限目标，则不可能有有效的有限战争战略，因为遏制战略取决于你们怎么去做而不是我们说些什么。成功的战略需要的不仅是简单地制订目标方案，它还要求达到目标与手段间的平衡，这样才能将目标置于手段的范围内，同时也使手段与目标相结合。否则的话，我们只能将安全系于恐吓、临阵磨枪和纯粹的运气。

在可预见的未来的军事和政治条件下，敌对各方在军事行动中可以做出限制的最为关键的方面是：作战目标、使用的武器和目标。没有在这 3 个方面的限制，很难想象一场战争会是有限的。而有了它们，则可以在其他方面进行限制，那么有限战争战略的核心问题其实就是制订出一种军事行动的方针，它既符合这 3 个方面，又能保证美国的安全目标。

“有限战争”理论对第二次世界大战后的战争理论产生了深远的影响，成为美国国家军事战略转变和重新设计的理论依据。透过美国冷战结束以来的战略思想和战略目标以及作战手段的变化，尤其是在现代高技术局部战争中所表现出的新的战略和战术原则，都可以看出奥斯古德理论的影响之大。《有限战争》一书对于研究美国的军事战略转变和在现代高技术条件下的战略战术使用，都具有重大的理论指导意义。所以，认真阅读和研究这部专著，是很有必要的。

博士高见，影响深远
——《核武器与对外政策》

《核武器与对外政策》是美国前国务卿、世界著名政治活动家和知名学者基辛格的早期著作，是当代美国核战略与有限战争理论的代表作之一。

基辛格于1923年出生于德国巴伐利亚州费尔特市的一个犹太人家庭。1938年基辛格迁居美国，1943年加入美国国籍，并于当年参加了美国陆军，赴欧洲作战。1947年，他退役。1950年，基辛格毕业于哈佛大学，1952年在该校获文学硕士学位，1954年获哲学博士学位，后在哈佛大学任教至1969年。1969年至1974年，基辛格任尼克松总统的国家安全事务助理，1973年至1977年，任美国国务卿。他曾先后于1973年和1977年分别获得诺贝尔和平奖和自由勋章。

作为美国及世界政治舞台上的风云人物，基辛格撰写了一系列关于美国对外战略的论著并产生了深远的影响。这些著作有：《核武器与对外政策》《选择的必要：美国外政策展望》《麻烦的伙伴关系：对大西洋联盟的重新估价》《美国外交政策》《白宫岁月》《动乱年月》等。其中，《核武器与对外政策》是基辛格的代表作之一。

尽管《核武器与对外政策》一书从维护美国国家利益的角度来分析问题，并为美国政府出谋划策，但该书对核武器、战略、外交政策三者之间关系的探讨还是较为深刻的。

《核武器与对外政策》1957年6月在美国首次出版之时，即受到美国政府的重视，并引起了各国学术界的关注。该书曾被美国国务院和国防部指定

▲ 基辛格

亨利·阿尔弗雷德·基辛格，是德国犹太人后裔，美国著名外交家、国际问题专家，美国前国务卿。1923 年 5 月 27 日，他生于德国费尔特市，由于纳粹党的迫害，1938 年移居美国，1943 年入美国籍。他与越南人黎德寿一同为 1973 年诺贝尔和平奖获得者，原美国国家安全顾问（美国总统国家安全事务助理），后担任尼克松政府的国务卿并在水门事件之后继续在福特政府中担任此职。作为一位现实政治的支持者，1969 年至 1977 年之间，基辛格在美国外交政策中发挥了中心作用。他在中美建交中扮演了重要的角色。著有《核武器与外交政策》《影子里的中国》《中国论》等书。

为所属官员的必读书之一，对美国外交政策产生过很大影响。

该书共分三大部分 12 章，这三部分分别为：有关生死存亡的问题（包括核时代的课题，难以解决的美国安全问题）；科学技术与战略（包括普罗米修斯的火，神秘莫测的战略——全面战争的原则，威慑的代价、有限战争的问题、有限核战争问题，外交、裁军和对战争的限制）；战略与政策（包括战略对各盟国和不承担义务的国家的影响，美国的战略与北大西洋公约组织——一场考验，不可捉摸的战略——中苏的战略思想，苏联和原子，理论的需要）。

基辛格在书中着重论述了美国在核时代应采取的战略和外交政策。其基本观点是：

①面对核困境，美国政府的任务是争取一种能给予美国外交以最大行动自由的战略理论，使美国的力量和所追求的目标平衡起来。

②核武器的巨大毁灭性，使全面战争的胜利推动了其历史的意义；核僵局可能防止全面战争；在核僵局时代，最好的战略也只能追求相对安全。

③有限战争将成为核时代推行政策对外的可能手段，成为美国从其工业潜力中得到最大战略利益的一种战争形式。

④战略理论比选择武器系统的问题更为重要。美国安全的基本要求是要有一种理论，以使美国能在挑战面前有目的地采取行动。

在该书中，基辛格还具体地指出：现代武器的极端残酷使人们一想到战争便发生厌恶之感；但是，不愿冒任何危险的做法无异于给苏维埃统治者一张空白支票。正当我们空前强大的时候，我们不得不认识到，与所服务的目的没有明显关联的力量，只能使意志陷于瘫痪，使我们的力量和看来我们最需要坚持的问题平衡起来。这是美国政策所面临的最为紧急的任务。为此，他强调："战略理论的任务是把力量转化为政策。"

在一个"主权"国家的社会里，一个国家只有甘愿最后诉诸武力，才能支持它对正义的见解，或者维护其"重大的利益"。人人都知道，即便是在看来极端和谐的时期，当谈判失败后，并不是再从头谈起，而是可能施加其他压力。解决国际争端的背后动力，总不外乎对和谐的好处的信心和对顽固到底后果的戒心这两种东西的结合。通过对不妥协不加制裁的做法来摒弃武力，国际秩序势必受到国际社会中最冷酷或者最缺乏责任感的成员的蹂躏。基辛格分析说：拥有原子弹并没有能够使我们阻止一个敌对的国家扩张其势力范围，阻止它发展足以给予美国致命一击的能力。这是怎么回事呢？基本上是因为我们把原子弹列入了军械库，而没有把它所含的意义同我们的思想联系起来。因为我们只把它看作这样一种战争概念中的一种工具，即除了全面胜利以外不接受其他目的，除了全面战争以外不承认其他作战方式。

基辛格指出："认为战争与和平、军事目的和政治目的是彼此隔离而相对立的这种见解，在第二次世界大战末期的战略理论中颇为普遍，这使世界上最大的强国发觉，由于自己没有能力按照核时代的冒险程度来调整政治目的而使本身陷于疲弱无力。我们不能使军事和国家政策脱节，我们的军事理论必须为新武器寻找中间性的用途。从今以后，我们必须根据任何战争都可能成为核战争这个不幸的假定来规划战略。"

基辛格强调指出，一场使用现代武器的全面战争将产生远远超过以前任何经验的后果。热核爆炸所产生的暴风和热力的效应能使现代城市生活的紧密相互关系陷于瘫痪，近期沾染能使广大地区居民的生活降低到勉强度日的水平，遗传的效应能对整个人类造成威胁。在这种情况下，空谈"纯"军事的理由是无益的。

基辛格指出：从纯军事的观点看来，轰炸飞机场、破坏港口设备或消灭交通中心，最有效的方法莫过于使用一枚百万吨级的武器。不过，战略上的难题是力量和使用力量的意愿之间的关系，是国家政策的物质的和心理的组成部分之间的关系。认识到热核战争的这种后果，决策人对于制订战略将感到空前的踌躇，因为这种战略很可能造成社会崩溃的恶果。因此，恰恰是在我们承担的义务最大的时候，新的科学技术加大了我们的危机。有史以来我们第一次面临遭受敌人直接攻击的危险。在工业和技术的优越条件方面，没有任何余裕足以从决策人的头脑中排除他们所意识到的我们日益容易遭受攻击的事实。这些决策人必须在和平与战争之间加以抉择。可是我们的危机能同时也给我们指出一条走出窘境的道路。只要我们的对方也像我们一样真正看出全面的热核战争的后果，他们可能避开灾难，不是通过利益的调和，而是通过相互的恐惧。我们把威慑和报复力量视为一事，无论这在历史的类似情况中如何错误，或许终于能够成为获得持久和平的基础吧。他指出：军事力量决定着实力的斗争，可是政治目的却决定着应付的代价和斗争的强度。

基辛格指出：全面战争远不是一种“正常”形式的战争，它构成一种特殊情况。全面战争的发生是由于政治领导人放弃职责，或是由于敌对双方裂痕过深，似乎只有将敌人全面毁灭才是值得斗争的唯一目标。这样战争只是在较短的时间里才是以“单纯的”军事理由为根据的。例如在 16 世纪和 17 世纪历次的宗教战争期间，当时宗教分裂使得双方都企图毁灭对方；在法国革命的战争期间，当时在思想上发生分裂，双方都企图用武力将他们对于正义的见解强加于对方；在第一次世界大战以来的战争循环期间，这时政治领导人放弃职责，而从那时以后，便转入了一种革命的斗争。两次世界大战的战略都是以两个互相关联的因素为基础：国民经济除维持最低生活以外还能生产很多剩余物资；武器的毁灭性较小，因而一方的力量有任何程度的增加就能在战略上具有重大意义。

使现代战争的总体动员成为可能的，是产业革命以及因而产生的职能的专门化。即使在那时候，如果不是因为目前所谓的常规技术毁灭性较小，寻求全面胜利也会是自取失败。因为只有在战争结束后，胜利者还保持充分的物资资源足以使敌人屈服，全面胜利才具有意义。

总之，有限战争的战略不能被用来作为要强迫对方无条件投降的低廉的手段。不能把武力和外交的关系作为全面战争的另一种面目而建立起来。全面安全的可能性已经随着美国的原子弹独有优势的消失而告终了。

有限战争以及与它相适应的外交政策为避免以下两种情况提供了出路，那就是：徒劳无益地追求绝对和平，它之所以不能是由于希望的渺茫；徒劳无益地追求绝对胜利，它之所以不能是由于后果的无限严重。

游击大师，经验结晶

——《游击战》

《游击战》是一部在拉丁美洲具有广泛影响的军事著作。其作者切·格瓦拉是拉丁美洲著名的革命活动家、游击战理论家，现代拉丁美洲游击战理论“游击中心主义”的倡导者。

格瓦拉于1928年出生在阿根廷罗萨里奥市一个资本家兼庄园主的家庭。他青少年时期深受资产阶级民主主义思想的影响，同时也初步涉猎马列主义著作，具有资产阶级民主革命思想。

1953年，格瓦拉毕业于布宜诺斯艾利斯大学医学系。他自动丢掉被当时青年视为神圣的医生职业，选择在拉丁美洲各地四处游荡，深入进行社会调查。这使格瓦拉对社会的不公及低层民众的艰辛生活有了更加深刻的感受，对武装革命的价值有了更加清楚的认识。同时，他研读了大量的社会主义革命的论述，接收了革命理论，吸取了国际社会无产阶级革命运动的经验教训，从而逐步确立起了暴力革命的信念。

1954年，格瓦拉在危地马拉进行社会调查，宣传暴力革命理论，参加了危地马拉阿本斯领导的农民政府。同年6月，由于新政府内部分歧和外部武装力量的打击，阿本斯政府被推翻。格瓦拉作为原新政府的主要人物而被列入重点抓捕对象。在这种情况下，他不得不转赴墨西哥，努力寻找革命武装组织。

1955年，格瓦拉在墨西哥与正在过着流亡生活的古巴革命领导人卡斯特罗一见如故。他参加了卡斯特罗领导的游击队，成为卡斯特罗的得力助手。

▲ 切·格瓦拉

切·格瓦拉（1928年6月14日—1967年10月9日），本名埃内斯托·格瓦拉，古巴共产党、古巴共和国和古巴革命武装力量的主要缔造者和领导人之一。他是阿根廷的马克思主义革命家、医师、作家、游击队队长、军事理论家、国际政治家及古巴革命的核心人物。古巴革命胜利后，他任古巴政府高级领导人。他后来辞去职务，离开古巴到第三世界进行反对帝国主义的游击战争。1967年，他在玻利维亚被捕，继而被杀。他的代表作品《游击战》《古巴革命战争的回忆》《在玻利维亚的日记》。

1957年，格瓦拉任起义军第2纵队司令。1958年，他率军配合卡斯特罗等解放了圣克拉等重要城镇。1959年，格瓦拉乘胜挥师西进，于1月4日一举攻克首都哈瓦那，推翻了巴蒂斯塔的反动统治，参与缔造了古巴共和国。他被称为起义军中“最强劲的游击司令和游击大师”。

古巴革命胜利后，格瓦拉历任土改委员会主任、国家银行行长、工业部部长等职。1962年至1965年，他任古巴社会主义革命统一党（古巴共产党前身）全国领导委员会书记处书记。1960年起，格瓦拉提出“游击中心”论、“大陆革命”论，主张输出革命和输出游击战争。这些理论通称为“格瓦拉主义”。

1965年4月，格瓦拉辞去古巴官职，放弃古巴国籍，试图到其他不发达地区组织革命游击战争。他先后到非洲的刚果、拉丁美洲的玻利维亚建立和领导游击组织，发动游击战争，但因种种原因而失败。格瓦拉本人也于1967年10月被玻利维亚政府杀害。

格瓦拉一生从事革命斗争，努力组织革命游击力量，领导所到之处的游击队进行了大量游击战。他的革命意志之坚定与卓越的组织领导才能深受民众敬佩。他的游击队思想和战略战术也为经济不发达地区革命武装力量建设提供了丰富的财富，人们赞誉他是“游击大师”。格瓦拉不仅对革命游击战争的实践做出了世人瞩目的贡献，他还结合自己的斗争实践，努力研究革命游击战争的规律，形成了具有格瓦拉特色的革命游击战争理论。

格瓦拉的主要著作有《游击战》《论游击战问题》《格瓦拉在玻利维亚日记》《古巴革命战争回忆录》等。

《游击战》是格瓦拉的代表作。该书于1960年由古巴革命武装部训练处委托古巴全国土地改革委员会印刷所出版发行，作为士兵培训的读物之一。1974年，复旦大学将其译为中文，并于1975年2月出版。由于《游击战》一书不仅是格瓦拉组织领导游击战的亲身经历的写照，又是他对游击战经验教训的科学总结，所以它比较具体、生动、准确地反映了游击战的特点。

该书共分4章，从“游击战的一般原则”“游击队员”“游击组织”3个层面对游击战问题进行了论述。作者以古巴武装斗争为基础，提出“游击中心”的理论。

格瓦拉认为，游击战要由城市中少数青年学生和知识分子作为“领导核心”，在人烟稀少、居民分散的边远地区发动游击战争，采用“打了就跑”的战术，通过最初的胜利把群众吸引到自己队伍中来，像蜜蜂分群一般不断开创新的游击中心从而最终取得革命的胜利。

在该书中，格瓦拉还阐述了作为后进国家即所谓不发达国家组织游击战争的两点基本想法：其一，为了革命成功并夺取政权，与其依靠城市武装起来的劳动人民反体制运动，不如依靠没有土地的贫农所开展的游击战；其二，虽说通过游击战争能够动摇统治者，但仅靠这一点，不能获得最后胜利，革命不能成功。因此，必须在游击战争中使人民武装发展为正规军队，使游击战发展为正规战，并同统治者的军队进行决战，从而取得胜利。格瓦拉还强调指出，为夺取这一胜利，重要的是，要彻底摧毁敌人的武力，以占领一山、一林或一座城市等局部地区为目标是没有意义的。

格瓦拉在《游击战》中，把“从敌人那里夺取武器，武装自己，并壮大自己”作为游击队的重要战略。他认为，这一战略的进一步发展，就是积极地奇袭敌人基地，补充自己的武器和弹药。他强调，必须珍惜武器，当自己的游击队员牺牲的时候，要想尽一切办法收回武器和弹药，不让敌人抢去。他提出，游击战的最大特点在于“不断地发动进攻”。因此，游击队要时刻保持机动能力，依靠机动保存自己，消灭敌人。

他强调，要反复进攻敌人的前哨据点，直到彻底摧毁；要不失时机地攻击敌人的基地，对战区内的敌人，不断发动攻击，使敌人造成被包围的感觉。

为了实行这种不间断的进攻，格瓦拉提出，游击队要编成以五六个人组成的小分队，在各种场所袭击敌人的巡逻队。敌人如果反击就实行退却，采取“经常保持一定距离”的战术。敌人如果返回原来的位置，游击队再次发动进攻，给敌人经常遭到袭击的精神压力，从而使敌人的士气和战斗力衰退下去。这种小分队的反复进攻，对于游击队来说，危险最小，而给敌人造成的损失是很大的。

为了使游击队能够生存和战斗下去，他还提出了建立一些永久的根据地的主张，并认为，永久性的根据地“应该是这样一个区域，它可以向游击队提供各种支援，设有为游击队服务的工业、补给、训练、医疗、交通和邮政等设施。”

格瓦拉还认为，不应该机械地按照战术规定去作战，应该培养不管出现任何情况，都能抓住时机，随机应变地采取措施的能力。格瓦拉强调：游击队必须通过每一次战斗或战斗的每一个瞬间，针对具体情况，研究出“自己的战术”，同敌人相比，游击队经常处于优势地位，必须进行奇袭作战。他以自己切身的经验反复强调：“面对着日益进步的反游击战术，必须以胜过以往的游击战略来对付它。”

《游击战》一书不仅在古巴和拉美其他国家产生了重要影响，成为其游击队员必读之物和训练教材，而且在战后世界军事著作中也占有一席之地。日本著名军事理论家小山内宏在《现代战略论》一书中对《游击战》这部著作给予了很高的评价。他认为《游击战》“从实际出发，讲解了具体的游击战术，它最准确地反映了游击战的特点”。小山内宏认为“《游击战》一书，同毛泽东的《军事论文集》、武元甲的《人民战争论》，对于后进国家的游击队来说，同样是重要的教科书”。

但由于格瓦拉对战后国际关系新格局下的阶级矛盾没作具体的分析，单纯强调游击战的军事影响从而不可避免地带有军事冒险主义和流寇主义倾向。他领导的游击斗争的失败也说明了这一点。读者在读该书时，要明辨其中道理，取其精华，弃其糟粕。

造诣颇深，“雅俗共赏”
——《现代战略论》

《现代战略论》是日本军事评论家小山内宏撰写的一部战略问题专著，主要论述了战略的含义和分类，世界著名军事家的战略观，第二次世界大战以后美国的军事战略，并详细分析了日本的专守防御战略。该书 1972 年由日本产报出版发行，之后多次重印。1975 年，吉林人民出版社出版了由吉林省哲学社会科学研究所翻译的中文本。

小山内宏 1924 年出生于日本东京，是日本著名的军事评论家。第二次世界大战以后，他曾在美国从事军事研究，1971 年作为日中文化交流协会成员访问中国，并同周恩来总理就军事问题进行了交谈。

小山内宏在军事理论研究方面造诣较深，撰有《越南战争》《第三次世界大战》《都市游击战》等许多著作。

《现代战略论》是小山内宏的一部比较有代表性的著作。《现代战略论》一书首先用很大篇幅论述了战略的含义。为了更加准确地阐明战略的含义，作者首先论述了战略与战术的区别，通过对东方的战略——《孙子兵法》、日本的战略——《武田信玄》和《甲阳军鉴》、克劳塞维茨的《战争论》、毛泽东的战略——《论持久战》、武元甲的《军事艺术论》、格瓦拉和马利格拉的游击战略，对拿破仑和希特勒的战略的剖析与论述，给人们拉开了一个总体的战略场景和形形色色的战略“超市”。最后，作者阐明了自己对战略的认识。

他说，应该明确地认识到，所谓战略不论怎么说都是同军事力量的运用相联系的，是为了达到战争和军事作战的目的，高瞻远瞩地执行战争计划，有规模地运用军事力量的基本方针和策略。

如果从更高的立脚点解释，战略可以分为“国家战略”和“军事战略”两种。“国家战略”是为了实现国家的目标，在平时和战时为在发展和运用国家力量的同时，发展和运用政治、经济、社会等各方面的实力而采取的方针和策略。在国家战略中，最为重要的就是“军事战略”。军事战略是为推行国家对外关系而运用军事力量的方针和策略。上述国家战略、军事战略可以称为“广义”的战略。在军事上所说的战略，即“设想、计划、准备、指导作战的方针、策略”是“狭义”的战略。通俗地讲，指挥全部“战斗”或战场的就是“战略”。

作者认为，第二次世界大战末期开始的美苏对立导致了美国对苏联的敌视政策。在这种形势下，美国国务院曾提出3个新的战略设想，即：关于“遏制力量”的设想，“战略军”的设想，还有以平时临战体制的战略代替原来的紧急动员战略的设想。

此后，美国还相继提出了大规模报复战略、灵活反应战略、核战略等。大规模报复战略是根据“全面战争或者大规模的局部战争都用核武器”的基本思想而制订的。根据这种战略，美国三军不论在全面战争还是在局部战争中，都进入了使用核武器的战争状态。作者认为，美国在推行灵活反应战略的时期，开始了对民族解放战争的镇压，例如，先是进攻古巴而后介入了越南战争。

对于第二次世界大战后的“冷战”的实质，小山内宏进行了剖析。他认为，麦克阿瑟刻画了冷战的实质——“政府以时局严重为借口，煽动疯狂的爱国热情，使我们经常处于不安的状态中，政府认为，假如国民不盲目地承认政府提出的庞大预算，我们的国家将被可怕的外国势力或者隐藏在国内的危险势力所灭亡。但是，我们回过头来看看，这种非常的局势似乎根本没有出现，甚至令人感到那只不过是一种妄想而已。”威尔逊揭开了冷战的冰山一角——“实际上整个美国正在成为追逐冷战的获利者……在军需工业方面一个不容忽视的事实，就是有许多美国人正在通过它而获得利益。这种利益涉及一切领域，如财产、交易、就业、选举、提升的好机会、科学家所得报酬的多寡等等。要想急剧改变这种状态，就将引起摩擦，这是一个麻烦的问题……若是立即停止冷战，则将使拥有巨大航空工业的加利福尼亚州陷于一片混乱。”

哈佛大学斯利克特教授说得更加明确：“只要继续进行冷战，就不会发生严重的经济萧条。如果冷战能使需要增加，保持高度的就业率，促使技术进步，有助于国家生活水平提高，那么我们就应该向使美国的资本主义充分发挥作用的苏联表示感谢。”作者认为，从现象上看，冷战可以看作是对外战略的国防设想，但是实质上它是根据国内战略和经济结构的需要而进行的。

该书对核战争也进行了详细的分析，认为通过核战争很难形成遏制力量，这是因为尽管谋划用庞大的核遏制力量来遏制战争，期望使对方产生恐怖，以求达到遏制的目的，但实际上自己却感到了核战争的恐怖，因此，实行这种战略似乎遏制了对方，但也遏制了自己，导致了难解难分的“核僵局”。

该书还对日本的“专守防御”战略进行了系统的分析和研究。作者历数了日本从专守防御走向自主防御进而发展成为攻势防御的经过，指出了日本军事战略的基本思想及其演变过程。

作者认为，日本国土狭小，南北细长，防御正面广阔。世界一流的战斗轰炸机不到20分钟就可以从南端或北端侵入首都地区。在这样的地理条件下，执行“专守防御”的战略是很困难的。因为所谓“专守防御”战略是以“本土决战”型战争为目标的战略。也就是说，必然要同登陆的敌方大军在日本的土地上展开决战。这样，以登陆点为中心，将出现一个可怕的破坏和杀戮的战场。而且，日本海岸地区布满城市，人口稠密，日本国民必然蒙受极大损失。此外，日本海岸线很长，有许多适于登陆作战的海滨。由此看来，所谓本土决战型战争绝不是只加强武器装备和军队就可以取胜的。因此，日本必须采取先发制人的进攻或采取马上就能进行报复性攻击的攻势战略。现在，日本在演习和其他方面也正在向着这个方向前进。当然，即使用攻势防御的战略进行战争，若对方是军事大国，结果还要遭到巨大报复。

基于上面的分析，作者认为：日本国不具备进行现代战争的条件。作者在书中分析指出：现在，日本已经发展成为高度发达的先进国家，众多的国民追求着和平的生活。生活在今天的日本人恐怕很难还能像过去日本军队那样经受住艰难困苦而进行战争。现在，文明国家的国民除了依靠机械力量进行战争以外，用别的办法是很困难的。

因此，作者认为日本人已经不能进行战争，对于老早就从内心厌恶战争的现代日本人来讲，即使是使用加强国防的口号声去大声恫吓他们，也很难把他们驱赶到战争中去。日本只靠通过建设强大的军事力量来建立国防和从事防御战争是不行的。作者认为，现在正是需要切实研究什么是日本的真正的战略的时候了。

在书中，作者明确指出，“有人认为现代战略的特点是：‘为了抑制战争，在战争爆发时，防止其扩大’。但是，现代的战略是否抑制了战争呢？从过去著名的战略论，特别是从近代到现代具有代表性的战略论来看，很明显，除少数以外，都是‘为了战争的战略论’。所谓为了防止战争的战略，只不过是政治辞令而已。在谋求民族解放和独立的战争中，执行人民战争战略的人们，甚至明确而坦率地指出：‘革命要依靠枪杆子’‘解放战争是为了消灭战争的战争’。所谓现代的‘战略’与其说是尽快地消灭战争，莫如说是准备战争。”

《现代战略论》的写作方法和文字表述比较通俗、简明，但其内容和思想蕴涵却比较丰富与深刻，可以说这是一部“雅俗共赏”的战略著作。阅读该书，对于了解美国、苏联和日本的军事战略思想有一定的参考价值。

美国战略，系统总结

——《大战略》

《大战略》全名《大战略：原则与实践》，是美国在1973年出版的一部比较系统、全面地论述战略问题的理论著作，是现代西方大战略理论的代表作。作者约翰·柯林斯是美国国会研究防务问题的高级专家，美国国防大学战略研究所所长，著名的战略理论家和“书斋战略家”。该书中译本由战士出版社于1978年出版。

《大战略》全书共6部分，29章，另含前言及代序：“战略思想的演变”。这6部分分别是：大战略的结构（包括目的与手段，对威胁的估计问题，战略的实际，作战原则）；战略环境（包括全面战争的性质，有限战争的性质，革命战争的性质，冷战的性质）；当代美国各派军事思想（包括对美国安全的外来威胁，美国大战略的概貌，威慑的概念，战略报复的概念，战略防御的概念，灵活反应——美国战略的一个组成部分，美国关于集体安全的概念，美国对欧洲的战略，美国对东亚和西太平洋的战略，反暴乱的战略思想）；特殊考虑事项（包括地理的影响，武装部队的特点，军备控制的影响，经济与财政方面的制约，科学、技术与战略，民族特性及其态度）；通往战略优势的道路（包括成功的战略家的特征，培养创造性的思想）；战略的运用（包括越南战争：对大战略的一个实例研究）。

该书是美国在越南战争败局已定的历史背景下，从大战略的角度对失败的教训进行总结的产物。作者认为，多年来，美国人没有很好地研究大战略，在越南战场上尽管美国的军事技术“出类拔萃”，但由于多数决策人过

▲《大战略》

《大战略》一书全名为《大战略：原则与实践》，是美国在1973年出版的一部比较系统地论述美国战略问题的著作。书中除重点叙述了当代美国的各派军事思想和军事战略外，还叙述了美国的对外政策以及与军事战略有关的地理、经济和科学技术等问题，对于研究美国的军事战略有一定的参考价值。作者约翰·柯林斯是美国著名战略理论家，曾获哲学博士学位。他长期在美国国会供职，研究防务问题，并担任过美国国防大学战略研究所所长。

分热衷于使用武力，忽视了《孙子兵法》“上兵伐谋”这一名言，结果输掉了战争。作者强调，如果没有深谋远虑的政治战、经济战、社会战和心理战的配合，军队是不能取胜的。美国今后必须从大战略的角度指导战争。

该书提出，大战略是在各种情况下运用国家力量的一门艺术和科学，目的在于通过威胁、武力、间接压力、外交、诡计以及其他可以设想的手段，对敌方实施所需要的各种程度和各种样式的控制，以实现国家的安全利益和目标。

大战略的结构包括目的与手段两部分：目的是国家的安全利益和目标，手段是国家现有的各种力量。目的必须与手段相适应。如果目的与手段脱节，就会遇到难以估计的风险。

具体说来，该书 6 大部分主要研究了下述问题：

该书的第 1 部分，作者主要探讨了大战略整个领域与国家安全利益、目标、政策以及国家力量各组成部分之间的相互关系，并对国家战略、大战略和军事战略的区别、基本战略方法、主要战略思想学派、作战原则等问题进行了评述。

在论及大战略和军事战略的关系时，他强调指出，“军事战略”和“大战略”有联系，但绝对不是同义词。军事战略是以暴力相威胁为基础的。它力求通过武力来取得胜利。

大战略是在各种情况下运用国家力量的一门艺术和科学，以便通过威胁、武力、间接压力、外交、诡计以及其他可以想到的一切手段，对敌方实施所需要的各种程度和各种样式的控制，以实现国家安全的利益和目标。

大战略如果运用成功的话，将减少使用暴力的必要性。同样重要的是，大战略所寻求的远不是战争的胜利，而是持久的和平。军事战略主要是将军们的事，而大战略则主要是政治家们的事。大战略支配着军事战略，而军事战略只是大战略的一个组成部分。

该书的第 2 部分，作者集中论述了当代的战略环境以及由这种环境引起的各种战略问题，如全面战争、有限战争、革命战争和冷战的性质、原因、目标、方法、计划、需求、定义、战略战术等。作者认为，全面战争是“指美国和苏联之间一次灭绝种族的摊牌，由于广泛使用大规模毁灭性武器，它可能危及整个地球的安全”；有限战争是指“在全面战争与冷战这两个极端之间存在着一系列常规战争，笼统地称为有限战争”；冷战“是冲突光谱下端的国际紧张局势的一种活跃状态”。关于革命战争，作者鲜明地站在帝国主义和反动势力的立场上，不仅论述了革命战争的目的、发展阶段，并提出了防止革命发展的极为反动的议论。

该书的第 3 部分，作者概述了第二次世界大战后美国朝野对外威胁、大战略、威慑、战略报复、战略防御、灵活反应、集体安全、在欧洲的战略、在亚太的战略、在中东的战略、反暴乱战略等一系列战略问题的不同看法与反应。

该书的第 4 部分，作者分析了一些需要特殊考虑的与大战略相关的问题，如地缘政治理论、军备控制、国防经济、科学技术、民族特性等。

该书的第 5 部分，作者介绍了发现、动员、鼓励和指导军内外有才干的人的方法，并特别论述了成功战略家的 12 个特征：多智慧，有理性，敢怀疑，有耐心，博学多才，擅长分析，虚心好学，有自信心，能够钻研，富于想象，尊重客观，善于表达。

该书的第 6 部分，作者运用以前各章的理论和分析方法评价越南战争中双方使用的战略。作者同时，对战略的本质内涵做出了进一步的阐述："战略可以是一种谁都能玩的游戏，但是，它不是一种谁都能玩好的游戏。只有最有天赋的人，才能有较多的机会取胜。"为了充分说明这一问题，作者引用了博弗尔将军的一段话作为佐证——"战略是一种任何人都可以参加的、引人入胜的、有教育意义的并在智力方面能使人振奋的游戏。业余爱好者是出于兴趣，而专业人员则是为了牟利（包括国家的利益），只要他们机敏就行。不论是理论家还是实际家，是专家还是一般实际工作者，在这个领域里都可以大显身手。"

在第 6 部分中，作者用以前各章提供的分析方法，对越南战争中双方使用的战略作以研究和评价，他运用越南战争的一些实例，说明了美国在战略决策方面失败的原因，并以此结束全书。该书除概述了当代美国各派的军事战略思想外，还叙述了美国的对外政策以及与军事战略有关的地理、经济和科学技术等问题。

作者在书中引用了孙子、约米尼、克劳塞维茨、马汉、杜黑等许多世界著名军事人物对战略问题的言论，使读者能够领略到一些权威性著作对待战略的观点。

综观全书，柯林斯主要论述了如下观点：

①大战略是各种情况下运用国家力量的一门艺术和科学，以使通过威胁、武力、间接压力、外交、诡计以及其他可以想到的手段，对敌方实施所需要的各种程度和各种样式的控制，以实现国家安全的利益和目标。

②应根据不同的战争实施不同的战略，如边疆战略和积累战略，直接战略和间接战略，威慑战略和实战战略，打击军事力量战略和打击社会财富战略。

③没有一条作战原则是永恒不变的，应通过正确运用作战原则实施战略指导，常见的12条作战原则有：目的，主动权，灵活性，集中，节约，机动，突然性，扩张成果，安全，简明，统一指挥，士气等。

④全面战争是美苏之间的核大战；冷战是“冲突光谱下端的国际紧张局势的一种活跃状态”；有限战争是在全面战争与冷战之间存在着的一系列正规战争的统称；革命战争是“用自觉的努力，通过非法的强制手段去夺取政权”。

⑤大战略受各种因素的制约，如地理的影响，武装部队的特点，军备控制的影响，经济和财政方面的制约，科学和技术方面的影响，民族特性及其态度的影响。

⑥成功的战略家均具有如下共同特征：即才智，智力的主动性，敏锐的分析能力，坚韧性，能言善辩，开阔的眼界，有预见性。

柯林斯编写《大战略》这部著作的目的是为当局制订战略献计献策，并向公众鼓吹其战略思想。作者对国家战略、大战略和军事战略等基本概念做了较为明确的界定，从国家安全、利益、目标、政策及国家力量各组成部分，以及地理、经济和科学技术等方面，较系统地论述了大战略理论，为认识和理解美国各派军事思想及军事战略提供了新的视角，较其他同类著作更为系统、全面。

另外，作者较为客观地肯定了中国古代兵家孙子的历史地位，并承认马克思、恩格斯、列宁、斯大林和毛泽东是“公认的战略创新者”，因此可以说《大战略》一书是目前西方国家中“最好”的一部战略著作。

不过，作者对当代世界某些问题的看法是错误的，如否定战争有正义非正义之分，在很多方面对革命战争理论持否定态度等。

“现代马汉”，觊觎远洋

——《国家的海上威力》

第二次世界大战结束后，出现了美苏两个超级大国争夺全球霸权的世界战略格局，爆发新的世界大战尤其是核大战的危险性不断增大，冷战与对峙成为时代的特征。至 20 世纪 70 年代中期，世界大洋水域出现了一支与美国全球性海军并驾齐驱的远洋导弹核舰队。谢·格·戈尔什科夫就是这支舰队的组织领导者。

作为一位担任苏联海军总司令长达 30 年之久的海军领导人，戈尔什科夫为苏联海军由近海防御型发展成为远洋进攻型的海上作战力量做出了杰出的贡献。

同时，作为一位造诣颇深的核时代的海军理论家，他写下的《国家的海上威力》能与马汉《海军战略》和科贝特《海上战略的若干原则》相提并论，并被世界海军学术界誉为“现代马汉”。

戈尔什科夫在领导建设苏联远洋导弹核舰队的实践中形成了独具特色的海军战略思想。这一思想不仅促进了核时代世界海军战略理论的发展，而且对冷战期间美苏全球军事对抗的格局产生了深刻的影响。今天，我们仍然能从俄罗斯核战略部队的建设与运用中看到戈尔什科夫“核海军制胜论”的影响。

戈尔什科夫于 1910 年 2 月 26 日出生于乌克兰。戈尔什科夫青少年时代正值国际国内军事斗争十分激烈、战争不断之际。在英雄主义和爱国主义精神的驱使下，他立志成为一个建功于国家的优秀军官和军事家。

▲《国家的海上威力》

《国家的海上威力》通过系统总结历次战争经验，强调海洋、海战场和海军的作用，主张拥有并运用国家的海上力量开发和控制海洋，以实现国家的战略目的。海上威力在一定程度上标志着一个国家的经济和军事实力。他认为，苏联同一些帝国主义大国对海上威力看法的根本区别源于他们的阶级本质。帝国主义国家将海军作为它们夺取世界霸权的主要工具之一，并把国家海上威力这一概念同海上军事实力或海军的范畴等同起来，而苏联则把海上威力看作是一个包含各种因素的复杂综合体，它关系到国家经济、国防能力等一切利用海洋的条件和开辟利用海洋的途径。

1927年，戈尔什科夫参加了苏联海军。直到1985年辞去苏联海军总司令，他度过了长达58年的海军生涯。作为一名将苏联海军建设作为自己毕生事业的海军军官，戈尔什科夫受到过正规的各级专业培训——他曾先后毕业于伏龙芝海军学校、雷击舰舰长训练班和海军学院高级首长进修班。

戈尔什科夫迈出初级海军军官学校大门时，正赶上苏联经济开始好转和军事实力逐步增强，特别是苏联最高当局提高了海军在整个武装力量中的作用地位。他先后在黑海舰队、太平洋舰队任职。由于工作努力和成绩显著，戈尔什科夫很快脱颖而出，成为青年军官中的佼佼者而得到上级提拔，历任护卫舰舰长、驱逐舰舰长和驱逐舰支队长。他不到30岁就晋升为黑海舰队巡洋舰支队支队长。

苏联卫国战争爆发后，戈尔什科夫参加了黑海舰队进行的重大战役战斗，经受了战争的严峻考验。

自1944年4月起，戈尔什科夫任多瑙河区舰队司令。他指挥舰队保障了乌克兰第3方面军成功地强渡德涅斯特湾，还率领舰队参加了解放南斯拉夫和匈牙利首都的作战，出色地完成遣送部队突击登陆、舰炮火力支援和占领港口等任务。

第二次世界大战结束以后，戈尔什科夫继续留在黑海舰队。他先后担任过分舰队司令、黑海舰队参谋长。1951年8月，戈尔什科夫被任命为黑海舰队司令。

1955年7月，戈尔什科夫被赫鲁晓夫看中，调入莫斯科任海军第一副总司令，晋升为海军上将。1956年，他接替库兹涅夫担任苏联国防部副部长兼海军总司令。也正是从这时起，苏联海军踏上了通往远洋攻击型导弹核舰队的征程。

戈尔什科夫1967年晋升为苏联海军元帅。戈尔什科夫步入苏联海军最高领导层时，正值美苏两个超级大国展开一场规模空前和以战略核打击手段为中心的军备竞赛时期。面对美国海军的严峻挑战，如何找到一条便捷的途径，在短时间内迅速增强海军实力和采取正确的海军战略运用方针，对于苏联国家军事战略及海军战略至关重要。戈尔什科夫敏锐地捕捉到核技术及其应用为苏联海军带来的千载难逢的历史机遇，组织领导了这一时期苏联海军建设和在世界大洋上与美国海军进行全面核对抗的全过程，并形成了独具特色的“核海军制胜论”。

这一思想的实质是以弹道导弹核潜艇为主体的核海军是国家战略核武器的主要携带者和未来战争的主角，能够直接对核战争的进程与结局产生决定性的影响，而优先发展弹道导弹核潜艇和采用以海军对陆地核突击为主的战略运用方针，就能够在短时间内对美国构成致命的核威胁和打赢全面核战争，使苏联在核时代获得极大的战略效益。

戈尔什科夫在任职期间，科学地观察并分析研究了当时的世界形势，对苏联的国防事业进行了深入的思考。他根据自己的作战经验以及对世界政治军事斗争的研究，进行了大量的军事理论研究工作，发表了许多颇具价值的学术著作，其中《国家的海上威力》是他的代表作。

《国家的海上威力》于 1976 年由苏联国防部军事出版社出版，1979 年修订再版。中译本由生活·读书·新知三联书店于 1977 年出版，海洋出版社于 1985 年出版修订本中译本。

全书共 4 章。第 1 章“海洋和国家的海上威力”，主要论述国家海上威力的概念、构成和海洋的地位、作用等。第 2 章“各国海军史片段”，主要通过介绍 16 世纪到第二次世界大战期间，英国、美国、法国、德国、意大利、荷兰、苏联等国海军的发展及战争经验，论述海军的重要作用。第 3 章“第二次世界大战后各国海军的发展”，简要介绍帝国主义国家和苏联海军的发展进程，以及海军的力量和手段的完善等问题。第 4 章“海军艺术问题”，主要论述海军建设和海军使用的有关理论。

全书强调海洋、海战场和海军的作用，主张拥有并运用国家的海上力量去开发和控制海洋，以实现国家的战略目的。

书中指出，国家海上威力的实质是为了国家的利益有效地利用世界大洋的能力，并认为海洋是另一个有前途的开发领域，它不仅是交通联系的通道，也是资源的宝库。在军事上，海洋是核武器的广泛发射基地。战时，海战场与陆战场紧密配合，在一定条件下可能成为主要战场，从而影响陆战场武装斗争的进程和结局。

海军的强弱是国家兴衰的因素之一。一个强大的国家必须拥有一支强大的海军。该书主张建设一支强大的远洋导弹核舰队，重点发展弹道导弹核潜艇和海军航空兵。

此外，作者在书中还对苏联海军的战略方针和海军均衡发展理论等作了论述。

该书的主要观点包括：

①国家的海上威力是开发世界海洋的手段与保护国家利益的手段这两者的合理结合。海上威力既包含着经济也包含着军事因素，海上威力和海洋这个环境有着不可分离的联系。

②国家海上威力的最基本因素是海军。尽管因历史条件的不同构成海上威力的各组成部分的作用也有所不同，但海军却始终起着主导作用。

③大规模技术发明尤其是导弹核技术在海军的应用大大提高了海军的作战能力，同时也相应地使海洋方面斗争的作用大大提高了。与此相适应，海军的任务也不仅限于消灭敌人的舰艇，还包括从海上直接影响敌人中心，摧毁其军事经济潜力。

④海军兵力应保持平衡。在重视发展潜艇和海军航空兵的同时，也应协调发展海军其他兵种，海军的胜利和在专门使用这支海军的战争中使用海军的艺术，很大程度上取决于海军平衡问题的正确解决。

《国家的海上威力》问世于苏联推行全球战略和霸权主义的高峰时期，是苏联建成远洋导弹核舰队的经验总结，反映了苏联 20 世纪 60 年代至 70 年代海军建设的指导思想，因而受到世界各国的普遍重视。书中关于海军建设和海军战略运用的观点，特别是海军均衡发展的理论，具有一定的参考价值。

“星球大战”，角逐太空

——《高边疆——新的国家战略》

《高边疆——新的国家战略》一书，是探讨美国“星球大战”计划和空间战争战略的重要著作。该书的作者丹尼尔·格雷厄姆曾任美国国家安全委员会特种计划室主任，里根政府的国家安全顾问。1976年他从国防情报局局长职位上退休后，历任迈阿密大学国际研究所教授、研究员等职。

早在20世纪50年代，美苏争夺太空的角逐就已开始。20世纪60年代后，双方从以发展军用卫星为主，转向以发展太空武器为主，太空军事竞赛日趋激烈。这种激烈的竞赛不仅是双方军事科技实力的较量，同时也是双方太空战略理论思想的较量，美国政府急需找到一种指导太空战的军事理论。就是在这种情况下，格雷厄姆于1980年初首先提出了“高边疆”概念，这一概念的实际就是“太空领域”。

1981年里根上台后不久，格雷厄姆就在里根总统的支持和美国传统基金会的资助下，组建了由30多位科学家、经济学家、空间工程师和军事战略家组成的“高边疆”研究小组。经过7个月精心研究，该小组全面系统地提出了开拓和利用宇宙空间的总构想，形成了“高边疆”理论。这一理论的实质，就是“使美国开拓和利用空间领域发展经济和加强军事实力，在美苏的全面竞争中占据战略优势”，并将这一理论以研究报告的形式，撰写了《高边疆——新的国家战略》一书。

书中明确指出：太空为迈向经济腾飞的新时代提供了希望。太空这一独一无二的环境——零重力、近理想真空、无限吸热能力和无菌以及取之不尽的矿源和太阳能——为工业和商业的发展开辟了广阔天地。随着航天器、定向能及动能武器的发展，太空将成为除陆、海、空以外的第四战场，太空已被视为未来战争中必争的“新高地”。谁能首先控制这个“新高地”，谁就能威胁和压制对方，从而在未来战争中取得优势的战略地位。

《高边疆——新的国家战略》论述的主要观点有：

①美国奉行的“相互确保摧毁”战略并不能为美国提供有效的核保护。它束缚了美国进行军备控制的能力，导致了美国及其盟国在核攻击和核讹诈面前无所作为。

②为了消除苏联军事力量对美国及其盟国现有的和日益增长的威胁，美国需要彻底摒弃“相互确保摧毁”战略，实行新的“高边疆”战略。

③美国要充分利用空间技术优势，把防御系统有效地部署在空间，摆脱不稳定的“恐怖平衡”走向“确保生存”的世界环境，并有效地促进美国经济。

④要使美国和盟国的战略思想体系从“相互确保摧毁”理论有效地转向“确保生存”，唯一的出路就是部署全球弹道导弹防御系统。

⑤“高边疆”战略拥护大力加强美国的进攻性战略力量，强调战略防御并不排斥替换过时的战略轰炸机、导弹和导弹发射潜艇的有关要求。

⑥“高边疆”战略的主要军事影响是能以最快的速度、最经济的方式达到美国所要求的“安全感”，恢复美军传统的军事伦理道德。

⑦“高边疆”战略可使苏联面临其最害怕的那种武器竞赛，加重苏联的技术和工业负担，动摇苏联在过去 20 年里花费巨资建造起来的战略结构的根基。

“高边疆”报告中明确指出：苏联在战略核力量方面已领先，且有与日俱增之势，不设防的美国是招架不住的，除非用报复相威胁，但那意味着民族自杀。苏联为了争夺当代战略优势，已经控制了近地太空，苏联是美苏双方中唯一试验过反卫星系统这种太空武器的一方。它已经把核反应堆送入轨道，在太空轨道上设有一个载人太空站，并且正在扩大载人太空站。苏联的

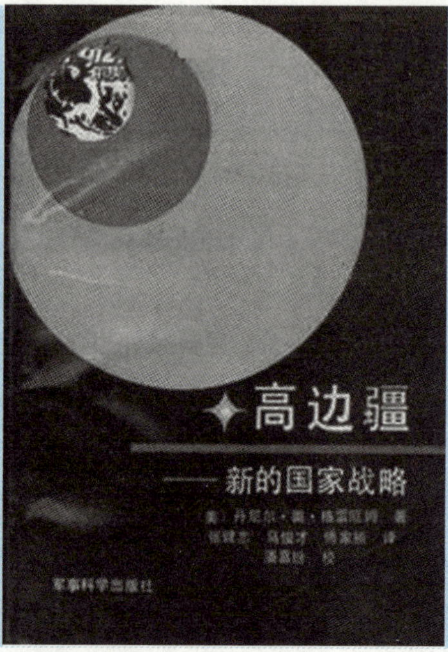

▲《高边疆——新的国家战略》

《高边疆——新的国家战略》是丹尼尔·格雷厄姆同高边疆学会30多位知名学者共同研究的成果，以支持里根政府利用美国的先进技术，抢占太空制高点，发展经济和加强军事实力，恢复对苏联战略优势的倡议。它于1982年3月在美国出版。中译本由军事科学出版社1988年出版。《高边疆——新的国家战略》出版后，引起美国政府、军方和公众以及其他国家的广泛关注。1983年，里根政府基于“高边疆”战略理论，提出“战略防御倡议”，即“星球大战计划”，以此与苏联展开新的军备竞赛。该计划对于苏联在与美国进行军备竞赛中经济被拖垮，导致两极世界格局终结具有一定的影响。

太空活动几乎都带有明显的军事色彩。苏联太空系统中70％具有纯军事性质，15％具有军事和民用双重性质，仅15％是纯民用性质。有鉴于此，该报告主张美国建立以太空定向能武器为主的多层综合反弹道导弹系统，即包括地面、空中和太空基地的多种拦截手段的综合防御体系，对来袭弹道导弹飞行的各个阶段——助推段、后助推段、中段和再入末段（再入段）逐层加以拦截。在此领域，速度快、射程远的高能激光、粒子束、工功率微波、X射线等定向能武器和动能武器，先进的太空监视、探测和跟踪系统，全球范围的指挥、控制和通信系统等都是未来太空战争所必需的手段。

作者认为，为了消除由苏联军事力量所形成的对美国及其盟国的现有的和日益增长的威胁，应当用“确保生存”战略代替“相互确保摧毁”这种危险的理论。为此，美国迫切需要在两三年内建成洲际导弹地下井的点防御系统，这能使苏联丧失对美国威慑力量实施第一次打击的信心；五六年后可部署第一代天基弹道导弹防御系统，以便在弹道起始阶段大量消耗苏联的战略进攻导弹；在10至12年内可部署第二代天基防御系统，能用技术先进的武器攻击近地球空间内任何地方的敌对目标；在下一个6至8年内部署实用的载人军用空间控制飞行器，能在卫星所到之处完成检查、轨道维修以及空间拖船的任务；利用拟议中的积极战略防御系统，制订一项有足够的规模和经费的民防计划，从而增强美国的威慑力量。

作者将这样一个战略计划看成是既不需要在量储存武器装备，也不必花那么多钱部署核武器的安全方案，它将使美国从一个不稳定的恐怖平衡的世界走向一个“确保生存”的世界，进入更加稳定的状态。

当然，作者也认为，在建立战略防御体系的同时不能放松改造战略核进攻力量，这实际上肯定了“确保生存”战略仍然不能完全取代“相互确保摧毁”战略。

该书的主张有以下几点：

①采用部署地太空轨道上的定向能武器，拦截在助推器段飞行的来袭导弹。

②采用部署在太空的粒子束武器和部署在地面的激光武器，拦截在后助推段飞行的导弹。

③采用部署在太空的非核动能拦截弹和电磁轨道炮拦截处于飞行中段的漏防弹头。

④采用非核动能拦截弹拦截飞行末端的弹头。

此种反导弹系统还将具有反卫星等太空作战能力。定向能武器和动能武器可用于主动攻击敌方的卫星太空站。作为太空基地的太空站和作为天地穿梭工具的航天飞机，是理想的太空武器发射平台和轨道轰炸器，可以顺利地执行各种攻击性任务。对于攻击内层空间、陆地、海上的各种战略性目标，太空武器系统的高效率、低风险性是核武器所不可企及的。

因此，根据不同的目的、条件和时间，太空战争不仅可采取“太空对太空”的作战形式，而且可采取“太空对地面”“地面对太空”等形式的作战行动。

美国前空军航天司令部司令赫雷斯将军指出，“如果爆发战争，我们也可以利用太空军事系统成倍地增长我们所有军队的战斗力；我们可以利用太空武器来抵消敌方在数量上的优势”。他认为，利用太空武器系统能在“正确的时间、地点，使用数量得当的火力”支援作战部队，“星球大战系统”可充当协调“国家总的战争计划的监控站”和“一种力量增强器”，可有效地为各军兵种提供准确可靠的情报侦察、战略预警、武器导航和作战支援。

从《高边疆——新的国家战略》一书中，我们可以清楚地看到，格雷厄姆和他的“高边疆”研究小组对战争问题的考虑和研究是多方面的。从冷战到热战，从核战争到常规战争，从全面战争到局部战争，从联盟战争到双边战争，从正规战争到非正规战争，从高强度战争到低强度战争，从地球战到太空战，设想了各种情况。尤其是该书对太空作战系统的地位与作用的全面认识以及科学求实的设计，里根总统和美国的一些军事、政治、科技界人士普遍认为这一战略“在军事上是可靠的，在技术上是可行的，在财政上是负责的，在政治上是现实的”。

《高边疆——新的国家战略》一书，为里根总统提出“星球大战”计划提供了充分的理论和技术上的论证性依据。该书1982年由美国高边疆学会出版，问世后立即受到美国政府、军方和公众的关注，对美国当时的经济、政治、军事和高技术发展以及世界局势均产生了重大影响。

丰富想象，大胆预测

——《未来的战争》

《未来的战争》是探讨第三次浪潮文明、战争发展趋势的军事未来学的代表作之一。其作者是美国著名的未来学家阿尔文·托夫勒。托夫勒有着丰富的生活阅历。他曾在汽车厂、铸钢厂工作过 5 年，后到华盛顿当记者、《幸福》杂志副主编，他还担任过拉塞尔·塞奇基金会的访问学者、康奈尔大学客座教授、社会研究学院的教师，以及国际战略研究院研究员。

托夫勒于 1950 年与海迪·托夫勒结为伉俪。他们夫妇俩都是美中关系全国委员会会员和联合国妇女基金会会员。

托夫勒写下了大量著作，比较主要的有《未来的冲击》《第三次浪潮》《力量转移》和《未来的战争》等，其中《未来的战争》一书是托夫勒影响最大的一部名著，受到世界的广泛关注，被译成 30 多种文字在全球 50 多个国家和地区出版发行。

托夫勒的著作以其引人注目的洞察力和对社会思潮巨大的影响力受到许多国家的领导人、企业家、教育家以及评论家的赞誉。为此，他被吸收为美国科学进步协会研究员，并被授予美国“麦金西基金会图书奖”、中国图书“金钥匙奖”等。

此外，托夫勒夫妇还被授予许多其他荣誉称号，其中包括“意大利共和国总统勋章”，以及科学、文学、法学等多项荣誉博士学位。

《未来的战争》是托夫勒夫妇于 1994 年创作的，原书名直译为《战争与反战争》。作者把对未来的关注转向了战争与和平这一重大主题。书中所阐

▲ 阿尔文·托夫勒

阿尔文·托夫勒，未来学大师、世界著名未来学家。阿尔文·托夫勒是当今最具影响力的社会思想家之一，1928 年 10 月 8 日出生于纽约，纽约大学毕业，1970 年出版《未来的冲击》，1980 年出版《第三次浪潮》，1990 年出版《权力的转移》等未来三部曲，享誉全球，成为未来学巨擘，对当今社会思潮有广泛而深远的影响。《未来的战争》一书详尽介绍了现代战争向未来战争发展的大趋势，这对为 21 世纪来临做准备的各行各业来说，都有许多可以引以为诫的地方。

述的主要观点有：

（1）自古以来，战争的形式一直都在不断地变化

农业时代，战争的形式是锄头加刀剑；工业时代，战争的形式是大规模生产加毁灭性武器；而未来，随着信息和知识在经济体系中的作用越来越大，我们将目睹到“软件战胜钢铁”时代的到来。

作者认识到，“我们制造战争的道路正反映了我们创造财富的道路，而我们制造反对战争的道路也必须反映我们制造战争的道路。”

作者断言：是科技驱动战争，而不是战争决定科技。未来的世界局面，基本上应由经济，而非军事、战争来决定。

在此书中，托夫勒还明确地提出了“精巧战争”的概念。他认为，今天的这样一个世界，就是需要第三次浪潮文明的“精巧战争”，而不是第二次浪潮时代的那种大规模的全面战争。与投入大规模的常规军队比起来，“精巧战争”不仅可以用于战术目的，也可以用于战略目的；不仅适用于国家政府使用，也适用于国际组织使用，甚至也许还适用于国际舞台上的以非国家面貌出现的单位或人（从聘用雇佣兵的跨国公司到狂热的宗教信徒）使用。

在本书中，托夫勒站在科学技术与政治的结合点上，以战略的眼光，看到了一股不可忽视的政治势力以及与之相伴生的战争资源的存在。作者认为，随着人们从体力劳动经济体系向脑力劳动经济体系的转换，大量的失业和混乱伴随着新的政治力量的崛起——即高技术水平的“知识阶级”正在取代低技术水平的无产阶级。

随着知识成为经济的中心资源，电子网络与媒体就成了关键性的基础设施，掌握知识和传播工具的人就抓住了强化了的政治力量。如果把武器的民间化和扩散与上面的事实结合起来看，这类问题将相继给我们带来的不是一个地缘经济的和平时代，也不是一个稳定的新世界秩序，更不是一个民主的和平地区，而是一个战争风险日益增长的世界。

作者还指出，在战争和财富的创造中，知识密集化既能迅速地强化人们的力量，又能迅速地消除人们的力量。武力和财富都是强者和富人的财产，知识却可以为弱者和穷人所掌握，这是知识的真正革命性的特点。知识是力量的也是民族的源泉。

核武器不是农业社会的产物，也不是第一次浪潮文明战争形式的组成部分。核武器是在蒸蒸日上的工业社会的最后阶段才出现的。它们是在追求大规模生产的同时又追求大规模破坏的最高形式。由于设计的目的是追求不加区别的死亡。因此，核武器事实上成了第二次浪潮文明的最高军事表现形式。

今天，最先进的武器和核武器正好相反。正如我们所看到的，它们所追求的是分量毁灭，而不是大规模毁灭。一种新的战争形式的崛起，绝不是排除人们就不再使用以前的战争形式——包括对最剧毒的武器的使用。

（2）人们创造财富的途径也是发动战争的途径，今天商业活动中发生的革命性变化也会在世界各国军队和未来战争中有所反映

“知识战略”将在军事思想中占有越来越重要的地位。作者指出，“随着我们从体力经济向脑力经济过渡之时，我们还需要发明创造一种称之为‘脑力战争’的战争”。

作者认为，在过去的第二次浪潮文明的经济体制中，土地、劳动力、原材料、资金等均被视为主要的“生产要素”，而知识则被视为是第三次浪潮文明的经济体制中的中心资源。知识，从广义的角度说，包括资料、信息、影像、象征、文化、思想、价值等。托夫勒提醒人们，如果认为未来战争的主要形式将完全被卫星、机器人和非致命性武器所限定和控制，那将是十分错误的。因为联结所有这些因素为一体的一个共同因素并非是硬件设备——不是坦克、飞机、导弹，也不是卫星、超微型武器或激光枪。这一共同的因素是无形的，它也是今后界定财富创造体系和未来社会的同一源泉——知识。

知识就像是生产力的核心要素一样，它同时也是摧毁力的核心要素。经济体制的智能型工具为战争能生产出智能型的武器。作者强调，智能型武器需要有聪明的士兵。教育水平落后的军队，在第一次浪潮战争有代表性的徒手搏斗中，能勇猛善战；在第二次浪潮战争中，也能战胜敌人；但在第3次浪潮的军队中，他们犹如是堆废物，就和第三次浪潮文明的工业中没有文化知识的工人一样。劳动力和战斗力的变化也是相互呼应的。

面临第三次浪潮文明的战争，没有头脑的战士，就和面临第三次浪潮文明的经济没有技术的体力劳动者一样，都将被淘汰。战争本质的变化，使得军队的教育程度和专业技术水平越来越重要，而传统的军人男子气概和蛮力却越来越没有价值。第三次文明的战争要求战士懂得的知识远远超过扣扳机的原理。

（3）在未来的高精尖知识战争中，将会出现机器人制订关键的军事决策，大量使用迷惑敌人的“虚拟真实”武器，渗入敌人商业和情报计算机网络的“电子蚂蚁”，甚至还会出现取代外交手段的数字媒体等等

托夫勒认为，未来某些最重要的战争将发生在媒体战场上。过去，入侵国家往往会制造一些挑衅事件，为他们的入侵军事行动找口实；未来，他们只需要模拟一些事件即可。

在未来科技迅猛发展的世界，不仅是真理，就连现实本身都有可能成为战争的受害者。一个专制的国家，通过严格控制媒体所能得到的任何优势，都抵挡不住一个开放的社会在创造发明、主观能动性和丰富想象力上所爆发出来的力量。媒体，包括至今还未曾想象到的各种宣传渠道和科学技术，都将成为未来战争和反战争中第三次浪潮文明战士最主要的武器和知识战略的重要组成部分。作者断言，未来的军队将“在浩瀚的民用技术的汪洋大海中遨游”。

（4）当务之急是在进行变革时，我们需要缔造和平

作者认为反战争并不完全是靠呼吁和平的演讲祈祷、示威游行、宣传画来进行的，更重要的是，反战争还包括政治家们，甚至是军人采取行动，来创造条件阻止战争的爆发或限制战争的规模。

在本书中，作者阐明了“战争的本身就是一种用来避免更大、更恐怖的战争发生的手段，战争本身就是反战争”这一哲学观点。

作者认为，反战争的最高水平包括运用军事、经济和信息的力量以减少暴力行动。正如作者在书中说，“所有希望世界更充满和平的人们都必须从现在开始，把昔日‘核战争的梦魇’抛在一边，以其丰富的想象力，来思考21世纪‘精巧’战争的政治、道德、军事的现实意义。”

由于这部著作恰如其分地研究和回答了人们所关心的问题，所以，此书一出版，就受到了爱好和平的人们的广泛关注，同时得以被译成30多种文字在全球50多个国家和地区出版发行。

更为重要的是，《未来的战争》一书将对世界各国的政治家、军事领导人以及和平组织的官员们在有关未来世界战争与和平等重大问题上产生新的启迪，必将对21世纪的世界政治、经济、军事发展产生深远的影响。